本书得到以下项目的资助：
国家自然科学基金面上项目（71874151）
国家自然科学基金青年科学基金项目（71403235）
教育部人文社会科学研究规划基金项目（18YJA630134）
浙江省自然科学基金一般项目（LY18G030031）
浙江省哲学社会科学规划“之江青年课题”（16ZJQN026YB）

经济管理学术文库 • 经济类

农地流转的行为逻辑及其外部依赖研究

Behavior Logic and External Dependence in Farmland Circulation

游和远／著

经济管理出版社
ECONOMY & MANAGEMENT PUBLISHING HOUSE

图书在版编目（CIP）数据

农地流转的行为逻辑及其外部依赖研究/游和远著. —北京：经济管理出版社，2018.12
ISBN 978-7-5096-6138-3

Ⅰ. ①农…　Ⅱ. ①游…　Ⅲ. ①农业用地—土地流转—行为分析—中国　Ⅳ. ①F321.1

中国版本图书馆 CIP 数据核字（2018）第 258064 号

组稿编辑：杨国强
责任编辑：杨国强　张瑞军
责任印制：黄章平
责任校对：王纪慧

出版发行：经济管理出版社
（北京市海淀区北蜂窝 8 号中雅大厦 A 座 11 层　100038）
网　址：www. E-mp. com. cn
电　话：（010）51915602
印　刷：玉田县昊达印刷有限公司
经　销：新华书店
开　本：720mm×1000mm/16
印　张：14
字　数：210 千字
版　次：2018 年 12 月第 1 版　2018 年 12 月第 1 次印刷
书　号：ISBN 978-7-5096-6138-3
定　价：68.00 元

序

农村土地制度改革是中国破解“三农问题”的一个突破口。习近平总书记指出：“要在坚持农村土地集体所有的前提下，促使承包权和经营权分离，形成所有权、承包权、经营权三权分置，经营权流转的格局”。“三权分置”是继家庭联产承包责任制后农村土地改革又一重大制度创新，而这一重大制度创新与农地流转有着紧密联系。尽管改革开放初期诞生的家庭联产承包责任制显著改善了中国农业生产效率，为解决中国人温饱问题做出了巨大贡献，但土地均分制带来的农地破碎化、自耕农经营等问题也限制了中国在快速城镇化进程中进一步改善农业生产条件和提高农民收入。因此，中央层面有意通过鼓励农地流转，提高土地配置效率，缓解由于农地产权约束导致的农业、农民与农村发展困境。

当前涉及农地流转的研究很多，游和远完成的《农地流转的行为逻辑及其外部依赖研究》在已有文献的基础上，将过往更多关注个体农户发生农地流转行为的前因后果，拓展到个体农户有意识的农地流转行为背后的无意识的制度选择逻辑，拓展到农地流转发生后对人的影响，拓展到农地流转与外部环境的相互作用。纵观全书，该书具有以下三个特点：

第一，提出一个基于制度激励的农户行为逻辑解释框架。农地流转行为的存在有着各种解释。书中尝试将农地产权缺陷对农地流转限制性作用作为一个部分纳入到地权激励对农地流转的影响，同时重点分析当前地权的合理性，围绕土地所有权衍生出涉及使用、收益、处分等一系列差别化的产权权利组成部分，区分农地产权赋予农户的收益权利与处置权利，分析地权收益激励和处置激励与农户农地转出之间的关系，并探究隐藏在农户农地转出行为背后的农地产权制度改革可能路径。这对于理解当前农村土地制度改革的路径起源，分辨农村土地制度公私之争，判断农村土地产权清晰与模糊的优劣都是有重要启发的。

第二，揭示了农地流转对农户生计的复杂影响。农户实现农地流转后，并不能天然地获得可持续的后续生计。意识到这一点，本书完成了农户农地流转的福利效应分析，涉及农地流转对农户的收入、健康、保障与社会联系的影响。但个体农户农地流转的福利效应分析隐含着一个假设前提：个体农户已经实现了他们意愿中最大可能的非农就业，而这并不容易实现。因此，本书进一步探究了可促进农地转出户非农就业的城镇化路径。这实际上强调了农地流转以及农村土地制度改革最终的落脚点还是人。这一点在当前复杂的涉土利益分配中，应该得到重视，也相信会引起越来越多的重视。

第三，关注外部环境对农地流转的巨大影响。农地流转的出现和发展与中国社会的城镇化、工业化、农业机械化等进程密不可分。要促进农地流转后的劳动力转移以及破解农地流转中存在的“非农化”“非粮化”现象，也需要依赖这些外部环境的改变。本书寻找农地流转后劳动力转移的依赖要素及其复杂的相互作用以及通过城镇化的视域解释了农地流转特征空间差异，一定程度上拓展了涉及农地流转研究的深度与广度。也有利于当前规模化推进农地流转中，更好地引导外部环境来辅助实现预期的农地流转效果。

这本书的研究跨度较长。早期攻读博士阶段，在没有涉及农地流转的统计数据的条件下，作者仍然完成了农地流转实现劳动力转移的禀赋依赖分析；后来通过农户调查，获取了微观农户数据，完成了基于个体农户农地流转行为的逻辑、福利与非农就业分析；再后来随着农业部公开了《中国农村经营管理统计年报》，从而有条件完成更加细致的涉及农地流转外部环境的分析。随着不同时期对农地流转关注重点的变化和研究条件的改善，作者的研究不断加深对农地流转中更加细致领域的观察，并取得可信可靠的研究成果。这也是我认为本书是一个扎实的研究的一个重要表现。

对于农地流转以及农村土地制度改革来说，仍然还有很多问题悬而未决。2018 年是中国改革开放四十周年，中国农村土地制度改革也是中国改革开放中波澜壮阔的一幕。可以预计，未来这一领域仍然是土地科学的研究热点，也希望作者可以在这一领域里作出更多的贡献，取得更多的突破。本书的出版，凝聚着多年来作者在该领域辛勤的付出。希望这本书的出版，能为国土、农经、地理、经济等领域相关学者的研究和有关部门的工作提供有益的参考。

吴次芳

2018 年 9 月 30 日于浙江大学华家池

前　言

20 世纪 80 年代，中国全面实施家庭联产承包经营责任制，从此确立了在农村集体土地所有权与使用权分离基础上，以户为单位的家庭承包经营的新型农业耕作模式。农地制度的改革给中国的农村、农业与农民带来了巨大的改变，但同时也存在着农地细碎化、市场组织化程度低等弊端，困扰着进一步改善农业生产条件和提高农民收入。因此，在确保土地承包关系稳定并长久不变的前提下，允许农民以多种形式流转土地承包经营权，实现农地适度规模经营，成为当前完善家庭联产承包经营责任制的一种被付诸于实践的选择。

作为一种对中国农村有着广泛影响的制度，为了更好地理解个体农户尺度下的农地流转的动力机制，农地流转实现对农户的福利影响，以及宏观尺度下的农地流转后劳动力如何转移和农地流转空间差异的形成，本书在对国内外文献进行综述后，分别对农户农地流转的行为逻辑、农户农地流转的福利效应、农户农地流转中非农就业的城镇化驱动、农地流转实现劳动力转移的禀赋依赖以及农地流转空间差异的城镇化依赖进行探究。具体方法与结论如下：

（1）研究从作为制度激励的农地产权安排视角出发，通过构建理论模型分析了集体农作的公有制土地产权下的农户行为逻辑与存在交易的土地私有（混合）产权下的农户行为逻辑，并通过经验检验与计量实证来论证理论模型分析中得到的四个命题。

研究发现：在 20 世纪 70 年代末的中国农村土地制度改革中，农户存在着与理论模型中公有制土地产权下的农户行为逻辑相一致的农地制度激励的诉求。农户主要表达出增加收益激励与增加处分激励的诉求。通过诱致性的制度变迁，中国建立起了家庭联产承包经营责任制，并导致农地流转存在的可能性。在现有农地制度下，农户的行为逻辑表现为：外出务工报酬高于种田收益的农户，对农地的收益激励变化并不敏感，在意愿上倾向于交易更多农地；外出务工报酬低于种田收益的农户随着收益激励提高，在意愿上会减少交易农地。同时，所有的农户在要求更高的农地制度处分激励的同时，在行为上会选择增加农地出租但农地出售的意愿减少。这个结论与理论模型的命题是一致的。

（2）研究选择了 Sen 的“可行能力”框架下的福利理论，通过寻找农户农地流转的功能性活动，构建农地流转后农户福利的评价体系。通过结构方程模型，建立起从农地流转，并通过农户非农就业，到农户福利变化的路径。

研究结果支持了农户的农地流转可能无法给农户带来全部福利改善的担忧，建立起的 24 个农地流转对农户福利正面影响的假设多数不显著或否定。现实中，农地流转对农户福利的效应集中在农户收入的增加，而对农户成员健康以及保障的改善却没带来应有的正面效应，对农户的社会联系的影响则同时存在着正负效应。因此，对于农户来说，在获得收入提高的同时，失去了部分与收入同等重要的可行能力，而这将最终影响到未来农地流转的状态改变后或者家庭现状变迁后的农户生存。

（3）运用确定 BP 神经网络，建立起城镇化特征、农户特征与农地转出户非农就业状态之间的映射关系，分析改变城镇化特征对农地转出户的非农就业状态的影响。

研究发现：开阳县、萧山区与牡丹区 3 地扩大城镇化规模都无法进一步改善农地转出户非农就业状态；开阳县与萧山区改善城镇化城乡统筹质量都将减少农地转出户就业地时间距离、减少工作更换次数、增加非农业收入，牡丹区的农地转出户也可提高非农就业收入，减少就业地时间距离；而开阳县、萧山区、牡丹区 3 地改善城镇化公共服务质量对农地转出户非农就业的影响表现出显著的差别。因此，当前城镇化路径选择不应急于扩大城镇化规模，应重点改善城镇化城乡统筹质量，并结合城镇化区域的社会经济禀赋特征提高城镇化公共服务质量。

（4）以农地适度规模经营为目的的农地流转能否顺利实现农村劳动力转移并不确定。本书则以中国31个省（自治区、直辖市）为数据分析对象，通过线性回归模型，SLM、SEM选择，对6个假设进行检验。

研究发现：现阶段农地流转不直接导致农村劳动力转移，离地失业或者滞留在农地是农民流转农地后可能的劳动力走向。在寻找农地流转中实现农村劳动力转移所依赖的中间变量时发现：农地流转依赖于工业化解决农地流转中农村劳动力转移存在地区差异；农村工业化存在单独的以及与农地流转互补的作用促进农村劳动力转移；农地占有禀赋的改善与降低不是实践可行的农地流转转移劳动力依赖条件；农地流转受农户户均耕地经营面积大小影响，依赖于农业机械投入的增加推进（或阻滞）农村劳动力转移；弱化农地社会保障功能可以促进农村劳动力转移，但不存在与农地流转的依赖互补。因此，在无法断言现有农地流转速度及规模与外部条件是否存在潜在均衡时，推进农地流转更需要寻找并完善辅助农地流转制度安排目标实现的工具。

（5）构建了基于城镇化指标的农地流转空间差异依赖指标体系，并运用相关性分析进行指标筛选；运用地理探测器探测农地流转空间差异依赖因子。

研究发现：在空间上，农地流转变量较大值的空间集聚特征明显。农地流转比重和非农户流转比重的空间分布基本上呈现出东高西低的格局，而非粮化流转比重呈现出东部和西部高、中部低的类似“U”形分布特征。东部地区的内部分异程度最强，而中部地区和西部地区的内部分异程度相差不大。农地流转比重、非农户流转比重和非粮化流转比重的空间分布并不一致，农地流转比重的空间自相关性最强，非农户流转比重次之，非粮化流转比重最弱。农地流转空间差异依赖因子的决定力中，自然条件因子决定力普遍低于城镇化指标。对农地流转空间差异产生影响的排名较前的依赖指标与农地流转比重、非农户流转比重及非粮化流转比重的空间分布的一致性较高，且单个农地流转空间差异的依赖指标的各分区间差异明显。指标间交互作用会增强对农地流转分异的解释力度。

目　录

1 绪 论

1.1 研究背景

20 世纪 80 年代，中国全面实施家庭联产承包经营责任制，从此确立了在农村集体土地所有权与使用权分离基础上，以户为单位的家庭承包经营的新型农业耕作模式。制度环境对自然资源的可持续利用影响显著（谭荣，2010），家庭联产承包经营责任制有效地调动了农民的生产积极性，提高了农业生产率（Lin，1992），促进了城乡经济改革，但农地细碎化（许庆等，2008；刘磊，2015）、市场组织化程度低（陈锡文，2008）等弊端同时困扰进一步改善农业生产条件，提高农民收入。人们相信市场化的农地流转在提高农地配置效率和公平方面蕴藏着巨大的潜力（姚洋，2000；Carter and Yao，1999a；Besley，1995；钱龙和洪名勇，2016；谢玲红和吕开宇，2016）。农业生产效率的改善主要来源于农地流转后带来的农业技术的进步、技术效率改善以及剩余劳动生产力的转移（冒佩华等，2015；Hoken，2012；陈海磊等，2014）。或许这里存在着破解农地利用与农民问题困境的一条重要途径。因此，在确保土地承包关系稳定并长久不变的前提下，允许农民以多种形式流转土地承包经营权，实现农地适度规模经营，成为当前完善家庭联产承包经营责任制的一种被付诸于实践的选择。当前农地“三权分置”改革，也折射出这样的逻辑（楼建波，2016；杨璐璐等，2017；汪险生和郭忠兴，

2017）。

通过农地流转制度的安排来改善由农地产权约束导致的农业、农民与农村发展困境成为改革的本意。然而，在中国以往的土地制度改革进程中总是伴随着一系列无法预见的问题，在制度执行中也常常会出现偏差，从而发生围绕着土地这种最基本的生产资料的人与人、人与地的冲突。农地流转实现依然存在流转前、流转中与流转后的多重可能性。造成这种局面的原因有很多，其中有行为人本身的局限性，有制度设计的缺陷和路径依赖，有政策执行的歪曲，等等。任何一项改革需要付出一定的代价，这同样适用于农地流转的推进。可怕的是，历史经验显示这种代价总是由部分群体，或者通过转移而间接由一部分群体承担，这些人一般在整个社会阶层结构中处于劣势地位，基本没有发言权与决策权。农地流转的研究涉及诸多方面，本书以农地流转中的转出户为切入点，不仅仅是理论上的启示，一些社会现象让人深思的背景也是重要原因。

（1）农户农地流转行为与农地制度诉求。农民农地流转的行为逻辑是复杂的，一个经常被强调的逻辑是农民经济上的考虑是重要原因。部分非农就业机会较多，从事兼业活动较多的农民，确实通过农地流转不仅获得了流转报酬，也通过转移就业得到更高的非农收益。这种经济上的显著提高对于农民的行为是有诱惑的，现在的农民显然已经不再满足于可基本生存的生活条件。但是，一个不被农地制度允许的农地流转显然是不可能大规模存在的。比较明确的是，农民农地流转行为伴随着中国农地制度的改革创新而发生、演变。中国农地制度改革有着浓厚的诱致性变迁色彩，农地制度改革的起点往往起源于基层农民对农地制度激励的诉求，家庭联产承包经营责任制的建立就是一个典型。因此，农民的农地流转与其对农地制度激励诉求是有关的，只是这种关系与整个农地制度变迁的关系仍然不清楚，以及农民现有的行为逻辑对农地流转的发展和农地制度改革的意义也有待探究。

（2）农地流转实现是否需要尊重单位个体农户的权利、福利与后续生计？农户或者说农户中拥有决策权的农民是构成一个农地流转发生案例的基本单元。已有的一些证据证明了农地流转可以通过较低的成本将土地转移到农业生产率更高的农户手中，从而提高生产效率和公平；也可以为技能较低的生产者参与到非农就业中提供便利（Deininger，2003）。是不是这些证据就可以足够支撑农户选择农地流转？事实上，农户在选择农地流转时，个体农户的权利较容易受到损害，例如有些地方农民的生存权得不到保障，农地对于农民的生存价值与地方的经济发展诉求总是发生冲突，农民的生存权通过农地流转让位于经济发展的需要，满足“资本下乡”的要求；[①] 有些地方农地流转不是农民的自愿行为，违背了农民的意愿，甚至农地流转后的收入没有增加，所谓的非农就业机会也根本不存在。[②] 当然流转农地的农民的福利就更加无人顾及。或许有人怀疑农民自愿下的农地流转应该可以实现农民所期望的福利改善，但现实总是与理想有差距，农民在农地流转实现的过程中信息并不对称，试图让农民自身通过农地流转去把握和实现福利的改善，如果没有在制度设计初期就有所倾斜，有时候真是勉为其难。因此关于农地流转实现是否需要尊重单位个体农户的权利和改善其福利的回答是肯定的，只是应该怎么做，还是缺失的。

（3）农地流转中农村劳动力转移是不是可以天然存在？中国劳动力供大于求的总量矛盾非常突出，2010 年，需要就业人口总数约为 2400 万，实际可就业人数仅为 1200 万左右，目前农村仍然有 1 亿左右的剩余劳动力需要转移，[③] 就业的形式仍然非常严峻。目前中国的城镇，特别是城市，在解决以大学生为代表的具有较高素质和技能的劳动力的就业已经陷入困难局面，而农村的劳动力相比文化水平较低，在劳动技能和年龄上都不占优势，因此试图脱离土地转移就业到非农产业的压力非常巨大。农民对这样的现状有着较清楚的认识，他们总是不愿意彻底放弃土地，尽管这种拥有十分脆弱，但

① 多地工商资本下乡“烂尾”频出 “非粮化”现象层出不穷［EB/OL］. https://www.guancha.cn/economy/2018_01_31_445301_2.shtml，2018-01-31.

② 农村土地须防以“流转之名”行“强征之实”［EB/OL］. http://news.163.com/13/1217/16/9GAES01N00014JB5.html，2013-12-17.

③ 数据来源于中国人口资源社会保障部政策研究司司长在《中国的人力资源状况》白皮书新闻发布会上的回答（http://www.chinanews.com.cn/gn/2010/09-10/2526008.shtml）。

依旧相信土地是解决生存问题的最后归宿。然而，农地流转并不仅仅因为劳动力转移的压力巨大而不发生，这里有农民内部需求与农村外部条件共同作用的原因。如果一定规模的农地流转存在，特别是大规模的土地规模化经营的推进，那么完成劳动力转移将是困难而又有意义的。农地流转中，劳动力转移受供应的相对无限和吸纳的十分有限两头挤压，很容易进入两难的困境。因此关于农地流转中农村劳动力转移是不是可以天然存在的回答是否定的，如何解决仍然有待探究。

（4）农地流转的非农户化和非粮化等特征是否与外部条件有关。不论是鼓励农地流转的非农户化，还是不鼓励农地流转的非粮化，如果仅仅从农户理性的角度去解释，显然不够。现实中，农地流转的非农户化与非粮化等特征，其背后的原因有时并不受个体农户的行为逻辑控制，例如地域的自然条件、宏观的经济发展水平、社会习俗等都会对农地流转的非农户化与非粮化特征产生影响。因此，从宏观上研究农地流转特征依赖的因素，是理解区域性的农地流转差异性的一个重要环节。

实现理想的农地流转，是众多学者一直努力思考的问题，前面提到的一些现象、问题与思考只是农地流转实现中存在的一小部分问题。然而要解决这些问题并不容易。从根本上破解农地流转与农地产权的困境，很多关键问题在理论上仍然存在巨大争议，在实践中也依旧困难重重。在可预见的时间内，公有制下的中国农村土地制度仍然会保持稳定，部分影响农地流转实现过程与结果的制度缺陷会依然存在。那么如何在《中共中央关于推进农村改革发展若干重大问题的决定》的框架下，建立健全土地承包经营权流转市场，按照依法自愿有偿原则，允许农民以转包、出租、互换、转让、股份合作等形式流转土地承包经营权，发展多种形式的适度规模经营，确保农地流转中农民对承包土地的占有、使用、收益等权利得到保障，并通过农地制度的改良而获得收益，不是一个容易解决的问题。面对这样一个复杂的问题，基于上述研究背景中提到的四个疑惑，本书试图从农地转出行为出发，分析其参与农地流转的行为逻辑，测算其参与农地流转实现后的福利改变及其非农就业实现，并探讨农地流转实现后的劳动力转移和农地流转空间差异的形成，为更深层次理解农地流转和引导农地流转提供一个新的分析框架。

1.2 研究目的与意义

1.2.1 研究目的

首先，农村土地制度改革涉及广大农民的切身利益。中国的农地制度总是形式上的大稳定与实践中的随意性并存。区别于城镇国有土地制度下的国有土地利用，尽管农地制度安排使得农地利用受到更加严格的管制，但现实中，由于农地比较利益较低、承担违法农地利用的成本较低以及农民的相对弱势，农地利用的随意性比较明显，一个显著的现象是各地都在探索农地流转的创新，形成千差万别的农地流转形式，[①] 但付诸于实践的区域性的国有建设用地的创新在公开报道中几乎没有。并不否认有关农地流转的"制度创新"在为理想而又因地制宜的农地流转实现提供了很多有意义的启发，但农民的行为逻辑应该是整个农地流转制度改革的基础，获得农地流转制度存在的制度性原因，然后构建与解释农地流转制度的改革以及何谓农民意愿下的农地流转，这样才能把握一个看似纯粹农民行为背后的复杂逻辑。

其次，谁也无法保证在农地流转过程中，最终作用于农户身上的效应是否仅包含了农地资源配置效率的提高和农民收入的改善，是否同时存在着负面效应。因此需要关注农地流转的直接参与者，特别是关注农地流转中的农地转出户在农地流转实现后对其生存发展的影响。本书基于"福利"的视角对农地流转对农户的影响进行包括收入、健康、保障与社会联系的多角

① 这在文献综述中将有具体说明。

度分析。

最后，个体的农地流转显然不能够全面反映宏观的农地流转问题，需要用更大的尺度去解释农地流转中一些关键性问题，例如宏观尺度下的农地流转中劳动力转移，宏观尺度下农地流转的非农户流转和非粮化的依赖因素。因此，本书对农地流转中劳动力转移和空间差异的外部依赖进行了分析。

1.2.2 研究意义

1.2.2.1 理论意义

农地流转改革是农地制度的一个创新。因此，制度经济学、行为经济学、政治经济学、福利经济学等理论或多或少地被运用于农地流转问题的研究中。本书中，当然不奢望提出一套理论，更多的是运用现有的基础去构建分析农地流转农户行为、福利效用以及有关劳动力转移等问题的理论模型或者假设。每个分析部分所运用的工具会有所差别。如果能够完成对农地流转这样复杂问题的某些关键方面的理论模型构建，至少使得现有的实证研究更加严谨，一些模棱两可的现象可以得到理论上的解释，这对于更深刻理解农地流转有着重要意义，同样对于农地流转的理论研究也大有裨益。

1.2.2.2 实践意义

农地流转相关问题的研究来源于实践，最终的目的也是作用并改变农地流转的实践。本书的实践意义包括四个方面：一是从农户行为逻辑出发的农地流转解释实现了从制度诉求角度理解农地流转，这同时为未来中国农地制度的改革提供了一条满足农户行为逻辑的改革路径。二是一个详细的农地流转实现后农户福利效应分析，全面评价了农地流转对农户生存发展的影响，在推进农地市场化流转的今天，这一点对于“三农”问题的解决有不可忽略的重要性。三是寻找到农地流转后劳动力转移的依赖条件，是农户农地流转的目的实现以及中国整个劳动力顺畅合理流动不可或缺的条件，这样一个研究能够给出以前被忽略的政策诉求。四是解释当前政策所关心的农地流转非农户化和非粮化的所依赖的城镇化条件。当然，所有这些研究工作，都基于农户调查以及宏观数据的分析，理论上的启示，最终需要具有代表性的农地流转实践区的检验。

1.3 研究方法与技术路线

1.3.1 研究方法

（1）文献研究。文献研究提供了开展逻辑分析的依据。笔者阅读整理了国外学者关于农地流转存在、过程、结果等公开发表的学术论文及可获得的部分工作报告，从而熟悉了西方学者研究的方法与思路，并分析当前国内研究存在的优缺点，进一步明晰了研究的方向和目标。

（2）农户调查与实证分析。通过设计调查问卷，对被调查的农地转出农户进行访谈、调查以获取相关数据。在农户调查感性的基础上，结合理论解释框架，分析回答农地流转应该是什么，特别是农地流转中农民的行为逻辑应该是什么，并进行理论模型上的构建。在此基础上，以农户调查结果为数据，进行有关实证分析，支持了理论分析的结论。

（3）结构方程模型方法。结构方程模型弥补了部分无法直接定量解决的问题。通过结构方程模型建立福利效应分析模型，通过引入合适的潜变量对本质上具有模糊性和复杂性从而使得无法精确界定的农民福利进行定量分析。

（4）BP 神经网络。以 BP 神经网络为平台，构建起城镇化特征与农地转出户非农就业之间的高度非线性映射，从而实现两者间的关系模拟。同时，通过构建虚拟的农户，实现对代表性农户的实证分析。

（5）计量经济与空间计量分析方法。通过计量经济中的 OLS 估计多元回归与空间滞后模型、空间误差模型比较与选择，分析解释变量与自变量依存的关系。引入交叉乘积项，通过符号和系数关系论证假设和解释检验结果。

（6）地理探测器模型。地理探测器是探测和利用空间分异性的工具，擅长分析类型量和探测两因子的交互作用于因变量。地理探测器模型将完成分异及因子探测、交互作用探测、风险区探测。

1.3.2 技术路线

图 1.1 为本书的技术路线。首先在数据准备阶段，完成调查数据、文献资料和统计资料的收集与整理。其次在微观农户农地流转行为分析阶段，完成农户农地流转的行为逻辑、农户农地流转的福利效应和农户农地流转中非农就业的城镇化驱动分析。最后在宏观农地流转外部依赖分析阶段，完成农地流转实现劳动力转移的禀赋依赖和农地流转空间差异的城镇化依赖分析。

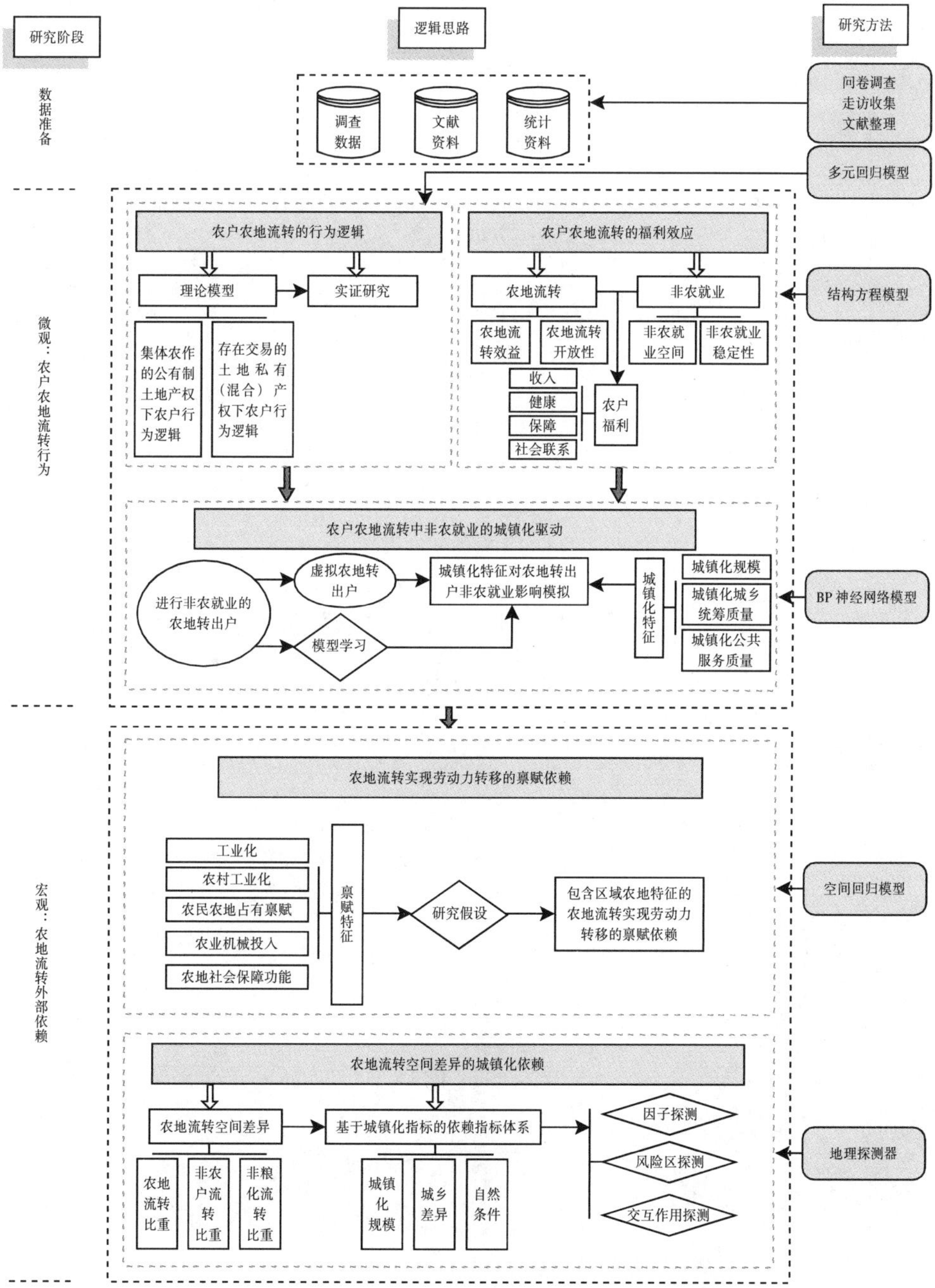

研究阶段
逻辑思路
研究方法
数据准备
调查数据
文献资料
统计资料
问卷调查
走访收集
文献整理
多元回归模型
微观：农户农地流转行为
农户农地流转的行为逻辑
理论模型
实证研究
集体农作的公有制土地产权下农户行为逻辑
存在交易的土地私有（混合）产权下农户行为逻辑
农户农地流转的福利效应
农地流转
非农就业
农地流转效益
农地流转开放性
非农就业空间
非农就业稳定性
收入
健康
保障
社会联系
农户福利
结构方程模型
农户农地流转中非农就业的城镇化驱动
进行非农就业的农地转出户
虚拟农地转出户
模型学习
城镇化特征对农地转出户非农就业影响模拟
城镇化特征
城镇化规模
城镇化城乡统筹质量
城镇化公共服务质量
BP 神经网络模型
宏观：农地流转外部依赖
农地流转实现劳动力转移的禀赋依赖
工业化
农村工业化
农民农地占有禀赋
农业机械投入
农地社会保障功能
禀赋特征
研究假设
包含区域农地特征的农地流转实现劳动力转移的禀赋依赖
空间回归模型
农地流转空间差异的城镇化依赖
农地流转空间差异
基于城镇化指标的依赖指标体系
农地流转比重
非农户流转比重
非粮化流转比重
城镇化规模
城乡差异
自然条件
因子探测
风险区探测
交互作用探测
地理探测器

图 1.1　技术路线

2 国内外研究文献综述

2.1 农地流转存在的解释

农地流转存在的可能性是农地流转的前提。梳理隐藏在农地流转背后的自然、社会、经济等复杂因素作用下的驱动机制，解释农地流转存在的原因有助于完整理解贯穿于农地流转实现中不可或缺的每一环节。但显然这不是一个简单的问题，辽阔的土地上分布着以家庭为单位的小农性质的农户，形成了千差万别的生产生活单元，发生于农户间的农地流转烙上了各自的理由及特色。当然一些共性的关键解释仍然可以寻找到，有很多学者为此做出了很多有意义的工作。

逻辑上，既然要寻找农地流转存在的解释，则意味着中国农民并不存在无任何动因的农地流转需求。历史上农民倾向拥有长期稳定的农地使用的权利。张五常（2000）分析了租佃土地租约的期限，发现选择较长租期可以减少转让佃农依附在土地上的资产成本，大多数被终止的短期租约都会被续订。而在永久性租约下，由于土地的田面权与田底权是分离的，所以地主与佃农都可以自由地转移他们的权利，无须征得对方的同意。地主对田底权的转移，并不改变佃农长期对土地田面权的利用倾向。黄宗智（1992）对长江三角洲小农社会下的土地市场研究发现，土地所有权逐步演变成两层地权，从而形成一个几乎自由竞争的田地权买卖市场，满足了城市富人投资土地的愿望和贫困农民卖出土地的需要。但区别于田地权的频繁买卖，田面权长期以来仍然显得异常稳定。这种稳定不纯粹靠法律去限制，田面权存在着类似习惯地权的特性（Deininger，2003）。费孝通（2002）在吴江县开弦弓村的调查注意到人们不愿意拿自己的土地与其他资料交换。土地不仅仅在一般意义上对人们有特殊的价值，并且在家族的财产继承中也有特殊地位。在道义上，一个甚至交不起租的佃户仍然拥有保留田面权的机会，村级社区以惯例至上原则维系着土地占有的稳定，特别是田面权的稳定。基于台湾地区以及1949年前的中国为背景，1950年后，土地所有的形式在私有化与再次集中之间摇摆不定（Madsen，1987），经过土地改革与农业合作化，中国最终形成了“三级所有、队为基础”的集体土地所有制模式，在此期间，伴随着农民土地权利得而复失的过程，农村农地权利的转移基本消失（王景新，2001）。因此，农地流转并没有存在的客观必然性，家庭联产承包经营责任制下的农地流转存在仍然需要解释。整理现有的研究成果，被认为是农地流转存在的关键原因为：可以获取的农地经营权；愿意转移劳动力放弃农地经营权的农民；流转双方可接受的流转农地报酬。

2.1.1 农地制度改革

随着家庭联产承包经营责任制的建立，农地使用制度的创新使得农地所有权和农地使用权再次分离，以适应新的经营方式（Lin，1987）。村集体除了保留名分上的所有和提供最基本的诸如土地契约一类的职能管理外，农户则对土地经营和土地经营方式进行选择（张红宇，1998）。但强制性地将土地使用权从集体分配给分散的农民，不一定能够给农民带来足够满足生存需要的生产资料，孟加拉将土地从大农场转移到无地或者少地的农民的过程有着相似的结果（Rahman，2009）。因此当村集体被确定为土地所有权拥有者后，中国农地制度的建设就由国家转移到村集体手中。从而产生两个后果：一是自发性的制度创新代替了原有的国家强制性制度安排；二是产生了包括地权的交易、实现形式和生产组织的千差万别的农地制度（姚洋，2000）。在放弃国家主导的政治运动实现土地改革的逻辑后，草根阶层得益于交易形成新的有效产权的机制（De Janvry et al.，1998）。农民因此可以基于包括更好的生存在内的需要，获得通过对国家的上缴和承担经营的责任，换得土地的长期使用权与流转权的机会（周其仁，1995）。区别于20世纪70年代末农村改革以前的中国农地产权安排，在制度上，自发的农户间农地流转存在开始有其出现的可能性。

农地制度改革所蕴含的不仅仅赋予农地流转在制度上的可能性，同时强调个体意识的作用对中国的农地利用有着深远影响。在20世纪发展中国家的土地改革中，满足个体农民的土地拥有和耕作需要被认为是有效提高土地利用效率的主要途径。在南部非洲，传统的村社集体土地所有制转化为个人土地所有制（Roth and Haase，1998）。在拉丁美洲和加勒比海地区，殖民地时期形成的土地所有制逐步向惠及多数小农的土地所有制改革（Lastarria-Cornhiel and Melmed-Sanjak，1999；Dorner，1992）。在南亚，印度废除现有土地所有权而将其转移给佃户（Besley and Burgess，2000）；巴基斯坦的土地改革主要稳定佃农租赁权和收回贵族阶层的土地以满足无地农民的土地需求（Jacoby and Mansuri，2008）。在菲律宾，试图通过土地分配计划实现农民土地私有权和佃农稳定的佃权，从而改变土地高度集中在少数精英阶层手中的现状（Borras，2006）。在中国，靳相木（2007）在关于土地集体所有制的历史定位的思考中提出，始于20世纪70年代末的农村改革，使农民以土地承包经营权的形式，在集体土地之上获得了一项个体土地权利。个体土地权利可以在现有土地集体所有制的框架内找到它应有的位置，是大陆区别于台湾可以从走向现代土地私有制的进程中转折而实现土地集体所有制取代土地私有制，并促使传统土地集体所有制向现代土地集体所有制转型的重要原因。苏联解体后，尽管在时间上晚于中国新一轮农村土地制度改革，但最终同样走上了赋予农民个体的私有的土地权利之路，俄罗斯选择了大规模的土地私有化来改变集体经济下农民土地权利的缺失（Lerman，2001）。家庭联产承包经营责任制的推行对个体意识的建立与强调同时超越了土地制度的范围，农民因此在很大程度上可以自行配置生产要素，安排劳动时间，选择合适就业领域（黄祖辉，2008）；并成为相对独立的，利益直接相关的主体

（陆文强，1994）；也获得了积累自有资产的可能性，并发育起以承认农户自有资产权益为基础的合伙制、合作制、股份合作制、股份制等资产组合和经营形式（陈锡文，2001）。从表面看，个体意识似乎与农地流转的存在没有直接的联系，然而对农地流转存在的其他解释与个体意识的出现有着千丝万缕的联系。甚至可以这样理解，现在所强调的农地市场化流转的推进，以及谋求农地流转市场的建立都基于农地制度改革后对个体和市场作用的认可与尊重。

2.1.2 非农就业

非农就业机会的增加使土地的相对价值减少，农民存在着农业种植禀赋的差异，部分农民渴望从非农就业中获得机会优势并愿意临时从农地中转移（De Janvry et al.，2001）。一旦农民因非农收入的不同而对土地的估价不同，那么一些有较稳定非农收入的农户下决心脱离农业，从而使土地流转成为可能（姚洋，1998）。如果推广到区域性的农地流转市场，可以发现非农就业结构的差异与农村土地流转市场的活跃程度存在着限制性的联系（姚洋，1999）。自由的劳动力市场，提高小农的非农就业机会可以促进农村土地流转的发展，解决流转的低效率问题（Yao，2000）。Kung（2000）的调查也显示，农村改革后的最初 15 年，造成农地流转不活跃的主要原因是非农就业的缺失。更多中国农村的调查以及计量检验同样丰富了农地流转的存在及其存在的差异性与非农就业之间存在着显著的相关性的证据（包宗顺等，2015；钟甫宁等，2009；邓大才，2009；曹建华等，2007；谭丹等，2007；李明艳等，2010；刘克春，2006）。

同时部分学者对非农就业能够必然导致农地流转持怀疑态度。钱忠好（2008）从农户家庭决策的角度出发，认为基于家庭收益最大化的考虑，农户决策的结果应该是部分家庭成员非农就业、家庭成员内部分工、农户经营兼业化，土地流转并不发生。该结论置于现实背景的解释是中国农户人均及户均土地资源有限、农户有着足够的从事农业生产经营的农业劳动能力、农户农业经营有着相对较高的综合比较利益。但兼业的假设似乎一开始已经局限了农民对非农就业的选择，至少在地域上兼业的空间限制一般要满足农民可在较短时间内往返工作地与居住地。现实中，兼业的存在很大一部分是由带有福利性质的就业公平所导致的（Yao，1999）。在分析大空间尺度上的非农就业劳动力转移时，上述观点也许仍有需要进一步完善的地方。唐文金（2008）在对四川省南允市的调查数据进行分析后也得到了非农劳动时间与农地转入意愿和农地转出意愿呈现出负相关结论，他对于这种现象的解释归结于农村保障制度的不完善。实际上用这一点理解为什么部分从事非农就业的农户不愿意放弃农地经营权更加准确，但无法解释为何农地保障功能的存在使得随着非农劳动时间的增多，农地转出转入意愿越弱，因为农户非农劳动时间的增多不会导致农户对农地保障功能感知的直接增强。综合对立的两种观点，在逻辑上非农就业更适合用于支撑农地流转的存在的解释，但是，同时又不得不承认非农就业在作用于农地流转的机制是复杂的，因为中国的农民在非农就业选择上存在着“拐杖逻辑”，这就像拐杖对人的意义一样，但凡人们能够依靠双腿（即农业）生存，拐杖（非农业）就会被农民抛弃，经营非农产业是农民在经营农业不能生存下去时的无奈选择（黄宗智，2000）。

2.1.3 基于意愿的流转农地报酬

围绕着农地经营权流转，符合流转双方意愿的流转农地报酬是农地流转之所以存在的一个解释。理论上，地租是土地所有者凭借对土地的所有权获取的一部分剩余价值，地租的占有是土地所有权得以实现的经济形式（马克思，1975）。承包农地的农户由于追加投资应该在土地流转中获得级差地租Ⅱ（龚剑，2008）。在社会主义公有制两权的分离下，完全竞争市场上由于土地和劳动力的稀缺，农地流转地租的水平取决于两种要素在市场中的均衡水平，其均衡点符合帕累托最优（管清友，2003）。在实践中，包产到户后，单一农户由于所承包经营的农地细碎，扩大固定资产投入将引起资本闲置率上升和折旧提高，但又不能从土地产出率的持续上升中得到补偿（周其仁，1994），一旦农村非农劳动力市场的产生使得农业劳动力要素处于边际状态的农户放弃土地（Carter and Mesbah，1993），那么如果农地流转的转出方获得意愿上报酬，而转入方愿意付出报酬，不论实际的农地流转报酬是否与地租价值一致，不论报酬的形式是现金还是粮食等实物（何京蓉等，2010），至少农户的投资可以得到一定程度的实现。流转农地获得补偿成为农户的可能选择。至于什么样的农户愿意并且可以支付报酬，一般来说他们具有较多牲畜和其他农业资产资本，在非土地的资源上比较富足，希望通过农地流转来最大化利用剩余资源（Kung，2002；Rahman，2010）。现实中，城乡工资水平差距是农户产生流转意愿的重要原因（温涛等，2017）。

实际上，农地流转在实现中存在着一种现象，在农地流转出现的早期，转出农地的农户不收取任何地租而将承包地交由转入户使用，转入户上缴土地负担；或是转出户不收任何地租将承包地交由转入户使用，并替转入户承担部分土地负担（北京天则经济研究所，2010）。在取消农业税和“三提五统”后，土地负担已经大大减轻，转出农地的农户不收取任何地租而将承包地交由转入户使用的现象仍然发生。显然这区别于地租理论指导下的农地流转存在解释。按照经济学的观点，人们在面临权衡取舍时，某种东西的成本是为了得到它所放弃的东西（曼昆，2009），既然没有物质报酬的农地流转可以存在，那也就有得到转入转出双方都满意的报酬的存在。关于这个解释的文献似乎没有，有种观点认为这种“免费”的农地流转自发于农户间较多，转出户的主要目的是避免土地撂荒（李昌平，2010），这个就是他所希望的报酬，转入户则付出了劳动、管理等成本与时间上的机会成本。其实在薄市场（Thin Market）条件下（张帆，1998），农户一般不愿意在市场失灵下为寻找一个有偿流转土地而支付代价，因此“免费”的农地流转主要发生在亲戚与邻居间。从心理上分析，农户在农地流转中并不愿意放弃农地承包权，不愿意将土地永久地流转出去（贺雪峰，2008）。在转出农地的利用上，转入农地的亲戚或者邻居，倾向于对农地进行相似的投入，如使用相同数量的有机肥或者绿肥等（Feng et al.，2010），转出农户乐见“自己”的农地得到较好的利用与保育。选择放弃微薄的流转收入后，农户对农地承包承包权的归属感会更加强烈，同时土地投入可以得到一定的保障，这种心理上的意愿得到满足与踏实，对于农民来说至关重要，农民对农地流转的发生心安理得。

2.2 农地流转过程的困境

农地流转的过程指农地流转进行或发展经历的程序，在这个过程中需要完成农地在农地承包经营户（转出户）与农地转入户之间的经营权转移。农地经营权的顺畅流转意味着清晰的农地产权能够在流转主体平等地位和自由选择下进行，并且围绕着农地的权责得到明确的落实，但现实中农地流转的过程困境总是存在。总体来看，现有文献关于过程困境的研究集中于两个方面：一是过程的困境是什么，什么是过程困境的致因；二是过程困境如何解决，什么是可能的对策。始于 20 世纪 80 年代的，形式丰富的农地流转方式或者模式是实践层面破解农地流转过程困境的有意探索。

现行的农地制度存在缺陷，地权的稳定性得不到有效保障（韩俊，1999）。法律上，农地流转涉及的土地承包经营权同样是不确定的，土地承包经营权所得到的法律保护依据不足（丁关良，1999），所谓土地承包经营合同都是口头协议，并不能够抵抗土地行政再配置（Brandt et al.，2002）。刘守英（1993）认为如果资产拥有者对其中一种权利或全部权利的享有受到限制或侵蚀，那么就存在产权残缺。对照产权经济学的定义，会发现土地承包经营权表现出了缺乏明晰性、排他性、安全性、可转让性、可实行性受到限制等缺陷（钱忠好，2002）。因此不完全性的农地承包经营权导致农地流转过程中存在着高昂的启动成本、游说成本、搜寻成本、谈判成本、履约成本（钱忠好，2002）。只要交易界区清晰，交易成本就不存在，如果交易成本为零，那么传统微观经济学和标准福利经济学所描述的市场机制就是充分有效的，初始的合法权利配置对于资源配置的有效性是无关的（Coase，1960）。目前，在农地流转中交易界区的清晰是不存在的。产权的不完整带来的较高的交易费用使得土地流转市场陷入了困境，抑制土地流转的水平而低于最优的度（Benjamin and Brandt，2002）。实际上农地承包经营权缺陷存在的高昂交易成本是由转入者和转出者共同承担（钱忠好，2002）。叶剑平等（2006）对17个省1773户农户的农村土地流转市场进行调查后认为，中国农地流转市场仍处于发育的初级阶段，同时农地流转市场表现出显著的区域差异性。中国农地产权同样在区域间表现出残缺程度的差异，这种差异性与农地流转市场的区域差异性有着某种联系（叶剑平等，2007）。蔡继明（2005）认为，由于家庭承包制所造成的土地产权的不稳定性，农地的承租期限、承租者愿意支付的租金都会相应地下降，同样会造成农地流转市场的萎缩。这种不稳定性的作用如同一种随机税（Besley，1995）。

乡村精英权势阶层的介入干扰着农地流转过程。现行体制下分散的农户的谈判能力较弱，普通农民与精英权势阶层信息不对称，少数农民有充分的谈判机会，大多数农民参与制度谈判的权利受到限制，因此乡村精英权势阶层热农地“流转”冷界定土地权利，或者是先流转后界定权利来维护自身局部短期利益（管清友，2003）。部分乡村精英权势阶层试图用其理性控制着乡村决策过程（Turner et al.，1998；李孔岳，2009）。如果没有外来的强大的权利资源对制度变迁的目标和过程予以引导，精英权势阶层是不可能自愿放弃这份权利而把终极的排他的物权化的土地权利公正地赋予农民（管清友，2005）。田传浩（2005）在解释村领导与农地使用权市场的发育关系时，认为尽管村领导的行为受到资源、政策、村民反映、政治环境与文化的约束，村领导集中并出租土地的目标不仅包括任务执行成本最小化与提高村民福利获取社区成员的尊重，同时也包括个人利益的最大化。基层政府也存在着获得体制外资源的能力，伴随着体制外资源的迅速增加，基层政府自发地培植或者攫取各种资源与配置权力（周飞舟，2007），以致农户土地权利和农村（村社）集体土地权利被虚化。为了政府眼中的效率和公平，农民的土地承包权的安全性经常被牺牲（Brandt et al.，2002）。到最后，徐黎明等（2009）不得不强调土地流转中地方政府的道德责任，以期实现地方政府保证其行为在土地流转中代表弱势农户的利益。钱文荣（2003）尽管注意到了农地流转中客观存在着农户对政府服务有较大需求，但也强调政府在介入农地流转时，必须注意合理边界。刘守英（2003）比较全面地总结了乡村精英权势阶层的介入干扰下的农地流转过程的三种过程困境：一是少数地方以土地流转的名义将农民承包的土地转化为非农建设用地，或者将承包给农民的土地集中起来搞工业区，因而出现了农民失地和丧失土地承包经营权的情况；二是集体经济组织以反租倒包的名义，将农民承包的土地收回，再发包给第三方耕作，从而出现了一些农民丧失土地承包权的情形；三是地方政府以调整结构或搞现代农业的名义，将农户的土地承包经营权收回，租给工商企业搞农业开发，工商企业长时间、大面积租赁和经营农户承包地的做法也是对农户承包权的剥夺。张建等（2016）发现，政府干预对农地流转中转出户的收入也产生了影响。

农户禀赋的局限也直接影响着农地流转过程。中国现阶段的多数农民仍然具有诸多小农特点，不论是马克思理论中，小块的既不大于他以自己全家的力量通常所能耕种的限度，也不小于足以养活他的家口限度的土地的所有者或租佃者的小农（恩格斯，1995）；还是恰亚诺夫（Chayanov，1996）眼中有一套独特的经济核算方式，大部分面临生存压力，追求生存第一、安全第一，其行为与动机是追求生存最大化的道义小农；或者是舒尔茨（Schultz，1987）分析中具有进取精神，在传统农业中资源配置的高效性甚至连有能力的农场经营者都不能相比的理性小农；还是黄宗智（2000，1992）笔下分化的，分别具有形式主义逻辑、实体主义逻辑和马克思主义逻辑的分化小农，都可以在参与农地流转的农民身上找到各自的影子。中国农民的小农特征以及与其伴生的小农经济基础，使其仍然没能突破传统行为规范，以致传统规范依旧约束着农户的经济行为。因此农民相信与生俱来的亲属与邻里关系，信任人情在约束农地流转双方行为中的作用，契约精神则在农户的农地流转行为中的作用显得不普遍（钟涨宝等，2003）。农民甚至怀疑如果通过契约完成农地流转会导致土地流失，因为土地流转很可能被认为是启动土地再分配的信号（Jin and Deininger，2009）。“性情人”渗透到了农地流转行为中，辅助完成在中国情理社会下的农地经营权的交换（翟学伟，2004）。具体到农地流转实践，邵景安等（2007）在重庆的典型调查发现：流转的土地中，没有书面合同的占61.11%、有书面合同的仅占38.89%，书面合同中通过公证或签证的占24.48%。事实上，农地流转过程可能出现两种困境：一是农村的土地流转市场存在明显的封闭性，这种封闭性使农地流转市场成为一个信息不畅、充满风险、买方有限的市场，转包方往往局限于同族和邻居（肖文韬，2004）；二是当前没有契约约束的农地流转进程就表现出短期、随意等不规范特征，农地流转回流的现象与纠纷出现频发态势（郭登明等，2005）。钟文晶和罗必良（2013）总结提出了一个包含人格依赖性、生存依赖性、情感依赖性以及流转对象的依赖性的农户禀赋效应，并认为农户普遍存在的禀赋效应是抑制农地流转的重要根源。

农地上附着的无法剥离的保障功能制约着农地流转进程。中国的农地承载着生产与社会保障的双重功能，而且越来越多的转变为以承担农民的生存保障功能为主（温铁军，2006；肖卫东和梁春梅，2016）。在农地制度层面，土地的分配方式主要采用按劳动力规模的均分（Gaynor and Putterman，1993），现金型社会保障被平均主义农地制度所替代，从而为农村人口提供社会保障。中国的劳动力市场不完善，非农就业稀缺而又不稳定，永久的农民城市化依旧不能大规模地进行（Yang，1997）。在广大农村，土地作为一种“廉价的”生产资料，向农民提供着保险功能（Giles，1998）。土地即使与受训练极少的劳动力组合在一起，也能够为劳动者提供足够的食品；历史上土地型社会保障制度一直发挥着提供基本生机和公共物品的功能，土地型社会保障制度的存在有其合理性（姚洋，2000）。制度的安排有意无意地赋予了农地上的保障功能。实际上，超越制度，农地上还附着有农民对土地爱恨交集的感情（管兵，2004）。世世代代，土地是农民财富的标志和社会身份的象征，对农业生产的依靠，对土地的眷恋和执着，是中国农民的一个重要特征，传统的农民从来都不愿意抛弃土地所赐予他们的安全感（王欢，2000）。因此，尽管小农制使传统社会里大多数农民在向土里求财却欲富而不能（李立志，2002），但农民仍然很忠实地守着这直接向土地里讨生活的传统（费孝通，2006）。家庭联产承包经营责任制建立后，在满足农民对土地作为生存资料需求的同时，土地在保障与观念上对农民的重要意义也得到认可，最终对土地的分配不选择“按劳分配”而是“按人分配”（许庆等，2008）。农地上附着的保障功能或许可以解释张红宇（2002）发现的农地流转困境：在世界上人地关系最为严峻的国家，出现了一方面是土地资源高度稀缺，另一方面是土地经营粗放和撂荒的奇特现象，农地流转仍然长时期处于缓慢增长。现实中，现阶段参加新型农村社会养老保险或商业养老保险的农户比没有参加的农户土地流转意愿更高（李放和赵光，2012），并且农地流转市场发育程度越高，农户越愿意选择社会养老保障方式（许恒周和金晶，2011）。

2.3 农地流转结果的论证

农地流转可以产生边际产出拉平效应。在家庭承包制条件下，每个家庭的土地边际产量存在差异。农地的自由流转促使土地边际产出较小的农户将土地出租给土地边际产出较高的农户，在边际报酬递减规律的支配下，两者的边际产出趋于相等。土地边际产出相等意味着农地资源配置效率达到了无法再进一步改进的地步（姚洋，2000）。在此条件下，不可交易的生产要素（如家庭劳动力和小公牛等）的收益也出现均等化（Skoufias，1991）。按照胡新艳（2006）提出的理论逻辑，土地边际产量的差异是存在的。农地流转中客观存在着人力资本的异质性，其中可以分为具有务农人力资本优势的农户，具有务工人力资本优势的农户，有过渡性人力资本特征的农户，即农户务农与务工的人力资本优势相当。不同农户的土地边际产出存在高低差异，从而导致农户对农地价值做出不同的判断。贺振华（2006）认为，边际产出“拉平效应”中隐含了一个很重要的假定，在农业和其他行业之间存在一个利润平均机制。也就是说，投资于农业的收益率要足够高，以此保证更有效使用土地的人愿意投资于农业。不过姚洋（2000）同时强调农地流转的边际产出拉平效应只有在存在其他市场缺陷，特别是劳动力市场缺陷时才会起作用。蔡继明（2005）则认为，只有资本市场缺陷的存在才会让农地流转的边际产出拉平效应存在。否则每个农户都会在最优的农地规模下进行经营（Feder，1985）。之所以通过农地流转配置土地，是因为通过劳动力和资本在不同的农户之间的分配来达到边际产出拉平，涉及复杂的资产定价、劳动合同的制定以及事后的监督问题。Carter 和 Yao（1999a）通过更精确的计量模型证明了在中国农地流转的边际产出拉平效应是有意义的。钱忠好和王兴稳（2016）发现，农地流转更利于农地转出户增加家庭总收入。

农地流转可以产生交易收益效应（Besley，1995）。农地交易性的提高增加了土地拥有者在需要的时候找到土地需求者的概率，同时也增加了土地投资实现其价值的概率，从而提高农民进行土地投资的积极性。较完善的土地交易权使农户对其现期投资在未来实现其市场价值更具有信心，从而也增强了他在现期增加投资的动力（姚洋，1998）。如果农地流转市场受到限制，农民就会由于投资反悔效应的存在，从一开始就为避免早期的投资无法得到劳动力投入的配合而减少土地投资（Carter and Yao，1999a）。农民对可能转出地上的投资是敏感的，转让的土地租金假如无法真实反映农地上的投资，农民的投资反悔效应就会干扰前期的土地利用，但农户在转入土地后，仍然要大量投入化肥等投资以补偿前期土地投资的不足（Heerink et al.，2007）。姚洋（1998）在江西和浙江的经验研究中看到，交易收益效应与种植密度显著相关。这与 Jacoby 等（2002）关于地权稳定性对投资的激励作用的结论是一致的。但何凌云等（2001）对广东农户的调查得到了不同的结论：转包地的有机肥施用量显著低于责任田，更低于自留地与口粮田；转包地的化肥施用量也低于责任田。农户似乎也不愿意在转包地上通过短期投资迅速利用地力获得收益。俞海等（2003a）对样本地块的调查发现，在土地交易权不完整的情况下，农户之间的土地流转容易造成耕地长期肥力的退化，不利于保持土壤的可持续生产能力，对农业土壤长期肥力有明显的负外部效应。不过俞海等（2003b）并没有因此否认农地流转可以存在交易收益效应，他认为造成农地流转与土壤肥力没有表现出预期的关系的原因主要是由于各种原因带来的土地频繁调整造成地权的不稳定，从而削弱了土地交易权并对农地流转产生限制。同时农民对土地的使用权客观上受到了一定限制，并且农民有限的土地收益权也存在着国家运用非市场手段对其的损害（如粮食的保护价收购政策）。Li 等（1998）论证了长期的土地持有对有机肥料、磷肥等农民生产投入激励的重要性。在极度贫困的埃塞俄比亚，通过土地证的发放，有效刺激了土地租赁市场，农民在遇到不可控的冲击时可以较容易地清算和收回在土地上的全部投资（Ayalew et al.，2005）。农地流转实现的交易收益效应的理论与现实差异的主要原因在于，目前仍然无法保证农地转入方可以在较长的一段时间内持续稳定的对土地进行使用与收益。

农地的流转和集中可以实现土地适度规模经营（农业部农村改革试验区办公室，1994）。家庭联产承包经营建立后的一个显著特点是大范围的土地细碎化（Tan et al.，2006）。在享受家庭联产承包经营的制度优势的同时，人们发现土地细碎化也会带来严重弊端，完全分散的农地产权并不天生地带来一致的经济效率（Rahman and Rahman，2009；高宏伟和靳共元，2013；王建英等，2015），因此实现土地适度规模经营成为完善农地制度的重要内涵（宋文等，2015）。在历史演变上，土地适度规模经营的载体就是农地流转，从 1982 年中央一号文件的“鼓励土地逐步向种田能手集中”，到 1987 年进行的农村改革试验区建立，到 1995 年，国务院强调“农村集体土地承包经营权的流转，是家庭联产承包责任制的延续和发展”，到 2003 年实施的《农村土地承包法》中关于国家保护承包方依法、自愿、有偿地进行土地承包经营权流转的规定，标志着农地流转政策变迁下的土地适度规模经营从发源到探索，再到确立，最后到法制化的进程（韩学平，2002）。游和远等（2010）认为政府要求加强土地承包经营权流转管理和服务，建立健全土地承包经营权流转市场，而发展多种形式的适度规模经营则是其目的之一。现有文献在分析土地（农地）流转作用时都蕴含着被流转出的土地作为生产资料叠加到流入土地一方的土地上，这一点在逻辑上也容易理解。同时，国内似乎一直认为农地经营规模过小是制约当前农业生产、农民收入等问题解决的重要原因，毕竟中国农户的土地经营规模在全世界是细小的，而有效提高农地经营规模则被认为是农地流转所具备的功能。从这一点出发，农地流转推进的标识可以通过农地经营规模增加来表达。van Dijk（2003）研究发现，土地流转市场可以解决土地细碎化，土地流转影响土地细碎化的变化则受农业政策的影响。在中欧，细碎化土地的农民更倾向于出租土地，一个自由的农业政策将鼓励市场作用的发挥，允许企业和外国人拥有土地，承租土地者将获得诸如优先受让权等至关重要的权利，从而有效率的企业将可以拥有更多的土地使用权，以减少土地的细碎化。但钟甫宁等（2010）发现，在中国由于地块不匹配、交换链条过长等原因，农民间农地交换很难成功。他强调现阶段只有农户数量大幅度减少并实现永久性的向城市移民才能增加农民手中地块数以及土地面积，从而增加土地匹配和相邻概率，扩大土地的可分割性，提高土地的可替代性，缩短交易链条，降低农户间土地交换的交易成本，实现通过交换土地降低农地细碎化程度的目标。不过钟甫宁等（2010）的研究成果更侧重于解释现阶段土地的碎与农地流转的关系，最后他们也强调了一定条件下的农地流转可以有效减轻土地细碎化。郭珍（2015）对农地流转产生的规模化农地利用给出了一个解释：农地流转改变了村庄规模及成员结构，使村庄中经营农业的成员数量减少，村庄成员结构由同质性变为异质性，村庄从个体规模相等且规模很小的大集团变成个体规模不等的小集团，从而有利于农地适度规模的形成，并改善小型农田水利等设施的供给（郭珍，2015）。但也有少数研究认为农地流转市场并不会带来农地规模化经营，无地和少地的农户可以通过农地流转，以市场或者非市场的机制获得土地，从而导致农地经营权的分散（Deininger et al.，2008；金松青和 Deininger，2004）。土地资源只有通过有效流转才能实现农地的集中和规模经营，从而推动农业技术进步和技术效率改善（Nguyen et al.，1996）。

农地流转可以实现效用替代与冲击缓和作用。在发展中国家，农地资源的配置存在着农地买卖与农地租赁两种主要方式。由于经济现状导致的农村金融、保险市场与社会保障制度的缺失，农地买卖不仅无法满足贫穷和无地的农户获取土地，反而可能出现农地集中和两极分化，从而导致经济效率和社会稳定的丧失（Basu，2002）。在此情况下，农地租赁替代农地买卖而被认为是可实现农地资源分配效用的有效方式（Feder and Deininger，1998；Jin and Jayne，2013）。土地所有者也可以在从事非农就业的同时仍然能够从土地租赁中获得收益（Otsuka and Hayami，1998），而农地租赁者可以通过少量资本的支付获得农地使用的权利，甚至获得土地的机会，避免资本锁定在土地中（De Janvry et al.，2001）。在中国，尽管农地所有权与承包权是无法买卖的，但地权的稳定性总是受到破坏，由于人口变化（廖洪乐，2003），控制权（高伟等，2009）、土地的社会保障功能与村庄自治需要（朱冬，2002）等原因，现有农地制度下仍然存在土地频繁的行政调整。地权的稳定性一直被认为是维系农业的长期投入增长，赋予农民相对完整的土地权利的关键因素（杨一介，2009；赵阳，2004；Wen，1995）。在土地资源配置上，土地行政调整与农地流转有着类似的目标，都是为了更好地配劳动力、土地和设备（牲畜等农业生产工具）（我国农户承包地使用权流转的实践与政策建议课题组，2004）。因此有效克服农地频繁的行政调整的治本之策在于开辟农地使用权流转市场（张红宇等，2002）。在资源配置效率上，土地租赁市场（农地使用权流转市场）在资源配置方面比行政调整更高，并且从集体的角度来看，市场所带来的整体收益大于行政调整下所能得到的，集体生存风险降低（Carter and Yao，1998b）。农地流转在发挥效用替代作用的同时，也具有弱化风险与缓和冲击的作用。Basu（2002）认为，其所引致信贷市场的风险要远远小于农地买卖市场，对农地资源的社会平等分配和整个社会稳定的冲击要远远小于后者。杨国新（2008）发现，日本的农地流转具有就业缓冲功能，不论是在解决“二战”后的失业问题还是解决20世纪70年代的劳动力回流问题，农地流转都发挥了农家小农碎散型土地制度的就业缓冲作用，从而避免日本走向拉美化。这就是日本农地流转尽管没有实现美国式大规模农业生产体制，但仍然在日本“二战”后崛起具有重要意义的所在。在工业化进程中，中国的农地流转同样可以缓解由于二三产业劳动力吸纳不足而导致的劳动力回流问题。郑江淮等（2007）在以苏州制造业为对象的分析中发现，农村劳动力在工业化升级中受到逆向就业冲击时会选择农地流转（加入土地股份合作社）以规避风险提高福利，农地流转也许会成为工业化升级中城市资本密集型工业挤出简单劳动力中缓解农民返乡生存问题激化的一种选择。

2.4 文献评价及研究切入点

现有的文献研究成果，围绕着农地流转实现，涉及农地流转的存在、过程、结果，从多个角度分析了农地流转起因、发展、结果，也深刻影响了制度设计者的决策。现有的农地流转研究成果一定程度上解释了部分困扰人们的农地流转问题，但很多结论仍然没有定论，对于同样的一个问题总是存在争议。进一步对农地流转问题进行研究有两个目的：一是丰富现有农地流转观点与分析方法，现有的研究或许会存在不完整或分裂成片的现象；二是尝试校正现有的观点与结论，尽管校正后的结论仍然需要更多后续研究验证与支撑，但提出新的看法对于理解农地流转实现这样一个复杂问题，具有显著的现实意义。

2.4.1 农地流转存在解释的不足

在农地流转的存在解释中给出了目前主流的农地制度改革、非农就业、基于意愿的流转农地报酬等结论。再结合农地流转实践后的分析，可以发现这些解释都有其合理的一面。从研究逻辑上分类现有研究成果，关于农地流转存在的解释主要分为两类，一类主要借鉴现成的理论来论证农地流转的存在原因，其中制度与产权理论是被广泛采用的工具（田传浩，2005；姚洋，2000）；另一类主要选择 Tobit（卞琦娟等；2010；胡初枝等，2008；田传浩，2003），Logit（黎霆等，2009；唐文金，2008；刘克春等，2006）等计量工具分析农户在农地流转中的行为意愿、动机，论证农地流转存在和发生与制度、农户禀赋、社会经济等因素直接的关系。此类分析在数据上主要通过农户调查；在因变量确定上，农地产权的稳定性、土地保障功能等因变量通过一定的标识指标进行量化。不过农地流转存在解释中一种现象需要引起注意，那就是在分析工具类似的前提下，在不同地方的农户调查，会产生同一可能致因的差异作用的结论（黎霆等，2009；刘克春等，2006）。当然，不可否认地域上的差异和有限的农户样本会导致客观存在的检验差异，但分析的规范性与逻辑的完整性是否存在问题仍然有待思考。农地流转的直接参与者是农户，剥离出来的涉及农户的人口、非农就业时间、非农收入、性别等诸多因素确实可以提供有效的信息来识别农户的行为，特别是农户进行农地流转的意愿与动机等。只是这些信息的作用是有限的，这些解释变量的背后是否存在着一个作用于这些解释变量的变量，农地流转的存在、困境与结果都无法摆脱农地制度的影响。因此将制度的影响纳入到农户在农地利用与处置上的行为逻辑分析中是一个比较合理的选择。在文献综述中对农地流转存在的解释，整理了农地制度改革的重要作用，那么这里就存在着如何将农户的行为和农地制度改革进行联系的问题。如果仍然将两者割断，那么未来的研究就显得不够完整。在本书中，将通过农地产权安排所蕴含的制度激励来联系农户对农地权利诉求与农地制度变迁的关系。当然，这个研究依旧无法脱离文献综述中提到的非农就业、基于意愿的农地流转报酬等农地流转存在的解释。某种意义上看，本书的切入点是选择一个有理论支撑的中介来耦合已有研究。研究的进行，可以通过农户的行为逻辑分析，在更完整的解释农地流转实现的原因时，或许也能够提示基于农户行为逻辑的农地制度演化的过去与未来路径存在理由。

2.4.2 农地流转中农户福利研究的缺失

农地流转的结果论证中给出了农地流转可以产生边际产出拉平效应、交易收益效应、可以实现土地适度规模经营、可以实现效用替代与冲击缓和作用四个已经得到论证的农地流转效应。四个农地流转实现结果揭示了现今农地流转的制度安排其实并不以直接给予农民经济利益为目标，而是期望通过农地流转机制的发挥，由农民自发进行农地使用权的再配置以实现土地、劳动力与资本合理配合，从而通过农户农地生产的产出最大化或者非农就业获得收益。这种设计区别于家庭联产承包经营责任制与粮食直补等政策。在逻辑上，这种制度安排其实已经由制度的设计者认定了农民收益改善的前提，相信理论上农地流转带来的土地配置效率改善可以支持农地流转改革的理想结果的获得。但国外的经验不支持这样的结论，在拉丁美洲，传统的土地改革重点在于土地的获取，而不是更广泛的家庭福利和受益者的竞争力改善上，因此在改善农村贫困上显得无能为力（De Janvry et al.，1998）。其实现在推进农地市场化流转的制度目标中也有类似的假设，很多人相信既然靠行政安排或者农民零散自发的农地资源配置无法解决农地利用的困境，那么市场工具的经验也许可以推而广之到农地流转领域，它可以帮助农地利用走向高效。

但许多国家，其中包括中国的农地流转受到政府的诸多限制（Prosterman and Hanstad，1999），现实与理想总是存在不一致。第一，四个农地流转实现结果的作用发挥是有前提或者配套条件的，这点在文献综述中已经提到，在研究成果中，要么在对农户的调查结果进行检验时发现实际与理论的差距，从而给出了前提条件的解释（俞海等，2003a；俞海等，2003b）；要么在推导农地流转实现的结果时就进行前提的假设（Kimura et al.，2007），以规避误差的出现。第二，农地流转实现的前后，农民到底期望获得什么，实际上获得了什么，为什么获得这些在现有文献中仍然得不到结论。农地流转实现的结果可能有很多个，但解决困扰农民的生产生活中存在的问题应该是重要的本意。农民或者农户在进行农地流转时同样受行为逻辑的控制，农民的理性意味着如果没有外界的压迫，是没有理由实现损害自身利益的农地流转的。因此，在本书中的切入点选择中，试图把影响农户农地流转后对未来的生存发展有着至关重要影响的收入、健康、保障和社会联系等因素纳入到农地流转实现后的结果分析中。在理论基础的选择中，“福利”将是一个比较理想的方向。那么在农地流转的分析中引入农户和农户成员福利，就需要着重进行农户福利的内涵界定、适当的农户福利评价体系构建和理想的计量工具选择等。本书所选择的研究切入点对思考农地流转实现后的农民的生存改善、判断可能存在的风险、补充农地流转实现结果的论证是有意义的。

2.4.3 农地流转实现前后劳动力转移与就业问题

农户的劳动力涉及农地流转的存在、过程与结果环节。在已有的文献中，农户劳动力的非农就业对农地流转存在的作用以及农户劳动力的禀赋特征在农地流转结果中起的作用都得到分析。同时，农地流转中的劳动力转移也被强调为重要的农地流转实现的条件，其目的一是鼓励农地流转的发生；二是确保农地流转发生后，失去土地经营权的农民可以实现劳动力的转移。强调劳动力转移的重要，同时又面对庞大的剩余劳动力和有限的就业容量，以及征地中存在的流民现象，不得不让人怀疑农地流转的实现是否必然导致劳动力转移的发生。但只要一定规模的农地流转存在，特别是土地规模化经营的推进，就不得不进行劳动力的转移，而且这个过程必须完成。因此农地流转中的劳动力转移很容易进入两难的困境。依据现有的研究成果，农村劳动力的转移不仅仅与农地流转关联，农村工业化（Goldstein et al.，1991）、工业化（Miceli，2009）、城市化（Zang and Song，2003）、市场化（Cai and Wang，2003）等因素也对农村劳动力的转移有巨大影响。因此，农地流转实现后的劳动力转移需要考虑外部因素的影响，这些因素反映了农户与社会经济的禀赋特征。探究农地流转实现后劳动力转移中禀赋特征对劳动力转移的作用，建立农地流转、要素变化、农村劳动力转移三者之间的关系，特别是关注是否存在着两者相互依赖的交叉作用将是本书的一个重点。这个研究切入点的选择，其现实意义是强调了一个看似简单实际上又困难重重的劳动力转移问题的重要性，或许农地流转的实现既提出了劳动力转移的必要性，又提供了劳动力转移的可能性，其原因是研究中意识到了农地流转、禀赋特征与劳动力转移间的依赖关系。农地转出户的非农就业是包含在劳动力转移研究中的一个更细的问题。单独分析农地转出户的非农就业的实现条件，能够给出实现劳动力转移的合理解释。

3 农户农地流转的行为逻辑

3.1 引 言

农地流转[①]的发生是农户在现有土地制度下可能的一种行为选择。这种看似简单的农户选择行为其背后的解释仍然是复杂的。关注于农户处置最基本的生产资料的研究已经较多，从中可以获得重要的启示。已有的研究中有一个观点是普遍接受的，那就是现有农地流转的存在是中国农村土地制度，特别是家庭联产承包经营责任制的安排下出现的，也就是说农户基于非农收入比较、个人禀赋等原因（胡新艳，2006；De Janvry et al.，2001）做出农地流转选择这一行为背后存在着一个前提假设，目前农地制度允许并导致利益偏向于部分农户进行农地流转。但值得注意的是，为何现有农地制度的设计会让农户在逻辑上接受选择农地流转，是否存在着农地制度演变的另外一种路径可以让农户不需要进行农地流转而获得足够的效用（满足）？在国外的经验中，发达国家的农户不需要放弃土地经营权或者所有权从事非农产业，依旧可获得不低于非农就业家庭的生活质量。或许现阶段有关农村土地的私有化与公有化之争的一个侧面是在寻找什么样的农村土地制度可以让农户在其行为逻辑下以最有效的途径改变自身的生存状态。

① 农户行为逻辑选择转出户的视角，因此本章研究的农地流转仅分析农地转出行为。

新制度经济学源自这样一种命题，即理性选择（在具体的约束条件下）将创造和改变诸如产权结构、法律、契约、政府形式及管制这样一些制度。它们帮助创造的这些制度和组织将提供激励或建立成本与收益，这些激励或成本与收益关系在一定时期内将支配经济活动和经济增长（埃克伦德等，2001）。现阶段中国农地制度起源于20世纪80年代初期的农民自发的诉求，不可否认的是，新的农地制度安排对改革开放以来中国农村的经济与社会结构发展产生了巨大的影响，并在一定程度上通过农村剩余劳动力的转移影响着城市。我们需要解释什么样的理性选择下，在什么样的约束下中国的农民选择了家庭联产承包经营责任制。这样的分析可以更好地理解中国现有农地制度的安排，以及是否存在着诱制性或者强制性的全面公有化或者私有化变迁的可能性。制度经济学的观点强调新制度的建立将提供激励或者成本与收益，家庭联产承包经营责任制同样通过制度激励影响着农民的决策，在提供了经营权与所有权分离的制度前提后，农民在约束条件下可以考虑土地经营的成本与收益，并在一定自主权内进行土地的经营与管理，其中包括通过农地流转来处置自己的土地经营权。

农地流转是以家庭联产承包经营责任制为基础的农村土地制度的重要补充，农地流转的存在与实现提供了农户对土地产权部分权利处分的可能性，意味着农民在集体所有的农村土地产权中获得了部分具有私有性质的经营与处分的权利，这是家庭联产承包经营责任制区别于高度计划经济体制下的“三级所有，队为基础”的土地公有制的一个重要特征，[①] 同时也提供了农民进行劳动力非农化转移后仍然可以对其拥有的基础性的土地权利进行合理使用并获得一定收益的途径。因此，关注当前农村土地制度中关于所有权安排的同时，土地的经营权（使用权）应该是一个关键点。一个怀疑应该是合理存在的：家庭联产承包经营责任制下的土地经营权倘若不可以流转，是否导致农民放弃有限的土地经营权，是否导致农民对土地所有权的诉求，以获得足够的处分权利。进行农地流转也许是部分农户接受家庭联产承包经营责任

① 另一个特征是土地的平分到户。

制的充分条件。也就是说，家庭联产承包经营责任制的制度变迁中存在一个发生农地流转的趋势，而且这种趋势是制度激励下从成本收益等出发而自发及不可避免的。

综上分析，本部分的分析将基于以下逻辑，20 世纪 70 年代末 80 年代初期，农民受约束的理性选择了从农村高度公有化的土地制度变迁到以家庭联产承包经营责任制为基础的土地制度。那么为何这种从高度公有制的制度变迁是可以接受的，未来的农村土地制度改革是否存在着满足农户意愿的回归到全面公有化的可能性。又或者，随着外部条件的改变，农村土地制度改革存在着引起巨大争议的走向全面私有化这一路径的合理性。也许保持现有的家庭联产承包经营责任制为基础的农村土地制度依然是较优或最优的选择。农地流转是分析问题的理想的中间变量，土地经营权的转移存在于家庭联产承包经营责任制，但却是高度公有的土地所有制下所缺失的；在渴望私有化的土地制度下，农地流转需要抑或让位于农地产权的买卖的愿望。对农地流转的意愿，反映了农户对农地制度的诉求。这一点，折射出了农地流转中农户行为逻辑背后更深层次的制度性原因。

3.2 作为制度激励的农地产权安排

产权是农村土地制度的核心。农地产权是一个权利约束（Bundle of Rights），它主要包括土地所有权、土地使用权、土地租赁权、土地抵押权、土地继承权、地役权等多项权利（陆红生，2002）。区分土地制度的公有与私有在于土地所有权的公有与私有，围绕着土地所有权的公有与私有衍生出涉及使用、收益、处分等一系列差别化的土地制度的组成部分。中国农村土地制度安排来源于农民对农村土地制度的需求，在某种原有制度安排下无法得到的获利机会引起了始于 20 世纪 70 年代末的这一轮诱致性农村土地制度。但中国并没有改变土地的公有制性质，而是通过将土地使用权与土地所有权分离，让农民获得一定期限内的土地经营权，改变了集体农作模式下集体使用的土地产权。林毅夫（1983）认为，生产队体制变为家庭责任制的原因是生产队中社员劳动的积极性同监督的准确程度和监督的难易程度成正比，但农业生产的密切监督非常困难，生产队中对劳动的激励不够，劳动的努力较弱。而家庭联产承包经营责任制解决了存在的这一问题。农地产权的制度创新产生了一个制度激励，农民对这种激励做出反应与并受其支配。那么产权的公有与私有性质，或者严格界定的所有权的公有与私有性质是决定制度激励的唯一因素呢？作为制度激励的农地产权安全是否仅仅存在着产权的公有化与私有化两条路径而获得期望的激励呢？埃莉诺·奥斯特罗姆（2000）在分析解决公共池塘资源（Gardner E. Ostrom and Walker，1990）使用过程中存在着的“公地悲剧”等困境时，并不同意建立私有化财产权制度是唯一的方案（Demsetz，1976；Johnson，1972；Robert J. Smith，1981；Sinn，1984）的观点，认为极少有制度不是私有的就是公有的，许多成功的公共池塘资源制度冲破了僵化的分类，成为“有私有特征”的制度和“有公有特征”的制度的混合。并提出了一条可以能够在面对搭便车、规避责任或者其他机会主义行为诱惑的情况下取得持久收益的公共池塘资源之道：建立自主组织和自主治理公共池塘资源的制度。顺着这个逻辑，埃莉诺·奥斯特罗姆等（2000）在对可持续发展的基础设施的研究中，强调可持续发展的基础设施关键在于要建立一个适当的制度，要创建一个能带来相对有效和公平的制度激励，贯穿于设计、筹资、建设、维护和利用公共设施的过程中并解决问题。因此，农地产权的制度激励受到所有制的影响，但这并不是唯一和必须的，农民其实可以绕过所有制，选择适当的制度安排。当然这不否定通过诱致性或者强制性的制度变迁，改变土地的所有制性质，从而得到需要的激励，前提是这样做有必要。也许中国土地制度的改革确实存在着恰如张曙光（2011）所认为的一种可能性：农地产权是公有还是私有，是集体所有还是国家所有，都不是关键。问题的关键在于农地产权实施能力。换言之，如果拥有农地收益权和农地处置权，又何必在乎农地所有权是姓公还是姓私（张曙光，2011）。

基于上述的理解，本书在分析农地流转中农户（农民）的行为逻辑在制度变迁下的变化时，关注农村土地制度中农地产权安排的制度激励的关键作用，并认为公有的农地产权与私有的农地产权存在巨大的差别化激励。但在构建一个可以代表土地产权性质的识别变量时，并不去关注土地所有权的所有人是国家或者私人，抑或是农村集体经济组织，而相信差别化的制度激励是可以足够表征土地产权的性质。而且认为土地产权不同的安排所导致的收益激励与处分激励是最核心的制度激励。

土地权利是规范如何分配某块土地收益的社会契约（Deininger，2003）。农民所拥有的可以用于生产的农地是生产财富的主要来源，而他能够从合法使用的土地中获取的收益是由土地产权“束”界定的。这种土地产权安排对农民从土地中获得收益的影响就是农地制度中存在的收益激励。土地的处分是土地权利的转移，在形式上包括出售、租赁、抵押等。拥有土地所有权的处分权利意味着可以将土地所有权进行转移，也就拥有了出售土地的权利。而土地使用权的处分则以土地使用权的租赁（流转）、调整等形式出现，它并不能改变土地所有的状态。土地产权安排中赋予土地拥有者或使用者处分土地的能力，即农地制度中存在的处分激励。中国农村土地制度改革中关于土地公有化与私有化之争的核心仍然是是否应该赋予农民足够的土地处分激励，因为有人相信农民土地利益受损是由于农民处分权利的缺失（Yao，2000；Ho，2001），相信通过私有化带来的明晰的产权可以解决中国农村土地问题（周其仁，2004；杨小凯，2009）。通过制度内生的处分激励可以有效地识别土地产权内部结构的特征。

3.3 理论模型

农户的行为逻辑由其理性决定。一个农户的决策主要由户主做出，一般为该农户中的壮年男性劳动力。为了叙述的方便，用农民指代户主。不论是马克思理论中，小块的既不大于他以自己全家的力量通常所能耕种的限度，也不小于足以养活他的家口限度的土地的所有者或租佃者的小农（恩格斯，1995）；还是恰亚诺夫（Chayanov，1996）眼中有一套独特的经济核算方式，大部分面临生存压力，追求生存第一、安全第一，其行为与动机是追求生存最大化的道义小农；或者是舒尔茨（Schultz，1987）分析中具有进取精神，在传统农业中资源配置的高效性甚至连有能力的农场经营者都不能相比的理性小农；还是黄宗智（2000，1992）笔下分化的，分别具有形式主义逻辑、实体主义逻辑和马克思主义逻辑的分化小农，都有别于新古典经济学假设前提中的自私、完全理性的追求经济利益最大化的“理性经济人”。因此无法摆脱“小农”影子的农民（张新光，2011）只能够依靠其“有限理性”（诺斯，1994；奥斯特罗姆，2000；西蒙，2004）在细小的农地上不断做出决策与选择。农民的理性限度受制于其知识的不完备性与困难的预见性等因素（西蒙，2004），他的行为不仅仅是财务最大化行为，而是利他的和自我施加的约束（诺斯，1994）。有限理性下的农民并不追求收入的最大化（Lin，1989），但仅有的温饱底线也不是他们可以接受的（黄平，1996；Qiao et al.，2008），毕竟一个自给自足解决温饱的理性会让农户在社会保障缺失的外部环境中无法抵抗生产与生命周期中存在的各种风险。因此可以相信中国的农民在对农地产权变迁做出选择时，依赖于介于追求纯粹的经济理性与满足自给自足的温饱解决之间的有限理性。闲暇在一些研究中被纳入效用的范围（Yao，2000），那么就会认为放弃闲暇而把时间用于生产就存在着成本。实际上，中国的农民宁愿忍受着没有发展的增长，却愿意进行过密化（内卷化）的农业生产而实现家庭劳动力的充分利益获得有限的收入增长（Geert，1963；黄宗智，1992，2000）。因此在自耕农性质的农民视角中，在面对劳动力投入生产与劳动力休憩的选择时，会期望选择前者。既然闲暇带来不了满足，那么农户减少劳动投入并不会带来效用的增加。

3.3.1 集体农作的公有制土地产权下农户行为逻辑

首先考虑一个以集体农作形式来分配土地使用权的土地产权公有的单一农业生产模型。农地产权提供了关于农户与集体两者差异性的制度激励。一个农户可以从集体农作的公有制土地产权安排中获得的收益激励为 α，则农户受到的集体收益约束为 $1-\alpha$，$\alpha \in [0, 1]$。一个农户同时会获得农地产权为 β 的处分激励，也受到集体对其处分权利 $1-\beta$ 的处分约束，$\beta \in [0, 1]$。生产中需要投入土地、资本和劳动。为限制农户对激励做出的反应，假设农户依据收益激励对生产中的劳动投入进行调整，尽管资本的投入在一定程度上同样受到收益激励的影响。为了分析的方便，认为农户的资本投入仅受处分激励的影响，他们更关心现期资本投入在未来实现其价值的高低与可能性（姚洋，1998；Carter and Yao，1999a），因为介于追求纯粹的经济理性与满足自给自足的温饱解决之间的有限理性的农户，需要承担资本投入的成本。

集体农作的公有制土地产权安排类似于中国20世纪60年代初至70年代末之间的集体所有的农地产权，一个农户由控制土地使用权的集体分配获得农地，数量为 T_0，农户的土地权利被严格限制，排除了进行农地买卖和农地流转可能性。T_0 的农地上需要投入量为 K 的资本，集体农作下的农地的投资由农户和集体共同完成，农户的资本投入是处分激励的一个函数，为 $Kg(\beta)$，且满足条件 $g' > 0$，$g'' < 0$。假设农户投入资本承担的成本函数为一个严格递增的凹函数 $C_K(\cdot)$。而集体作为土地的真实所有者对农地的投资具有主动性，假设集体对土地上的资本投入维持在 K_0 水平。一个农户具有的劳动力禀赋为 L，集体农作下的土地公有制中农户在农地上获得的收益受到集体的严格控制，在平均主义色彩下的按劳分配下，农户的劳动投入 L_0 是由劳动力禀赋与收益激励构成的一个函数，量为 $Lf(\alpha)$，$f' > 0$，$f'' < 0$。劳动完成劳动力再生产的成本为 $C_L(L_0)$，且 $C'_L > 0$，$C''_L < 0$。

一个有限理性下的农户仍然根据其效用做出选择。农户不再追求纯粹的收入最大化，但并没有完全失去经济理性，他们关注收入 π，即产出（收益）与成本之差。缺失的社会保障与农民天生的土地依赖，使得农地为农户提供着保险功能（Giles，1998），农户相信拥有稳定的土地权利可以拥有基本生机（姚洋，2000；Brandt et al.，2002），农户可以从农地上获得构成效用一部分的保障功能 s。农户的效用为 $U(\pi, s)$。

假定农户使用柯布—道格拉斯生产函数，一个农户在农地生产上获得的产出为：

$$Q = AT_0^{\theta_T}[K_0 + Kg(\beta)]^{\theta_K}L_0^{\theta_L} \tag{3.1}$$

式中，Q 为产量，A 为全要素生产率，θ_T、θ_K、θ_L 分别为土地、资本与劳动投入的产出弹性。那么农户的收入为：

$$\pi = AT_0^{\theta_T}[K_0 + Kg(\beta)]^{\theta_K}L_0^{\theta_L} - C_K[K_0 + Kg(\beta)] - C_L[Lf(\alpha)] \tag{3.2}$$

农地提供给农户保障上的满足与农地数量 T_0、农地的处分激励相关，函数为 $T_0\psi(\beta)$，其中 $\psi(\beta)$ 为处分激励的农地保障贡献。具体化 $\psi(\beta)$，假如一个农户获得一定数量的农地，那么分析两种极端的情况：一是在制度激励上农户散失全部的处分权利（集体农作的公有制土地产权中存在着类似的现象），那么意味着集体获得了对农地的绝对的处分约束，则 $\psi(0) = 0$；二是赋予农户拥有绝对的农地处分激励，则农户可以自由出售或者出租农地，但这种不受任何约束的农地处分权利表面上会给具体农户带来足够的激励，但由于大幅增加散失土地产权的风险，并无法带给多数农户足够的保障，因此 $\psi(1) = 0$。同时，假设在 $\beta = \beta^*$，$\beta^* \in (0, 1)$ 时，存在 $Max\psi(\beta)$，且 $\psi(\beta^* + n) = \psi(\beta^* - n)$，即认为处分激励可以给予以某种形式拥有一定土地的农户最大保障，这种最大保障伴随着农户获得更大的处分激励而减弱，也伴随着农户受到更多的集体约束而减弱，且同样程度的处分激励增加与减少（集体约束的增加）在影响农户获得的保障满足上是等效的。在 $\beta \in (0, \beta^*)$ 时，$\psi'(\beta) > 0$；$\beta \in (\beta^*, 1)$ 时，$\psi'(\beta) < 0$；$\beta = \beta^*$ 时，$\psi'(\beta) = 0$。

寻找一个简单的二元函数来具体化 $\psi(\beta)$，如下：

$$\psi(\beta) = \alpha\beta^2 - \alpha\beta, \ \alpha < 0 \tag{3.3}$$

在图 3.1 中，A 点为处分激励为 $\varphi(\beta^*) = 1/2$ 时，处分激励的农地保障贡献为 $Max\psi(\beta)$。当点 A 迁移到 I 点时，处分激励的农地保障贡献从 $\psi(\beta^*)$ 减少到 $\psi(\beta^* - n)$；当点 A 迁移到 J 点时，处分激励的农地保障贡献从 $\psi(\beta^*)$ 增加到 $\psi(\beta^* + n)$，两者处分激励对农地保障贡献仍然是等值的。

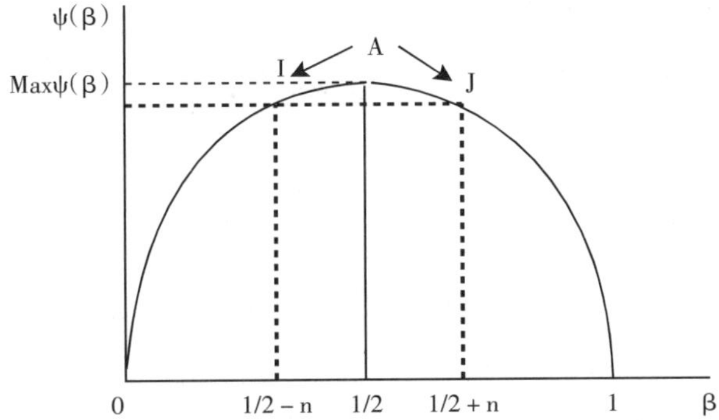

图 3.1 处分激励的农地保障贡献

假设农户在收入上获得的效用与农地保障上获得效用是可加的，那么农户的行为逻辑就化为在技术、土地禀赋、劳动力禀赋、资本投入的约束下，通过改变或者选择 α、β 以最大化效用的问题，数学表达如下：

$$\underset{\alpha,\beta}{Max}\ U_1 = AT_0^{\theta_T}[K_0 + Kg(\beta)]^{\theta_K}[Lf(\alpha)]^{\theta_L} - C_k[K_0 + Kg(\beta)] - C_L[Lf(\alpha)] + T_0[\alpha\beta^2 - \alpha\beta] \tag{3.4}$$

因此，农户效用最大的问题就化为仅受 α、β 定义域约束的无条件极值问题。那么上面问题的一阶条件是：

$$\frac{\partial U_1}{\partial \alpha} = AT_0^{\theta_T}[K_0 + Kg(\beta)]^{\theta_K} L^{\theta_L}\theta_L[f(\alpha)]^{\theta_L - 1} f'(\alpha) - C'_L[Lf(\alpha)]Lf'(\alpha) = 0 \tag{3.5}$$

$$\frac{\partial U_1}{\partial \beta} = AT_0^{\theta_T}\theta_k[K_0 + Kg(\beta)]^{\theta_K - 1} Kg'(\beta)[Lf(\alpha)]^{\theta_L} - C'_K[K_0 + Kg(\beta)]Kg'(\beta) + T_0[2\alpha\beta - \alpha] = 0 \tag{3.6}$$

二阶条件在我们的假设下满足 Hessian 矩阵大于 0，且 $\frac{\partial^2 U_1}{\partial\alpha\partial\alpha} < 0$，那么 $\frac{\partial^2 U_1}{\partial\beta\partial\beta} < 0$ 同样成立。式（3.5）整理得到：

$$AT_0^{\theta_T}[K_0 + Kg(\beta)]^{\theta_K}\theta_L[Lf(\alpha)]^{\theta_L - 1} = C'_L[Lf(\alpha)] \tag{3.7}$$

这表明式（3.5）成立时农户的劳动边际产出应该与农户的边际劳动力成

本相等。若农户的劳动边际产出低于农户的边际劳动成本，同时，$f'>0$，式(3.5) <0。由于$\frac{\partial^2 U_1}{\partial\alpha\partial\alpha}<0$，则增大 α 才能够实现农户的劳动边际产出应该与农户的边际劳动力成本相等。

因此，得到命题 1：集体农作的公有制土地产权下，劳动边际产出低于劳动边际成本的农户，其行为逻辑是诉求增加收益激励。

对式（3.6）整理可以得到：

$$Kg'(\beta)\{AT_0^{\theta_T}\theta_k[K_0+Kg(\beta)]^{\theta_K-1}[Lf(\alpha)]^{\theta_L}-C_k'[K_0+Kg(\beta)]\}+ \\ T_0[2\alpha\beta-\alpha]=0 \tag{3.8}$$

其中，$\frac{\partial Q}{\partial[K_0+Kg(\beta)]}=AT_0^{\theta_T}\theta_k[K_0+Kg(\beta)]^{\theta_K-1}[Lf(\alpha)]^{\theta_L}$为农业生产中投入资本的边际产量；$\frac{\partial C_k}{\partial[K_0+Kg(\beta)]}=C_k'[K_0+Kg(\beta)]$为农业生产中投入资本的边际成本。首先判断 β_1^*与 1/2 值的关系。考虑到存在 $\psi(1/2)$ 时，农地保障为农户接受的处分激励与约束同时作用下的最大值，我们给出集体农作下的农地产权安排中农户效用最大化时，处分激励的最大可能值 β_1^*与 1/2 大小的判断。分析 $\beta_1^*<1/2$ 与 $\beta_1^*>1/2$ 两种可能性：当 $\beta_1^*<1/2$，$\frac{\partial U_1}{\partial\beta}=0$ 时，要求$\frac{\partial Q}{\partial[K_0+Kg(\beta)]}<\frac{\partial C_k}{\partial[K_0+Kg(\beta)]}$，此时农户的农地利用处在资本投入的边际产出低于资本投入的边际成本阶段。因为二阶条件在我们的假设下满足，且$\frac{\partial^2 U_1}{\partial\beta\partial\beta}<0$，$\frac{\partial U_1}{\partial\beta}$是 β 的减函数，那么农户在要求获得制度赋予的不断增加的处分激励时，即初始的 β 向 β_1^*接近，资本投入的边际产出经历了大于边际成本，再等于边际成本，最后小于边际成本的过程。当 $\beta_1^*>1/2$，$\frac{\partial U_1}{\partial\beta}=0$ 时，要求$\frac{\partial Q}{\partial[K_0+Kg(\beta)]}>\frac{\partial C_k}{\partial[K_0+Kg(\beta)]}$，此时农户的农地利用处在资本投入的边际产出高于资本投入的边际产出阶段，同样在二阶条件满足的情况下，初始的 β 向 β_1^*接近，资本投入的边际产出会只有一个大于边际

成本的阶段。那么若 $\beta_1^* = 1$，即农户可以将可用于农业生产的资本全部投入到土地中，仍然只能处在边际产出等于边际成本阶段。但农业生产受农作物的生命规律限制，在一定的技术与制度下，容易进入到资本投入的边际产出等于甚至小于边际成本的阶段，从而导致很难通过大规模的以化肥、农药、基础设施等形式的资本投入无限提高产量，许庆等（2011）、Wan 和 Cheng（2001）、万广华和程恩江（1996）都支持了这个现象的存在。因此接受 $\beta_1^* > 1/2$ 的结论的可信度会较低。

那么式（3.8）成立的一个条件是农户的农地利用处在资本投入的边际产出低于资本投入的边际成本阶段。在农地利用处在资本投入的边际产出高于或者等于资本投入的边际成本阶段，农户将会增加资本的投入，其对 β 的诉求是增加的。

因此，得到命题 2：集体农作的公有制土地产权下，在农地利用处在资本投入的边际产出高于或者等于资本投入的边际成本阶段，农户的行为逻辑是诉求增加处分激励。

在生产效率较低的集体农作下的土地公有产权下，农户在追求收入与农地赋予的保障最大化的逻辑下，倾向于选择给予更多收益激励与处分激励的农地产权安排。但是集体农作下的土地公有产权所提供给的处分激励是受限制的，理论上，土地所有权与使用权的实质权利上的公有，将无法提供给农户处分土地的权利，那么伴随着农户处分激励增加，增加的资本投入在未来仍然无法全部收回。因此农户选择的土地制度变迁方向不会是让土地权利的拥有者（非农户）更严密地控制所有权与使用权。所以，土地私有制，或者土地所有权公有下的土地使用权分离将是满足农户对农地制度需求的可能选择。

3.3.2　存在交易的土地私有（混合）产权下农户行为逻辑

农户对制度激励的要求存在一个诱致性的提高收益激励与处分激励的农地产权改进，应构建一个存在交易的土地私有产权即农户拥有土地所有权与使用权或者姚洋（2005）眼中的土地所有权与使用权分离的土地混合产权。土地私有（混合）产权下，农户允许并可以进行包括农地所有权出售或者农地使用权出租（流转）等行为的选择。

存在交易的土地私有（混合）产权下，农户将量为 T_s 的农地进行交易，那么集体农作下的土地公有制下分配给农户 T_0 的农地，则只有 $T_0 - T_s$ 用于农业生产。农业同样使用柯布—道格拉斯生产函数。关于投入资本假设与集体农作下的土地公有制下的农户一致，集体或者国家仍然有义务在农地上进行一定量的投资。存在农地交易的土地产权下，假设农户的劳动禀赋将由农户依其有限理性在农业和非农业之间进行分配，同时这种劳动力转移是完美的，那么，农户不会因为劳动力市场的缺陷而无法将从农业生产中解脱出来的劳动力转移到非农生产部门。农户转移到非农生产部门的劳动力的报酬由工资 w 与投入的劳动量的乘积决定。

农户的土地交易由出售与出租构成。农户选择将 T_s 中 ρ_1 比重的农地以 p_1 的价格进行出售，将 $\rho_2 = 1 - \rho_1$ 比重的农地以 p_2 的价格进行出租。土地的交易将给农户带来收入。假设农地交易收入与农业生产的收入和农地保障是可加的。农户出售量为 $\rho_1 T_s$ 的农地后，则该部分农地对农户的保障方面的效用将消失。同样接受在集体农作下的、土地公有制下的 $\psi(\beta)$ 在新的农地产权安排下适用。那么农户追求收入与土地保障效用最大化的决策由下式决定：

$$\begin{aligned}\max_{\alpha,\beta} U_2 = {} & A(T_0 - T_s)^{\theta_T}[K_0 + Kg(\beta)]^{\theta_K}[Lf(\alpha)]^{\theta_L} + T_s[\rho_1 p_1 + (1-\rho_1)p_2] + \\ & w[L - Lf(\alpha)] - C_k[K_0 + Kg(\beta)] - C_L(L) + (T_0 - \rho_1 T_s)[\alpha\beta^2 - \alpha\beta]\end{aligned} \tag{3.9}$$

因此，农户效用最大的问题就化为仅受 α、β 定义域约束的无条件极值问题。那么上面问题的一阶条件是：

$$\frac{\partial U_2}{\partial \alpha} = A(T_0 - T_s)^{\theta_T}[K_0 + Kg(\beta)]^{\theta_K} L^{\theta_L} \theta_L [f(\alpha)]^{\theta_L - 1} f'(\alpha) - wLf'(\alpha) = 0 \tag{3.10}$$

$$\begin{aligned}\frac{\partial U_2}{\partial \beta} = {} & A(T_0 - T_s)^{\theta_T}\theta_k[K_0 + Kg(\beta)]^{\theta_K - 1}Kg'(\beta)[Lf(\alpha)]^{\theta_L} - \\ & C_k'[K_0 + Kg(\beta)]Kg'(\beta) + (T_0 - \rho_1 T_s)[2\alpha\beta - \alpha] = 0\end{aligned} \tag{3.11}$$

式（3.10）整理得到：

$$A(T_0-T_s)^{\theta_T}K_0^{\theta_K}\theta_L[Lf(\alpha)]^{\theta_L-1}=w \tag{3.12}$$

因此，在存在土地权利交易，且完美的劳动力市场里，农户获得最大效用的一个条件是在农地上的劳动投入边际产出等于其非农就业得到的工资。农户若可以实现农地上的劳动投入边际产出等于其非农就业得到的工资，却由于收益激励的约束而没能达到，则他的行为逻辑应该是诉求收益激励的增加。式（3.10）成立的二阶条件中可得 $\frac{\partial^2 U_2}{\partial\alpha\partial\alpha}<0$，根据隐含定理，可以得到如下关系：

$$\frac{\partial T_S}{\partial\alpha}=-\frac{\frac{\partial^2U_2}{\partial\alpha\partial\alpha}}{\frac{\partial^2U_2}{\partial\alpha\partial T_s}}=\frac{\frac{\partial^2U_2}{\partial\alpha\partial\alpha}}{A\theta_L(T_0-T_s)^{\theta_T-1}[K_0+Kg(\beta)]^{\theta_K}L^{\theta_L}\theta_L[f(\alpha)]^{\theta_L-1}f'(\alpha)}<0 \tag{3.13}$$

那么在式（3.10）成立的条件下，随着收益激励提高，这些农户交易的农地会减少。

但是式（3.10）在现实中，并不具有普遍满足的可能性。现实中同时也存在着部分农户，即使获得最大的收益激励后以及减少土地交易数量，仍然在农地上的劳动投入边际产出低于其非农就业得到的工资。① 这种情况的存在受农户非农就业优势禀赋以及整个农业收益的制约。那么此时式（3.13）就不存在成立的可能。此时农户理想的状态是自愿放弃收益激励，劳动力全部进行非农产业部门转移。在一个农地无法交易的制度下，农户这样的行为逻辑将导致农地撂荒。这显然与现有农地制度安排的目的相冲突。那么理想的行为逻辑是农户在初始的土地禀赋 T_0 给定的前提下，通过交易放弃 T_s 量的土地使用或者所有权，尽管无法得到与从事非农就业获得的报酬相媲美的激励，但依然能够实现自身的理性与农地利用的社会性相一致。

① 农户当转入过多的农地后，就需要雇佣劳动力耕种多余的农地，其成本函数发生改变，在本研究中的理论分析中，这一部分的研究没有进行。

因此，提出命题 3：存在交易的土地私有（混合）产权下，农户对收益激励的诉求与农户农业生产的劳动边际产出和非农工资相关：具有农业生产的劳动边际产出等于非农工资禀赋的农户要求收益激励提高，并减少交易农地；农业生产的劳动边际收益小于非农就业工资的农户，对农地的收益激励变化并不敏感，而倾向于交易更多农地。

根据式（3.11）比较存在交易的土地私有（混合）产权下农户效用最大时的 β_2^* 与 β_1^*。若 $\rho_1 = 0$，β_1^* 代入式（3.11），$\frac{\partial U_2}{\partial \beta} < 0$，根据二阶条件可得 $\frac{\partial^2 U_2}{\partial \beta \partial \beta} < 0$，那么 $\frac{\partial U_2}{\partial \beta} = 0$ 时，$\beta_2^* < \beta_1^*$。若 $\rho_1 \neq 0$，因为 $\beta_1^* < 1/2$，同样 $\frac{\partial U_2}{\partial \beta} < 0$，那么可以判断 $\beta_2^* < \beta_1^*$。在这样的结论下，集体农作下的土地公有制变迁到存在交易的土地私有（混合）产权后，且 $\beta = \beta_1^*$，农户一旦交易农地，不论是将土地出售或者出租，并不要求处分激励的增加；恰恰相反，在效用最大化时，相比集体农作下的土地公有制的处分激励需求，农户愿意放弃一部分处分激励，而将农地产权的处分激励让渡给集体或者国家。但我们无法确定集体农作下的土地公有制发生变迁时的 β 状态，因此此刻无法得到农户对处分激励的态度，因为这个态度与农户初始的处分激励有关。

农户在农地交易中可以选择出售或者出租，在面对农地产权安排中的处分激励改变时，其行为逻辑又由式（3.11）暗含地确定了。由于我们关注于农户流转实现的行为逻辑，因此将 ρ_1 用 $1 - \rho_2$ 替代，根据隐含数定理，可以得到：

$$\frac{\partial \rho_2}{\partial \beta} = -\frac{\frac{\partial^2 U_2}{\partial \beta \partial \beta}}{\frac{\partial^2 U_2}{\partial \beta \partial \rho_2}} = -\frac{\frac{\partial^2 U_2}{\partial \beta \partial \beta}}{(T_0 - T_s + \rho_2 T_s)(2\alpha\beta - \alpha)} > 0,\ \beta < 1/2 \tag{3.14}$$

$$\frac{\partial \rho_2 T_s}{\partial \beta} = -\frac{\frac{\partial^2 U_2}{\partial \beta \partial \beta}}{\frac{\partial^2 U_2}{\partial \beta \partial \rho_2 T_s}} = -\frac{\frac{\partial^2 U_2}{\partial \beta \partial \beta}}{2\alpha\beta - \alpha} > 0,\ \beta < 1/2 \tag{3.15}$$

由式（3.14）可知，在 β 不断增大的过程中，为了效用最大化，在一定面积需要交易的农地中，农户倾向于不断地增加农地出租的比重，而减少出售的比重。β 的增大受农户理性的限制，一个有限理性的农户是不会要求 $\beta > 1/2$，因为 $\beta_2^* < \beta_1^* < 1/2$。式（3.15）则揭示了随着处分激励的增加，在可变的农地交易面积下，农户仍然将增加出租的农地面积。

但一种制度的安排可能会超越制度需求者的要求，制度的变迁不会永远是精确的。分析一种假设下的农户的处分激励 β 变迁到大于 1/2，且不断增大的过程，在此过程中其实是农户对土地处分的权利逐步增大，而国家与集体将逐步散失对土地处分权利的约束，最终的一种可能是土地的私有制出现，在法律允许的范围内，农户拥有土地的所有权，可以自由地出售或出租土地。当 $\beta > 1/2$ 时，$\frac{\partial \rho_2}{\partial \beta} < 0$，那么随着 β 的递增，农户会选择不断地出售所拥有的农地。在这个过程中，农民的效用将减少，出现人们所担忧的当农民拥有足够大的私有的、可处分的农地所有权后，部分农民最终散失农地而成为无产者，农地最终有可能会逐步集中到少数人的手中。显然本书中的分析认可了这种观点的存在。

因此，此处无法直接判断农户对处分激励的要求，这与初始的处分激励的大小有关，但可以得到处分激励与农户行为逻辑之间的关系。那么提出命题 4：存在交易的土地私有（混合）产权下，农户若诉求更高的农地制度处分激励，在行为上会选择增加农地出租但减少农地出售。

3.4 实证检验

理论的分析包括了集体农作的公有制土地产权下农户行为逻辑分析与存在交易的土地私有（混合）产权下农户行为逻辑。本书的实证检验基于中国的过去与现在证据。在现实条件下，中国已经普遍实行了家庭联产承包经营责任制，很难寻找到不存在土地交易的集体农作的公有制土地产权样本。因此，这个检验将通过经验证据来完成。中国的农村仍然存在着有交易的土地私有（混合）产权，因此通过选择建立计量模型对农户调查数据进行分析。

3.4.1 命题 1 与命题 2 的检验

在 20 世纪 70 年代末农村土地制度改革以前，存在一个与理论上集体农作下的土地公有制假设中类似的农地产权安排。经过土地改革、合作化运动与人民公社化运动后，1962 年中国建立了农村集体土地所有制（吴次芳和靳相木，2009）。一个群体的农民尽管是名义上的土地所有者与使用者，但从土地产出中获得的收益分配并不是自由的，集体劳作下的高度集中农村土地产权采用了“工分”作为土地收益分配的尺度（Crémer，1982；张江华，2007）。农户的收益激励严格受到集体的约束，农户在均分的分配体制内，无法通过增加劳动的投入而获得产出的增加，尽管土地所有者依赖形式上相等的“工分”来配给相等的报酬（来源于农地上的产出），实际上农户可以以怠工等形式以较少的劳动力投入而获得相等的“工分”（林毅夫，2010）。缺乏激励的土地产权使得中国农民获得的收益维持在较低的生存性水平（光梅红，2011）。为了打破农业生产经营与分配上的平均主义，20 世纪 70 年代末，土地使用权与土地所有权分离，土地使用权以土地承包经营权的形式按户分配给农户，“交够国家的、留足集体的、剩下全是自己的”成为与家庭联产承包经营责任制相匹配的土地收益分配方式。收益激励显著的差别存在于中国农地制度改革的前后，也是中国农民对土地制度诉求的一个主要方面。以家庭联产承包经营责任制为核心的农村土地制度改革，有效调动了农民生产积极性，提高了农业生产率（Lin，2002）。在现有的证据下，可以接受家庭联产承包经营责任制的建立是满足农民行为逻辑这样一个结论。因此命题 1 的结论是可信的。

中国建立起了集体所有的农村土地制度后，农地就丧失了合法买卖的可能性（吴次芳和靳相木，2009），而私有制下的土地买卖行为是普遍存在的（Deininger and Jin，2003；Amanor，2010）。家庭联产承包经营责任制建立前的农地产权安排中与集体劳作对应的是土地在队或村层面的集体使用，单一的农民（农户）不拥有某一具体地块的土地产权，农地制度没有赋予实质上的处分激励。20 世纪发展中国家的土地改革中，满足个体农民的土地拥有和耕作需要被认为是有效提高土地利用效率的主要途径，并在南部非洲（Roth and Haase，1998）、拉丁美洲和加勒比海地区（Lastarria-Cornhiel and Melmed-Sanjak，1999；Dorner，1992）、南亚印度（Besley and Burgess，2000）、巴基斯坦（Jacoby and Mansuri，2008）、菲律宾（Borras，2006）进行了尝试。在中国，靳相木（2007）在关于土地集体所有制的历史定位的思考中提出，始于 20 世纪 70 年代末的农村改革，使农民以土地承包经营权的形式，在集体土地上获得了一项个体土地权利。强制性地将土地使用权从集体分配给分散的农民，不一定能够给农民带来足够满足生存需要的生产资料（Rahman，2009）。因此中国选择集体为土地所有权拥有者后，中国农地制度的建设就由国家转移到村集体手中，从而产生了包括地权的交易、实现形式和生产组织的千差万别的农地制度（姚洋，2000）。在放弃国家主导的政治运动实现土地改革的逻辑后，草根阶层开始有机会交易，形成新的有效产权的机制（De Janvry et al.，1998）。农民因此可以基于包括更好的生存在内的需要，获得通过对国家的上缴和承担经营的责任，换得土地的长期使用权与流转权的机会（周其仁，1995）。区别于 20 世纪 70 年代末农村改革以前的中国农地产权安排，新的农地制度下农户通过提高单位农地面积上的包括资本在内的投入，极大地改善了农业生产情况，也初步解决了温饱问题，同时农户处分农地承包经营权权利的可能性在制度上得到允许，农户开始被赋予独立的有限处分激励。因此命题 2 的结论也可以得到经验的支撑。

3.4.2 命题 3 与命题 4 的检验

3.4.2.1 计量模型与数据来源

（1）计量模型与变量选择。区别于理论分析中的从农户效用最大化出发判断农户对农地制度收益激励与处分激励的需求，从而解释农户在农地产权处置上的行为逻辑，实证中很难得到一个刻画“效用”的变量，因此直接建立农地制度收益激励、处分激励跟农地交易之间的关系，然后通过收益激励与处分激励的系数显著性来分析农户对制度激励的诉求。在有关农地制度的收益激励与农户行为逻辑的分析中，发现农户自身的农业生产的劳动边际产出与其从事非农就业得到的工资报酬关系对农户的行为逻辑有着重要影响。因此实证中将农户区分为两类：一类是外出务工报酬高于种田收益的；另一类是认为外出务工报酬低于种田收益的。之所以采用这个区分，考虑的是我们无法得到农户从事农业生产的劳动边际产出，同样农户从事非农就业并不存在于所有的农户中。在农户调查中，设置一个关于种田收益与外出务工报酬比较的问题，认为农户的回答是通过对自身禀赋的综合分析的一个判断，这个判断基本上与理论分析中农业生产的劳动边际产出和从事非农就业得到的工资报酬关系相一致。至此，实证分析中采用的计量模型如下：

$$\begin{aligned} Scirc_{m,j} = {} & \alpha + \beta_1 Earning_{m,j} + \beta_2 Disposal_{m,j} + \beta_3 Sfarmland_{m,j} + \beta_4 Nland_{m,j} + \\ & \beta_5 Sslpo_{m,j} + \beta_6 Age_{m,j} + \beta_7 Edu_{m,j} + \beta_8 Labour_{m,j} + \beta_9 Student_{m,j} + \\ & \beta_{10} Richness_{m,j} + \beta_{11} Pcirc_{m,j} + D_1 Lrequ_{m,j} + D_2 Lrequ_{m,j} \times \\ & Disposal_{m,j} + \varepsilon_{m,j} \end{aligned} \tag{3.16}$$

$$\begin{aligned} Ssale_{m,j} = {} & \alpha + \beta_1 Earning_{m,j} + \beta_2 Disposal_{m,j} + \beta_3 Sfarmland_{m,j} + \beta_4 Nland_{m,j} + \\ & \beta_5 Sslpo_{m,j} + \beta_6 Age_{m,j} + \beta_7 Edu_{m,j} + \beta_8 Labour_{m,j} + \beta_9 Student_{m,j} + \\ & \beta_{10} Richness_{m,j} + \beta_{11} Pcirc_{m,j} + D_1 Lrequ_{m,j} + D_2 Lrequ_{m,j} \times \\ & Disposal_{m,j} + \varepsilon_{m,j} \end{aligned} \tag{3.17}$$

$$\begin{aligned} Stran_{m,j} = {} & \alpha + \beta_1 Earning_{m,j} + \beta_2 Disposal_{m,j} + \beta_3 Sfarmland_{m,j} + \beta_4 Nland_{m,j} + \\ & \beta_5 Sslpo_{m,j} + \beta_6 Age_{m,j} + \beta_7 Edu_{m,j} + \beta_8 Labour_{m,j} + \beta_9 Student_{m,j} + \\ & \beta_{10} Richness_{m,j} + \beta_{11} Pcirc_{m,j} + D_1 Lrequ_{m,j} + D_2 Lrequ_{m,j} \times \\ & Disposal_{m,j} + \varepsilon_{m,j} \end{aligned} \tag{3.18}$$

式中，m 表示区分种田收益与外出务工报酬高低不同的两类农户，j 为同性质农户中的第 j 个农户。被解释变量包括了农地流转面积 Scirc、农地出售面积 Ssale 与农地交易面积 Stran。3 个公式中，选择同样的解释变量来分析 3 个被解释变量。解释变量中，Earning 为农地制度的收益激励，Disposal

为农地制度的处分激励。另外选择关于农地禀赋特征的解释变量：农地面积 Sfarmland、土地块数 Nland、坡地面积 Sslop；关于农户人口特征的解释变量：户主年龄 Age、户主受教育年数 Edu、家庭劳动力 Labou、读书孩子数 Student；关于外部环境的解释变量：村庄富裕程度 Richness、寻找农地转入户难易 Pcirc。另外，在中国现有的农村土地制度下，征地是最主要的有偿剥夺农户承包经营权的方式，为了观察征地状况对农户行为的影响，引入哑变量征地 Lrequ，另外引入 Lreu × Disposal 乘积项。

在中国农地制度安排中，农地流转的内涵与农地承包经营权的出租类似，因此选择农地流转来替代农地的出租。同时，在现实中并不允许合法的农地出售交易，考虑到实证的需要，在调查中，只能够选择农户意愿出售的农地面积来获得农户可能出售的农地面积。这里就存在一个假设，农户意愿出售的农地面积在现实条件允许下是可以实现的。我们意识到这个假设不一定严格成立，但却是现有条件下较优的选择。当农户存在意愿出售的农地面积后，那么在存在的农地流转面积中，农户就有可能将其出售，因此需要剔除该部分的农地面积才是农户意愿流转的农地面积。农户交易的农地面积包括了意愿农地流转面积和意愿农地出售面积。为了表达的方便，在下文中，省略意愿农地流转面积、意愿农地出售面积、意愿农地交易面积 3 个变量前面的“意愿”两个字。

（2）数据来源与描述。数据来源于笔者 2010 年在贵州、浙江与山东 3 省进行的对农地转出户的调查，3 省一定程度上区分了东部与西部、长江以南与长江以北间的农地与农户的自然经济特征。在贵州与浙江省内分别选择 2 个县（区），贵州为贵阳的开阳县与白云区，浙江为温州苍南县与杭州萧山区；山东只选择菏泽牡丹区为调查点。菏泽的市区在行政区划上仅由牡丹区构成，菏泽市地处鲁西南，为山东经济欠发达地区，作为市区的牡丹区面积较大，覆盖有广泛的农村范围，牡丹区的农村在经济社会特征上，与周边的县的农村较类似。在每一个县（区）内，由熟悉当地情况的同志指出农地流转较多的乡镇与村庄（行政村），[①] 然后每个县（区）初始随机抽取 12 个村庄（牡丹区为 22 个），每个村庄以 10 个农地转出农户样本为标准。在实际调查中，则会存在部分村庄并不存在满足条件的 10 个农户，而部分村庄则发生农地转出的农户较多，那么在调查时每个村庄被调查的农户数在 10 上下稍微浮动。剔除问卷整理中发现的不合理问卷以及少数剔除不合理的农户样本后实际可用于分析农户数少于 5 的村庄全部样本，最终开阳县的调查包括 12 个村，111 户农户，人均农地面积 1.05 亩；白云区调查 10 个村，90 户农户，人均农地面积 1.06 亩。苍南县调查 12 个村，108 户农户，人均农地面积为 0.39 亩；萧山区调查 10 个村，94 户农户，人均农地面积 0.49 亩。牡丹区调查 22 个村，203 户农户，人均农地面积 1.22 亩。3 省用于分析的农户为 606 户。区分种田收益与外出报酬高低不同的农户，数据描述统计如表 3.1 所示。

表 3.1　统计描述

	说明	外出务工报酬高于种田收益农户（样本数=519）				外出务工报酬低于种田收益农户（样本数=87）			
		最小值	最大值	均值	标准差	最小值	最大值	均值	标准差
流转面积（存在）（亩）		0.300	7.000	2.207	1.392	0.300	5.000	1.587	1.032
被解释变量									
流转面积（亩）		0.000	7.000	1.388	1.406	0.000	5.000	1.128	1.013
出售面积（亩）		0.000	9.000	1.161	1.858	0.000	8.000	0.883	1.792
交易面积（亩）		0.300	9.000	2.547	1.641	0.500	8.700	2.010	1.632
解释变量									
收益激励	收益激励的获取见 3.5 附录	1.220	11.440	3.820	1.744	1.500	8.550	4.914	1.772

① 在现有调查条件下，很难实现某个乡镇和村庄随机寻找的农户就是调查所需要的农地转出户，在此感谢对本调查提供支持的调查地国土局（所）同志。

续表

	说明	外出务工报酬高于种田收益农户（样本数=519）				外出务工报酬低于种田收益农户（样本数=87）			
		最小值	最大值	均值	标准差	最小值	最大值	均值	标准差
处分激励	处分激励的获取见 3.5 附录	-2.040	5.190	2.675	1.421	-1.043	4.890	2.344	1.274
农地面积（亩）		0.300	12.000	3.768	2.184	1.400	10.000	5.456	2.246
土地块数（块）		1.000	13.000	3.008	2.038	1.000	8.000	3.816	1.729
坡地面积（亩）		0.000	7.100	0.847	1.451	0.000	5.500	1.656	1.899
户主年龄（岁）		23.000	68.000	48.457	9.207	32.000	71.000	52.575	9.574
户主受教育年数（年）		0.000	13.000	4.960	2.895	0.000	9.000	2.989	2.105
家庭劳动力（个）	年龄在 16~60 岁的人口，但不包括在校学生	0.000	6.000	2.829	1.009	0.000	6.000	2.644	1.389
读书孩子数（个）		0.000	4.000	0.981	0.791	0.000	3.000	0.966	0.841
村庄富裕程度		1.000	5.000	3.094	0.695	1.000	4.000	2.828	0.614
寻找农地转入户难易		1.000	5.000	3.272	0.924	1.000	5.000	2.989	0.994
被征地	否=0，是=1	0.000	1.000	0.206	0.405	0.000	1.000	0.149	0.359

注：关于流转面积（存在）以及被解释变量的有关说明可见论文变量选择部分。村庄富裕程度量化：非常贫困=1，比较贫困=2，一般=3，比较富裕=4，很富裕=5。寻找农地转入户难易量化：非常困难=1，困难=2，一般=3，容易=4，非常容易=4。

资料来源：农户调查。

3.4.2.2 计量经济模型与数据来源

采用 OLS 估计方法，表 3.2 与表 3.3 列出了多元回归分析结果并给出了 VIF 的最大值，VIF < 10，可以拒绝解释变量之间存在多重共线性的怀疑。在对外出务工报酬高于种田收益农户进行多元回归分析时，初始的 9 个方程的 DW 值都徘徊在 1.6 左右，模型存在着自相关。因此引入 AR(1)，通过对扰动残差项进行自回归，修正后的方程拟合后 DW 值都进入了误差项不存在

自相关的区间内，且 AR(1) 保持 1%的显著性水平。但实际上，相比初始的不包含 AR(1) 项的模型，引入 AR(1) 并没有改变估计系数的正负性与显著性，不会改变分析的结论。在对外出务工报酬低于种田收益农户进行的回归中，DW 值已经满足了不存在自相关的经典假设条件，因此，不再引入 AR(1)。

(1) 制度激励与农户行为。外出务工报酬高于种田收益的农户，其农地交易行为与收益激励不存在着显著关系。在理论分析中，农户对收益激励的变化不敏感，其内涵不仅仅与农户交易行为相关，显然还有更宽广的范围，例如农户可能存在着继续耕种农地的量或者撂荒与收益激励的变化之间的不显著关系，只是该部分无法直接从回归中得出。但直观地判断，外出务工报酬高于种田收益的农户不会做出将大量劳动力投入到农地上的不合理行为，在结果不显著的回归中，农户的农地出售与交易总量的系数为正，因此农户仍然倾向于交易出更多的农地，而且这种交易更多的是彻底的出售农地产权。至于流转面积的减少或是因为农户拥有的农地面积是固定的。与理论的判断理由一致，一旦这种行为受阻，农户仍然会选择撂荒。

外出务工报酬低于种田收益的农户，随着收益激励的提高，会减少农地的交易面积。农户减少农地的交易面积面临着流转与出售两种选择。从回归结果看，收益激励的提高与农户的流转面积、交易面积同为负向关系，只是前者的关系不显著，后者则达到显著性要求。理论分析中，还蕴含着一个假设，即类似的农户，对收益激励的诉求是提高收益激励。实证中，并没有直接让农户对收益激励预期做出判断，我们认为让农户做出这个判断是困难的。从回归结果看，收益激励的改变不会显著影响外出务工报酬低于种田收益的农户流转农地面积，但会显著性影响农户进行出售农地的行为。一般来说，农地流转的报酬总是低于农户在农地上进行生产的收益，对于此类农户，他们愿意在农地上耕种而不愿流转。这里存在着一个前提，他们在意愿上投入的劳动力是与经营的农地数量匹配。[①] 而较低的农地收益激励将会导致农户减少劳动力投入的意愿。处置多余农地的农户在计量结果上表现出选择直接出售农地。但在现有中国农地制度安排下，出售农地仅仅是一种意愿的可能性，在这一点没有改变的情况下，降低收益激励对于农户来说，只可能是减少农户在农地上的劳动力投入，在农地交易上也并无实质性的意义，农民因此就没有在行为逻辑上的一个合理解释。而诉求收益激励的提高是与农户禀赋特征一致的，较高的收益激励将使得农户投入更多的劳动力，在条件可能的情况下，部分农户将转入农地，这可解释为何会存在着农户转出户的同时，有部分农户愿意转入农地。通过分析，实证的计量结果与命题 3 是一致的。

回归结果显示，处分激励的提高将增加农户农地流转的面积，并减少农户出售农地的面积意愿，这种关系是显著的，并且对外出务工报酬高于种田收益的农户和外出务工报酬低于种田收益的农户影响是一致的。同时，两类农户的回归结果中农地交易面积与处分激励回归系数为负，但不显著。因此，在处分激励的诉求方面，农户与其对农地产权的处置行为有直接明确的关联。在现有农地制度的初始安排下，假若农户诉求处分激励低，那么农户将会减少农地流转面积，增加出售农地面积的意愿。在路径依赖的影响下，农地制度处分激励的降低显然无法赋予农户增加出售农地面积的可能性，农户的意愿与农地制度变革的效果相反。而农户诉求处分激励的提高则可实现制度改革的同时其对农地产权处置的行为意愿得到满足。因此可以得到结论，尽管在理论模型中受农户初始状态的处分激励，无法判断农户对处分激励的期望，但在目前的中国农地制度安排下，农户对处分激励的诉求是提高的。最终，实证的计量结果与命题 4 相符，且判断得到了农户对处分激励的态度。

在回归中，引入的“被征地”哑变量在解释外出务工报酬高于种田收益

① 实地调查中发现，外出务工报酬低于种田收益的农户，有较大一部分是年龄较大，或者教育水平较低的农户，一旦农户的孩子成年立家独户，农户的可支配劳动力就非常有限，但他们并不愿意去雇佣较昂贵的劳动力来进行耕种非常有限的农地。

的农户和外出务工报酬低于种田收益的农户（包括流转与出售在内的农地交易行为）时都不显著。因此一个农户是否被征地并不影响农户的行为逻辑，这里有两种可能：一是农户对自身承包经营的农地产权安排确实不受外生发生的征地影响；二是因为被调查的农户主要集中在远离城镇郊区的农村，即使发生征地的农户，也基本不处在农地所有权国有化过程中发生土地巨大增值中心城市城郊边缘处，农户的判断因此没有切身征地感受，征地行为也就不会对农户的效用产生影响。单独的“被征地”哑变量对农户的行为影响是不显著的，引入交叉乘积项“被征地×处分激励”，或许农户会受征地后较高补偿影响，从而获得更高的处分激励以可以出售农地经营权，并影响到农户交易或者出售行为。但结果显示这个影响并不显著，毕竟与中国多数的农地征地补偿相比，维持农户一代或者几代人的生存来说仍然是偏低的，更何况农民的恋土情结在中国农村仍然普遍存在，尽管农民已经有更多可以选择的生存方式。

（2）其他解释变量与农户行为。农地禀赋特征、农户人口特征以及外部环境的解释变量也影响着农户行为。农地禀赋特征变量中，农地面积对农户的流转、出售与交易面积都存在显著的正向影响。土地块数影响农户的出售面积意愿，较少的土地块数将减少农户出售农地的意愿。农户拥有农地的破碎性较低，意味着农地较方便的生产条件，也有利于规模经营，这些增强了农户长久的拥有农地的愿望。对于外出务工报酬高于种田收益的农户，农地的破碎性越高，越将导致农户流转更多面积的农地。农户拥有较多的坡地面积将导致外出务工报酬高于种田收益的农户交易更多的农地，但这种交易方式的意愿是通过流转或者出售而无法得知。外出务工报酬低于种田收益的农户在拥有较多的坡地农地时，则会减少流转农地面积与增加出售农地面积。两类农户之间在坡地面积上的差异在回归中得不到更多的信息，很可能是因为在山东的调查地菏泽牡丹区是个广阔的低坡度平原，农户基本不拥有坡地。要得到坡地面积对农户行为的影响则需要更多的农户样本，或者分地区进行农户行为的回归解释。

农户人口特征变量中，户主年龄越大，外出务工报酬高于种田收益的农户将会减少包括农地流转、出售的农地交易面积；而外出务工报酬低于种田收益的农户的影响则局限在农地流转的减少。外出务工报酬低于种田收益的农户在出售农地面积的意愿上，并不存在着户主年龄上的差异，农户更愿意持有农地。户主受教育的年数越多，外出务工报酬高于种田收益的农户会流转更多的农地，但会减少出售农地的意愿。这里似乎隐含着受教育程度越高的农户，越意识到农地产权对农户的重要性，因此不愿意彻底放弃农地承包经营权。而外出务工报酬低于种田收益的农户，教育年数越多，表现出流转更多的农地，但在出售农地的意愿上，则表现出与务工报酬高于种田收益的农户的差别。回归系数不显著的一个解释是，外出务工报酬低于种田收益的农户相比务工报酬高于种田收益的农户，总体上受教育水平要低，同时前者进行长距离的非农就业较少，对农地对于农户的重要意义，可能更多的是潜意识，缺乏更深刻的理解。家庭劳动力人口越多，外出务工报酬高于种田收益的农户越会流转更多的农地，但出售农地的意愿减少。而家庭劳动力变量对外出务工报酬低于种田收益的农户不存在显著影响。读书孩子数同样对农户行为产生影响，读书孩子越少，两类农户都愿意流转更多的农地，假若农户拥有较多读书的孩子需要照顾，农户不得不考虑照顾孩子，因此他们在不改变就业地的情况下，很难脱离农地获得别的就业机会。外出务工报酬低于种田收益的农户在关于出售面积的两个模型中，读书孩子数与出售面积显著正相关关系，外出务工报酬低于种田收益的农户有可能希望通过出售农地产权而获得抚养孩子需要的费用。

外部环境的解释变量中，较富裕的村庄中，务工报酬高于种田收益的农户愿意流转更多的农地，但不愿意出售农地，农地的价值对这些农户来说不仅仅只是简单的出售价值。村庄富裕程度变量对于务工报酬低于种田收益的农户影响类似。更加容易地寻找到可以接受农地转入户，会增加务工报酬高于种田收益的农户流转面积，但对务工报酬低于种田收益的农户则不存在显著影响。这种差异侧面反映了务工报酬高于种田收益的农户的农地流转是主动的，而务工报酬低于种田收益的农户更多是一种被动行为。

表 3.2　外出务工报酬高于种田收益农户样本回归结果

	被解释变量：流转面积			被解释变量：出售面积			被解释变量：交易面积		
	1	2	3	4	5	6	7	8	9
常数项	−0.461 (−0.771)	−0.460 (−0.769)	−0.463 (−0.773)	2.336 (3.356)***	2.328 (3.344)***	2.335 (3.352)***	1.808 (3.062)***	1.806 (3.060)***	1.804 (3.052)***
收益激励	−0.033 (−0.559)	−0.032 (−0.545)	−0.034 (−0.571)	0.039 (0.592)	0.037 (0.549)	0.039 (0.586)	0.007 (0.126)	0.004 (0.076)	0.005 (0.092)
处分激励	0.094 (1.817)*	0.095 (1.824)*	0.092 (1.728)*	−0.117 (−1.823)*	−0.119 (−1.845)*	−0.118 (−1.795)*	−0.010 (−0.202)	−0.012 (−0.242)	−0.016 (−0.298)
农地面积	0.107 (2.182)**	0.107 (2.165)**	0.108 (2.189)**	0.264 (4.685)***	0.268 (4.725)***	0.265 (4.669)***	0.382 (7.883)***	0.385 (7.938)***	0.384 (7.892)***
土地块数	0.119 (3.011)***	0.119 (3.010)***	0.119 (3.008)***	−0.116 (−2.498)**	−0.117 (−2.522)**	−0.116 (−2.496)**	−0.035 (−0.907)	−0.036 (−0.913)	−0.035 (−0.901)
坡地面积	−0.052 (−0.872)	−0.049 (−0.819)	−0.053 (−0.888)	0.093 (1.236)	0.086 (1.145)	0.092 (1.223)	0.126 (2.105)**	0.116 (1.917)*	0.123 (2.037)**
户主年龄	−0.015 (−2.012)**	−0.015 (−2.001)**	−0.015 (−2.017)**	−0.004 (−0.442)	−0.004 (−0.456)	−0.004 (−0.443)	−0.018 (−2.449)**	−0.018 (−2.480)**	−0.018 (−2.463)**
户主受教育年数	0.055 (2.547)**	0.056 (2.556)**	0.055 (2.532)**	−0.041 (−1.675)*	−0.042 (−1.714)*	−0.041 (−1.673)*	0.025 (1.162)	0.023 (1.056)	0.024 (1.137)
家庭劳动力	0.130 (2.08)**	0.130 (2.086)**	0.130 (2.078)**	−0.164 (−2.310)**	−0.167 (−2.346)**	−0.165 (−2.308)**	−0.038 (−0.622)	−0.041 (−0.669)	−0.038 (−0.623)
读书孩子数	−0.144 (−1.825)*	−0.145 (−1.835)*	−0.143 (−1.802)*	0.053 (0.585)	0.057 (0.631)	0.053 (0.587)	−0.091 (−1.173)	−0.086 (−1.106)	−0.088 (−1.130)

续表

	被解释变量：流转面积			被解释变量：出售面积			被解释变量：交易面积		
	1	2	3	4	5	6	7	8	9
村庄富裕程度	0.210 (2.380) **	0.210 (2.367) **	0.211 (2.385) *	−0.172 (−1.692) *	−0.170 (−1.674) *	−0.172 (−1.686) **	0.027 (0.310)	0.028 (0.324)	0.029 (0.331)
寻找农地转入户难易	0.172 (2.479) **	0.172 (2.477) **	0.173 (2.485) *	−0.127 (−1.586)	−0.127 (−1.579)	−0.127 (−1.574)	0.042 (0.617)	0.043 (0.623)	0.045 (0.655)
被征地		−0.041 (−0.270)			0.137 (0.789)			0.179 (1.202)	
被征地×处分激励			0.010 (0.208)			0.003 (0.047)			0.023 (0.474)
AR(1)	0.188 (4.265) ***	0.19 (4.236) ***	0.189 (4.269) ***	0.351 (8.230) ***	0.346 (8.075) ***	0.351 (8.217) ***	0.214 (4.814) ***	0.208 (4.671) ***	0.214 (4.807) ***
调整后的 R^2	0.102	0.101	0.101	0.305	0.305	0.304	0.359	0.360	0.358
DW	2.030	2.029	2.030	2.111	2.104	2.111	2.024	2.021	2.024
VIF 最大值	3.310	3.311	3.314	3.310	3.311	3.314	3.310	3.311	3.314

注：括号中的值为 t 值。*、**、*** 分别表示 10%、5%、1%的显著水平。VIF 值的计算在不包含 AR（1）下取得。

表 3.3 外出务工报酬低于种田收益农户样本回归结果

	被解释变量：流转面积			被解释变量：出售面积			被解释变量：交易面积		
	1	2	3	4	5	6	7	8	9
常数项	0.542 (0.578)	0.577 (0.614)	0.544 (0.583)	3.751 (1.988)**	3.832 (2.027)**	3.754 (1.985)*	4.293 (2.434)**	4.409 (2.517)**	4.298 (2.463)**
收益激励	−0.020 (−0.282)	−0.023 (−0.312)	−0.024 (−0.338)	−0.249 (−1.711)*	−0.254 (−1.744)*	−0.254 (−1.741)*	−0.269 (−1.981)*	−0.277 (−2.049)**	−0.278 (−2.067)**
处分激励	0.216 (2.861)***	0.215 (2.847)***	0.236 (3.082)***	−0.290 (−1.908)*	−0.291 (−1.917)*	−0.264 (−1.696)*	−0.074 (−0.520)	−0.076 (−0.540)	−0.027 (−0.189)
农地面积	0.112 (2.059)**	0.115 (2.101)**	0.116 (2.135)**	0.185 (1.694)*	0.192 (1.746)*	0.190 (1.732)*	0.298 (2.907)***	0.306 (3.012)***	0.306 (3.019)***
土地块数	0.112 (1.479)	0.099 (1.265)	0.100 (1.307)	−0.287 (−1.876)*	−0.318 (−2.033)**	−0.303 (−1.964)*	−0.175 (−1.221)	−0.220 (−1.514)	−0.204 (−1.428)
坡地面积	−0.156 (−2.443)**	−0.138 (−2.040)**	−0.141 (−2.165)**	0.206 (1.601)	0.248 (1.820)*	0.227 (1.727)*	0.050 (0.414)	0.110 (0.868)	0.086 (0.713)
户主年龄	−0.035 (−3.382)***	−0.035 (−3.434)***	−0.036 (−3.505)***	0.013 (0.638)	0.011 (0.555)	0.012 (0.558)	−0.021 (−1.116)	−0.024 (−1.245)	−0.024 (−1.270)
户主受教育年数	0.130 (2.782)***	0.128 (2.723)***	0.123 (2.624)**	−0.117 (−1.243)	−0.122 (−1.295)	−0.126 (−1.330)	0.013 (0.150)	0.006 (0.065)	−0.003 (−0.037)
家庭劳动力	0.009 (0.120)	0.005 (0.063)	0.007 (0.099)	0.195 (1.358)	0.185 (1.291)	0.193 (1.342)	0.203 (1.517)	0.190 (1.427)	0.200 (1.507)
读书孩子数	−0.295 (−2.408)**	−0.277 (−2.224)**	−0.282 (−2.306)**	0.408 (1.658)	0.449 (1.794)*	0.425 (1.716)*	0.113 (0.493)	0.172 (0.742)	0.143 (0.626)

续表

	被解释变量：流转面积			被解释变量：出售面积			被解释变量：交易面积		
	1	2	3	4	5	6	7	8	9
村庄富裕程度	0.245 (1.584)	0.255 (1.640)	0.256 (1.662)	−0.930 (−2.992) ***	−0.908 (−2.911) ***	−0.916 (−2.936) ***	−0.685 (−2.359) **	−0.654 (−2.260) **	−0.660 (−2.292) **
寻找农地转入户难易	0.132 (1.408)	0.142 (1.496)	0.153 (1.611)	0.053 (0.280)	0.075 (0.394)	0.079 (0.413)	0.185 (1.048)	0.217 (1.228)	0.232 (1.309)
被征地		−0.226 (−0.837)			−0.513 (−0.947)			−0.739 (−1.472)	
被征地×处分激励			−0.121 (−1.316)			−0.155 (−0.838)			−0.276 (−1.611)
AR（1）									
调整后的 R^2	0.348	0.346	0.355	0.157	0.156	0.153	0.112	0.126	0.131
DW	1.818	1.832	1.872	2.080	2.038	2.035	1.937	1.877	1.878
VIF 最大值	2.222	2.326	2.258	2.222	2.326	2.258	2.222	2.326	2.258

注：括号中的值为 t 值。*、**、*** 分别表示 10%、5%、1%的显著水平。

3.5 本章结论与讨论

本章基于作为制度激励的农地产权安排视角，通过构建理论模型分析了集体农作的公有制土地产权下的农户行为逻辑与存在交易的土地私有（混合）产权下农户行为逻辑，并通过经验检验与计量实证论证了理论模型分析中得到的四个命题。研究的结论如下：

（1）中国发生在 20 世纪 70 年代末的农村土地制度改革中，农户存在着与理论模型中公有制土地产权下的农户行为逻辑相一致的农地制度激励的诉求。农户主要表达出增加收益激励与增加处分激励的诉求。通过诱致性的制度变迁，中国建立起了家庭联产承包经营责任制，并导致了农地流转存在的可能性。

（2）在现有农地制度下，农户的行为逻辑表现为：外出务工报酬高于种田收益的农户，对农地的收益激励变化并不敏感，在意愿上倾向于交易更多农地；外出务工报酬低于种田收益的农户随着收益激励提高，在意愿上会减少交易农地。所有的农户在要求更高的农地制度处分激励的同时，在行为上会选择增加农地出租但减少农地出售的意愿。这个结论与理论模型的命题是一致的。

通过以上总结，以下三点认识有助于更好地推进未来农地制度设计。

（1）制度激励将在农户对农地产权的选择中产生重要影响。因此，我们在争论公有化还是私有化农地产权时，更重要的一个层面应该是关注农民对农地产权的期望。本章研究中引入的制度激励已经在 20 世纪 70 年代末开始的农地制度改革中得到体现。

（2）在未来农地制度设计中，现今农户尽管对农地制度的收益激励诉求表现出差别化的态度，但提高收益激励将优于降低收益激励，因为这种制度创新将不会使得部分农户产生违背国家农地利用初衷的行为。一个建议是，未来的农地制度改革中应该关注基于农地产权的农地经营补贴。[①]

（3）在未来农地制度设计中，对处分激励的安排将是一个核心，这与整个国家城市化迅速推进的背景和农地非农化巨大收益并存相关。本书认为，在农地制度的改革中应该赋予农民更大的处分激励。这意味着回归彻底公有是与农民的行为逻辑相悖的，但这个处分激励的终点在现阶段也不应该是土地私有化（吴次芳等，2010）。规范、支持、服务农地流转，促进基于农民意愿的农地流转合理有序的市场化流动应该是农民处分激励诉求的根本所在。

3.6 制度激励指标的产生

用因子分析的主成分分析法来得到农地制度的收益激励 I_j 与处分激励 U_j，姚洋（2004）采用类似的方法获得了关于地权的 3 个权利指标。本书在调查问卷中，针对收益激励与处分激励分别设计了 3 个（见表 3.4）与 4 个问题（见表 3.6），对农户调查中得到的答案进行等距的离散赋值，这些变量称为激励分量。通过对收益激励分量与处分激励分量分别进行主成分分析，计算显示农地制度的收益激励与处分激励的主成分。此时的收益激励与处分激励已经是一个连续变量，从而得到收益激励指标与处分激励指标。表 3.5、表 3.7 给出了收益激励分量与处分激励分量的主成分分析结果。结果显示，

① 在调查中，发现由于国家取消农业税后，国家或者集体直接剥夺农民农地收益的行为已经较少。存在的是基于农村社会事业的“一事一议”与村集体内部的集资办事等偶尔行为。因此，赋予收益激励，借鉴国外的经验应该是在农地经营补贴上给予倾斜。实际上，在调查中也发现这种补贴在各地都有所存在，尽管补贴的金额是相对较少的。但一个更严重的现象需要引起注意，国家在试图给予直接使用农地进行特定行为的补贴时，实际结果是，补贴更多的是给予了农地承包经营者，而不是具体的使用者。同时，在试图补贴给特定的经营行为，比如给予的种粮补贴，在落实中，由于根据的是几年前的农业税征收时的农地经营状态，尽管随着经济发展农地的使用者已经改变了种粮行为，比如进行蔬菜种植、树苗培育等，但同样可以得到补贴。总体而言，现行的涉及农地使用的补贴表现为低水平上的普适性补贴，这影响了农户对收益激励的感知。

主成分收益激励指标 I_j 解释收益激励分量的方差贡献率为 51.075%，处分激励 U_j 解释处分激励分量的方差贡献率为 41.017%。计算收益激励指标的主成分分析中，KMO 为 0.567，Bartlett 球形度检验的 P 值 < 0.001，表明进行的主成分分析是可信的。同样，在收益激励指标的计算中，KMO 为 0.568，Bartlett 球形度检验的 P 值 < 0.001，支持了后续的主成分分析。

表 3.4 关于农地制度收益激励的问题

收益激励分量	因子载荷	极小值	极大值	均值	标准差
①（过去）种田收益稳定性 m_1	0.702	1.000	4.000	2.064	1.031
每年受天气价格影响（1）[a]					
2~3 年一次受影响（2）					
偶尔受影响（3）					
不大会受影响（4）					
②种田与理想生活的差距 m_2	0.803	1.000	4.000	1.888	0.843
种田养不活一家人（1）					
种田无法过上体面的日子，仅可养活（2）					
国家补贴后与外出赚钱差不多（3）					
种田赚的钱与外出差不多，但劳累（4）					
③每年土地所得到的种粮等补贴 m_3（百元）[b]	0.628	0.000	14.230	3.117	2.568

注：a. 数值为选择该回答的赋值，同一个问题内数值越大意味着农户收益激励越大，下同。
b. 百元为补贴金额的单位。

表 3.5 农地制度收益激励的主成分分析

主成分	原始特征值		
	特征值	方差贡献率（%）	累计方差贡献率（%）
1	1.532	51.075	51.075
2	0.857	28.553	79.627
3	0.611	20.373	100.000
KMO	0.567		
Bartlett 球形度检验	Approx. Chi–Square	132.962	
	df	3	
	Sig.	0.000	

根据表 3.5 的计算结果，收益激励的计算公式如下：

$$I_j = 0.567m_{1j} + 0.648m_{2j} + 0.508m_{3j} \tag{3.19}$$

表 3.6 关于农地制度处分激励的问题

	因子载荷	极小值	极大值	均值	标准差
①农地调整次数[a] n_1	-0.638	0.000	7.000	1.903	1.496
②外出后影响土地耕种村集体的措施 n_2	0.786	1.000	4.000	2.929	0.885
收回土地（1）[b]					
强制要求转让土地（2）					
要求继续耕种（3）					
不采取措施（4）					
③村集体对获得城镇户口农户土地处理规定 n_3	0.683	1.000	4.000	2.579	1.157
收回全部土地（1）					
协商收回并给予补偿（2）					
同意给予别人耕种（3）					
没有规定（4）					
④农地归属 n_4	0.385	1.000	4.000	1.335	0.483
国家和村里的（1）					
自家的（2）					

注：a. 农地调整次数的多少在解释农地制度的处分激励中与问题 2、3、4 的答案数值大小在内涵上相反，一个满足现实估计的农地调整次数的因子载荷应该为负值。

b. 数值为选择该回答的赋值，同一个问题内数值越大意味着农户处分激励越大，下同。

表 3.7 农地制度处分激励的主成分分析

主成分	原始特征值		
	特征值	方差贡献率（%）	累计方差贡献率（%）
1	1.641	41.017	41.017
2	0.954	23.843	64.859
3	0.853	21.327	86.187
4	0.553	13.813	100.000
KMO	0.568		
Bartlett 球形度检验	Approx. Chi-Square	183.520	
	df	6	
	Sig.	0.000	

根据表 3.7 的计算结果，处分激励的计算公式如下：

$$U_j = -0.498n_{j1} + 0.614n_{j2} + 0.533n_{j3} + 0.301n_{j4} \quad (3.20)$$

关于表 3.6 中农地调整次数的说明。调查结果中，贵州户均农地调整次数为 1.97 次，浙江户均农地调整次数为 1.32 次，山东户均农地调整次数为 2.42 次。在调查中，并没有对农地调整次数的发生时间进行限制，较早的农地调整发生在 20 世纪 70 年代末 80 年代初。贺雪峰（2008）调查发现，当前的土地调整除了考虑人口变化因素外，方便生产发展经济与方便生活是主要的原因。20 世纪 80 年代中后期，贵州由于推行了“湄潭模式”，土地大调整几乎没有再发生，但小范围的调整仍然存在，这其中包括一种“互换”性质的调整，在部分研究中，这类“互换”的调整属于“农地流转”，但调查发现这种“互换”在村庄范围得到认可，依然离不开经济组织或者生产队长的认可，因此从处分激励的视角我们倾向于将其视为农地调整。受调查条件限制，我们很难向农户解释“互换”与“调整”的差别，从习惯上，农地流转表达的是一种农地经营权的转出（出租），而“调整”则是一种农地承包地经营权的失与得的同步改变。

4 农户农地流转的福利效应

4.1 引 言

本书第3章在理论上假设了农户对效用最大的追求，并论证了农户做出农地流转的行为逻辑。萨缪尔森（2008）将效用理解为一个人从消费一种物品或者服务中得到的主观上的享受或者有用性，中国的农户在介于自给自足和经济理性人之间的理性作用下，可以接受收益与保障作为土地可提供的有用性。然而效用最大化作为资源配置的一种方式，不一定可以实现个人幸福（Well Being）（黄有光，1991）。因此尽管昆曼（2009）等认为效用是福利的衡量指标，但该观点仍然存在着巨大的争议。黄有光（1991）给出了效用与福利发生不一致的三个原因：①在这个充满依赖的世界里，个人的偏好不仅受到其福利的影响，也受制于其对他人福利的考虑；②由于无知和不完整的预见，偏好可能不同于福利，事先估计仅仅只能解释行为，事后福利才是实际上的福利，事先与事后的结果可能正好相反；③由于某些人可能因为遵守客观的习惯与原则或者对于危险和痛苦的过分担忧与快乐的过度诱惑，存在着非理性的偏好。农地流转[①]实现中，农户（农民）福利与效用的偏离是否存在的可能，本书结合黄有光（1991）的观点，给出简单的现

① 本章的研究仅关注农地流转中农户的农地转出行为。

实困惑。

（1）一个农户拥有一定数量的质量较好的农地，他倾向于自己继续耕种土地，考虑到自身的禀赋特征，不流转农地而在自身农作中获得的快乐与满足将多于流转农地后从事非农就业，尽管非农就业所获得的收益可以更高。但该农户并不需要太高的收益，因为他的孩子已经获得了良好的就业机会并得到较高的报酬。从事简单的农作对于该农户更多的是感情上对土地的依赖与劳动的需要。但是有一天村集体将通过土地入股的形式集中起村中的部分土地进行农业合作社形式的生产，①不巧的是该农户的土地就在计划的农业合作社经营用地块的中间。考虑邻居的福利，该农户最终同意将承包经营的土地入股。

（2）一个农户的主要劳动力发现与他条件类似的亲戚进行农地流转后获得了一定的租金，同时又在某地非农再就业并获得了较高的收入。因此他征得该亲戚的同意后，跟随他一同前往某地打工，部分土地也进行了流转，但他却没有预计到他亲戚所在的工厂由于整个经济环境的变化效益较差，经常发不出工资，时刻面临着倒闭的危险，②他的收入还不如以前（在家务农）。

（3）一个农户的主要劳动力具有非农就业的良好禀赋。考虑到家庭经济压力，他跟妻子一直打算外出打工，并将土地流转出去。不巧的是，他的父母的身体健康状况很差，需要有人照顾。以地缘关系为基础的农村是典型的熟人社会，假若该农户不遵守千百年来形成的扶养老人的义务，就需要承担道德上不孝的指责。因此一个可能的决策是该农户依据习惯与原则，依旧选择了在家务农并照顾老人。

上述 3 个情景假设辅证了黄有光（1991）给出的效用与福利发生不一致的三个原因。或许我们可以这样理解：一个农户在做出农地流转的决策时，

---

①《大众日报》以“土地入股，蓬莱万余农户变股东”介绍了一个土地入股进行农地流转的事例。具体可见链接 http：//www.sd.chinanews.com/html/any/citys/qux/71/0117/20070117105051.html。

② 贺雪峰（2009）以贵州湄潭县聚合村调查为例的金融危机与农民工返乡的调查中看到了两个现象：一是受金融危机影响，农民工因为工厂倒闭和开工不足出现了失业返乡；二是超过 35 岁的返乡农民工对外出能否再次找到工作忧心忡忡，对是否继续外出打工犹豫不决。

最优化的选择应该是福利的最大化，但作为事后结果的福利总是很难把握。那么在自觉与不自觉中，农户受偏好的影响，只能依据效用的大小判断是否应该进行农地流转这一活动。因此本书第 3 章的逻辑与本部分的福利效应研究相辅相成，对于完整分析并解释农地流转是有裨益的。

4.2　福利的界定与标准

在做有关福利方面的实证研究前，本应该有一个明确的“福利是什么”的回答，但现有的研究只能给出关于福利界定的多种答案，这或许从另一个侧面揭示了福利问题的复杂性。因此，在这一部分仍然需要整理总结已有的关于福利的界定与标准的成果，并为本书提供一条可以依赖的路径。

福利是一个有分歧的概念，边沁的功利主义奠定了福利经济学的哲学基础。庇古基于边沁的功利主义对福利经济学进行引申与发展，建立起福利经济学的完整理论体系。卡尔多、希克斯、西托夫斯基、李特尔、黄有光从帕累托理论出发，对庇古的福利经济学理论进行批判与完善。随着阿罗不可能定理（Arrow，1951）的提出，使得从庇古旧福利经济学发展起来的新福利经济学受到了严峻挑战。Sen 则引入了可行能力的概念。在一定标准下的福利界定后，需要一种工具衡量福利的好与坏，以及改善的方向等。帕累托、卡尔多、希克斯、西托夫斯基、李特尔、黄有光、Sen 等在这些关键问题上做出了重要贡献。

本书中福利界定的选择将依赖于前人的研究成果，但同时又受制于研究目的。由于农地流转的福利效应显然存在着部分人的福利改善而同时又有部分人因为农地流转的实现福利被损失，在这样一个非常有可能的前提下，对于福利标准的度量选择帕累托准则非常困难。在本部分研究目的中，潜在的分析必然存在着农户间福利的比较，这同样是被帕累托准则所抛弃的。那么就面临着两种选择：一是是否可以顺着卡尔多、希克斯、西托夫斯基、李特尔、黄有光开拓的福利补偿的方向以帕累托有效的视角去分析农地流转的福利问题；二是以 Sen 的可行能力为基础进行福利分析。尽管“补偿检验”拓展了以帕累托标准为基础的福利经济学，但 Sen 强调帕累托最优准则是评价社会成就的一个极有局限的方法，在借助了资源分配来补充帕累托准则后，依旧不存在通过某一机制能够提供人们自愿披露信息的激励，而这些信息是从诸多的帕累托最优状态中进行选择所必需的，也是确定适当的初始分配所必需的（阿马蒂亚·森，2000）。在农地流转中，分散的农户要获得必需的农地配置信息存在着背景信息不足，并且这种激励机制同样不存在，一个集中的、有效的农地流转市场机制在中国依旧没有广泛地建立起来，因此试图通过帕累托标准及其拓展运用到农地流转的福利分析中仍然存在困难。更何况一个不得不注意的问题是，农地作为一种特殊的生产资料，其分配流转总是与政治存在着千丝万缕的联系，经济上的可行与政治上可能的冲突是无法避免的。

Sen 指出，当功利主义准则与完全不可比的效用结合时，将得出一个明确的部分社会排序，而且这一部分排序与用帕累托准则得出的社会排序完全一致。功利主义把福利主义作为基本条件，要求事物状态的好坏程度仅仅是与这一状态有关的效用函数（阿马蒂亚·森，2000）。然而福利主义存在着“把效用当作价值的唯一源泉”和“来自效用所提供的关于福利的特殊解释”两个重要缺陷，因此很难成为判断个人福利的方法。Sen 同时指出，用收入和商品作为福利的物质基础，但各自能够如何使用给定的商品束或者各自能够如何花费给定的收入水平，关键取决于个人异质性、环境的多样性、社会氛围的差异、人际关系的差别、家庭内部的分配。Sen 认为，出于很多评价性目的，合适的“空间”应该是一个人选择有理由珍视生活的实质自由（Sen，1982）。基于这一点，在福利界定的选择中，其实存在着一个价值判断，即研究中农地流转的实现所期望赋予农民的到底是什么？或许对于单一农民，从自身的收入或者商品的多少出发，是一个直接见效的选择，帕累托准则下的满足是一个简单而似乎有效的价值判断。可现实中，当规模化的农户发生流转农地经营权的行为，不论农户劳动力的选择是非农就业，或者待业在家，其出发点应该而且必然是丰富多彩的。因此一个有利于农民（农户）发展的价值判断同样应该是一种能力的分析，也就是通过农地流转在获得收入的改变后，农民是否获得了理想的生活方式的实质自由，即改善生存的可行能力。从这个价值判断出发，构建该部分的核心有理由选择 Sen 关于福利是获得可行能力的界定以及其延伸开的关于福利的标准。

4.3 农地流转的福利测度指标确定

4.3.1 福利测度的对象

农地流转实现的福利测度指标确定，需要明确指标所测度的对象。建立在家庭联产承包责任制下的中国农地制度在农地的经营使用甚至处分都是以农户作为基本生产单元出发的。同时，在农户未分家独立成户前，一个农户的家庭成员构成中存在着未成年的成员是普遍现象，多数未成年的家庭成员是作为一个纯粹的消费者存在，那么农地流转中对农户的福利考虑需要区分出主要劳动力，比如农户的男性壮劳动力，个体的福利变化，理由是涉及农地流转主要决策与农地流转实现后，后续生产的可行能力主要集中在特定的农户成员身上。高进云等（2007）指出，尽管 Sen 在理论探讨中以个人的福利为重要研究，但在具体的实证研究中，Sen 仍然将群体、地区或者国家都纳入他所构建的福利研究视野中。Klasen（2000）、Martinetti（2000）等同样将可行能力引入整个家庭福利的分析中，而 Laderchi（2008）、Anand 等（2000）则通过功能性活动测度分别研究了贫困儿童与和英国家庭男性与女性成员的福利特征。因此在本书中，农地流转的福利测度对象为农户以及农户的特定成员。

4.3.2 农地流转农户福利的功能性活动

"功能"与"能力"(Capability)是 Sen 可行能力框架下福利分析的核心。Sen 认为功能指的是一个人的各种活动(Doings)和特征(Beings),并举例说明功能可以是"如吃如读或看"的活动,或者"营养良好、没有疟疾、不为衣着的寒酸而感到羞耻等"等生存或存在的状态(阿马蒂亚·森,2006)。关于"能力",Sen 给出的定义并不明确,考虑到普遍使用的能力的概念与 Sen 所使用的能力概念的冲突,《以自由看待发展》一书中将"capability"翻译为"可行能力"(杨伟民,2008)。Sen 认为,一个人的可行能力指的是此人有可能实现的、各种可能的功能性活动组合,是一种实现各种功能性活动的实质自由。强调工具性的自由直接或者间接帮助人们按照自己合意的方式生活。Sen 给出了一个不完整的不同类型的自由:政治自由、经济条件、社会机会、透明性保障、防护性保障(阿马蒂亚·森,2002)。其实 Sen 区别功能与可行能力的内涵的同时,也意味着默认了功能作为衡量实现福利水平的作用,以及可行能力衡量可行的福利水平的作用。Sen(1987)也承认,一个人的福利状况与实际生活直接相关,因而在福利状况的评价中专注于功能活动是合理的,但有能力做出自由的选择本身也同样具有价值。"可行能力"框架下的评价性焦点可以是实现了的功能性活动,或者是此人所拥有的可行能力集,这二者提供不同的信息——前者是关于一个人实际做到的事,后者是关于一个人有实质自由去做的事(阿马蒂亚·森,2002)。这两个评价性焦点可以分开,也可以结合起来。既然本书中考虑的是农地流转实现的福利效应,因此更多地将评价的焦点集中在实现后的福利,也就是选择功能性活动作为整个福利分析的基础。

但 Sen 并没有给出功能性活动的具体项目,也似乎不乐意细化功能性活动的项目,毕竟给出一个公认的、没有争议的功能性具体活动与解释复杂、多目的的现实世界很容易陷入两难境地。Nussbaum(2003)强调了 Sen 可行能力的重要性,并给出了具有代表性的需要保护的核心可行能力:生活,身体健康,身体完整,理性、想象、思考,情感,行为理智,关系,其他,娱乐，对环境的支配。但比较奇怪的是，Nussbaum（2003）的研究中并没有给出所谓的功能。其实已有文献（见表4.1）存在着一个普遍现象，就是将功能与可行能力模糊，默认了细化的可行能力与功能性活动的内在一致。这种处理在很多时候是可行的，因为可行能力作为关于一个人有实质自由去做的事，如果试图通过功能性活动这一关于一个人实际做到的事来评价福利的实现，有效的途径是通过期望的实质自由做的事情最后实现的程度，那么在外显的项目上，就是一致的。不具备的可行能力可以赋值为0或者无等值来表达，而不需要将可行能力中的具体项目省略后来设计功能性活动。但我们显然无法同意Nussbaum（2003）所给出的可行能力是完美的，Nussbaum也指出了上述生活等可行能力是开放性的，一定的时候应通过严谨的思考，需要进行必要的修改。表4.1整理了部分已有文献在各自研究问题中所选择的功能性活动。

考虑到现有研究成果中采用的普遍性功能性活动，并结合研究目的，确定的农地流转实现的农户功能性活动为收入、健康、保障与社会联系。下面将给出具体的解释：

收入。关于福利的标准分析中，已经得出收入作为衡量福利的唯一标准是存在缺陷的。但收入和商品是福利的物质基础，尽管个人的异质性、环境的多样性、社会氛围的差异、人际关系的差别、家庭内部的分配等因素导致了收入单独作为福利指标的局限性（阿马蒂亚·森，2002）。但收入的不足将可能导致贫困，农地流转会带来有差别的收入流动性，从而使得今天的穷人有可能通过农地流转成为明天的富人（章奇，2007）。另外，农地流转实现后由于就业方式的多样化导致的收入的非农化与多元化将会拉大农村内农户之间的差距（邹薇和张芬，2006；冯振东和慧宁，2010）。收入在群体间的差异将直接影响个体活动（Doings）和特征（Beings），比如Boyce（1994）研究认为，收入不平等不利于环境质量的改善，收入不平等将影响着穷人与富人环境利用的偏好与社会权利的分配。杨振（2011）以江汉平原为例分析了农户收入差异对生活用能及生态环境的影响。Sen（2002）认为，家庭是考察收入使用的基本单元，家庭中某一个人的福利取决于家庭如何使用收入

表 4.1　部分研究中功能性行动的选择

来源	Nussbaum (2003)	Klasen (2000)	Martinetti (2000)	Anand 等 (2000)	Laderchi (2008)	Tommaso (2006)	Muffels 和 Headey (2009)	Robeyns (2003)	Krishnakumar 和 Ballon (2008)
解释对象	女性	南非家庭	意大利家庭	英国家庭成员	秘鲁儿童	印度儿童	德国人与澳大利亚人	西方性别不平等	玻利维亚儿童
功能性活动（可行能力）	①生活 ②身体健康 ③身体完整 ④理性、想象、思考 ⑤情感 ⑥行为理智 ⑦关系 ⑧其他 ⑨娱乐 ⑩对环境的支配	①教育 ②收入 ③财产 ④健康 ⑤饮用水 ⑥卫生 ⑦能源 ⑧就业 ⑨交通 ⑩金融服务 ⑪营养 ⑫卫生保健 ⑬安全 ⑭其他可觉察的福利	①住房 ②健康 ③教育与知识 ④社会交往 ⑤心理条件	①健康 ②住房 ③社会联系 ④闲暇 ⑤有伴侣 ⑥被雇佣	①教育 ②健康	①生命 ②身体健康 ③身体完整 ④现象与思考 ⑤休闲活动与娱乐 ⑥情绪 ⑦社会交往	①人力资本：教育水平、健康状态、工作就业质量 ②社会资本：社会联系、会员单位、可持续的生存、同居的伴侣、对别人的信赖 ③文化资本：接受挑战的意愿、生活价值观、宗教信仰 ④心理资本：开放、随和、外向、情绪化、稳重、自觉	①生理健康 ②精神福利 ③身体完整、安全 ④社会关系 ⑤政治权利 ⑥教育与知识 ⑦生育与私人看护 ⑧工作报酬及其他 ⑨居住与环境 ⑩可行动 ⑪休闲活动 ⑫时间可支配 ⑬受尊重 ⑭宗教信仰	（基础可行能力） ①知识：文化、受教育程度、受教育年数 ②居住条件：居住条件、可居住条件、基础服务条件

来满足不同家庭成员的利益和目标。因此收入是农户获得一种生存或存在的状态能力的重要组成部分，收入本质上依旧是农民获得其他可行能力的必要功能性活动，本书中将收入纳入农地流转实现后农户福利的分析中。

健康。健康，特别是农户主要劳动力的健康状况是农户福利的主要特征。健康与经济地位存在着一种梯度相关关系（Thurston et al.，2005），非健康会增加劳动的负效用、从工作中通过低工资得到的回报减少（解垩，2011），剧烈的健康冲击对放弃就业（退休）有着至关重要的影响（Roberts et al.，2008；Hagan et al.，2009）。农地流转后农户成员的再就业，特别是非农就业对农户健康状况有巨大影响。农户为了寻找到更多更高收益的就业机会，一旦选择远距离的外出务工，则其所面对的生存环境将与农耕模式下的农村环境有巨大差别。对于多数外出就业的农户成员，一般会通过压缩自己的消费成本——租住便宜的农民房、吃较低档的食品等，以及延长自己的劳动时间——选择更多的加班、散失农闲时间等来实现健康以外，特别是收入增加的福利。因此农户主要劳动力在农地流转实现后就存在着健康状况恶化的可能性，或许存在着以健康换取收入的短期行为（苑会娜，2009）。而更高的工伤、职业病等风险的存在一定程度上意味着农地流转后非农就业受到健康冲击的可能性要高于农地流转前的农业就业。农地流转实现后农户主要劳动力的健康在微观层面上影响农户农地流转后的劳动生产率和劳动力供给。农地流转实现后，假若农户的健康受到风险冲击，那他将面临长达15年的持续影响，并且中低收入农户受到的影响将更为严重（高梦滔等，2005）。那么选择健康作为农地流转实现后农户福利分析的功能性活动是合理的。

保障。均分性质的农地制度安排本身就存在着保险功能。中国农户承担着自然、市场、政策等多重收入风险，但总体而言，农村地区的现代社会保障发展水平还比较低，一旦遭遇风险，则会给生活水平较低的农户带来巨大的福利损失（马小勇和白永秀，2009）。对土地经营权的流转尽管没有放弃土地的承包权，但农户的部分劳动力的就业形式发生了变化，那么脱离农地生产的农户的主要失业、医疗与养老保障在依托于土地的同时也将受到社会化保障的影响。没有理由怀疑社会化保障对农民的重要性，而建立起一定标准的广覆盖的农民社会化保障，以及与城镇职工相对平等的外来务工人员社会保障体系困难重重（《当前农民工工作和生活状态调查研究》课题组，2011）。但社会保障关系到与农民农户切身利益的生存权与发展权问题，无法回避的问题是，农户保障的变化对农户的生存选择与生存状态的感受有着巨大的影响（鲍海君和吴次芳，2002），简单的案例发现家庭养老对土地流转有负向影响（许恒周等，2011）。因此保障是农地流转实现后农民福利分析的又一项功能性活动。

社会联系。农户社会联系变化主要存在于农地流转后所发生的社会关系改变、原有的血缘（亲戚）关系的变化以及通过培训获得的机会改变。区别于上大学等途径进入城市就业，农地流转后部分农民的非农就业将区别于原有的乡土性质的社会关系，为了生存与发展，在城市里有意识或无意识地积累起新的社会关系（叶静怡和周晔馨，2010）。陈昭玖和朱红根（2011）发现，外出务工人员建立起来的常联系朋友等“弱关系网络”对其返乡创业能够获得政府支持存在着重要影响，而依赖于血缘关系的配偶及兄弟姐妹等“强关系网络”反而影响不大。但基于血缘关系的家庭亲友关系所形成的网络是农户社会资本的重要组成部分，使得社会资本能够在劳动力市场上获得更高的收入（Knight and Yueh，2002），从而有效地减少农村的贫困（张爽等，2007），并可以缩小农村家庭的收入差距（赵剑治，2009）。因此它对农户的福利与相对福利存在着相关性。值得注意的是，社会化的培训可以有效提高农民的人力资本，一般认为农民工在城市中的就业待遇与城镇职工存在差异的一个原因是教育水平和劳动技能水平的差别。一个农地流转实现的农户获得就业培训的机会是存在的（课题组，2010），因此存在着一条通过培训影响农地流转实现与劳动力就业水平之间的通道。通过上述分析可以很明显地看到，社会联系的改变对于农地流转后农户福利的重要影响，因此有理由将社会联系纳入功能性活动的体系中。

4.3.3 农地流转农户功能性活动指标

收入。度量收入这一农户功能性活动指标选择农业收入、非农业收入。

健康。度量健康这一农户功能性活动指标选择看病费用、自感健康、休憩时间。

保障。度量保障这一农户功能性活动指标选择失业保障、养老保障、医疗保障。

社会联系。度量社会联系这一农户功能性活动指标选择强关系、弱关系、培训。

4.4 基于结构方程的农地流转福利效应分析

4.4.1 结构方程模型简介

结构方程模型（Structural Equation Modeling，SEM）基于变量的协方差矩阵分析变量之间的关系，可将测量与分析整合在一起，它融合了因素分析（Factor Analysis）和路径分析（Path Analysis）。SEM 提供了一种分析社会科学中广泛存在的无法直接测量的或者观察到的假设构念（Hypothetical Construct）的方法，通过引入了潜在变量，并以 2 个或 2 个以上的观察变量来估计，这种方法是弹性而有效的，可以比较可信地以理论架构反映真实存在的世界，某种程度上是统计的一个改革（Cliff，1983）。

结构方程模型的变量可以分为潜变量与观察变量。其中潜变量主要用以设置一些不可以直接观测的理论变量与结构；而观察变量则可以表征这些潜变量，观察变量又称显变量。潜变量可细分为外生潜变量与内生潜变量，外生潜变量引起模型中其他潜变量的变化，而它们的变化由模型之外的其他因素决定，内生潜变量直接或间接受到外生变量或其他变量解释影响。

结构方程模型中包括测量模型（Measured Model）与结构模型（Structural Model）。测量模型用以确定潜在变量的函数方程，是一组观察变量（显变量）的线性函数。其回归方程如下：

$$X = \Lambda x\eta + \varepsilon \tag{4.1}$$

$$Y = \Lambda y\xi + \delta \tag{4.2}$$

式中，ε、ξ 是观察变量无法由潜变量解释的部分，为观察变量的测量误差，与 η、ξ 无关。x 为 p 个观察变量组成的 $p \times 1$ 向量，y 为 q 个观察变量组成的 $q \times 1$ 向量。ξ 为内生潜变量，η 为外生潜变量，Λx、Λy 分别为 x 在 ε 和 y 在 ξ 的因子载荷量。

结构方程模型主要解释潜在变量间的因果关系，又称潜变量因果关系模型。SEM 模型认为作为因的外生潜变量与作为果的内生潜变量的关系，可通过以下回归方程来表达：

$$\xi = B\xi + \Gamma\eta + \zeta \tag{4.3}$$

式中，ξ 为内生潜变量，η 为外生潜变量。B 是内生潜变量 ξ 的系数矩阵，也是内生潜变量间的通径系数矩阵，Γ 是外生潜变量 η 的系数矩阵，也是外生潜变量对相应内生潜变量的通径系数矩阵；ζ 为残差，是无法被外生潜变量解释或预测的，与 η 无关。

4.4.2 变量选择

农地流转农户福利分析中变量选择的落脚点是农户的福利。因此需要解释的变量包括了设置为潜变量的构成福利的收入、健康、保障与社会联系，以及度量收入的农业收入、非农业收入，度量健康的看病费用、自感健康、休憩时间，度量保障的失业保障、养老保障、医疗保障，度量社会联系的强关系、弱关系、培训，这 11 个变量为 4 个潜变量的观察变量。

农地流转对农户的福利效应主要考虑农地流转的面积、对象、流转年限与流转报酬 4 个特征，构建从农地流转到农户福利分析的路径。引入农地流转效益潜变量，由流转面积和流转报酬解释；引入农地流转开放性潜变量，由流转对象和流转期限解释。

农地流转将导致但可能不是全部的农户出现农村劳动力的非农转移。在关于农户功能性活动的选择分析中，可以发现农户福利的部分结果与其非农就业存在着联系。因此，这里存在一个从农地流转导致非农就业从而影响农户福利的路径。基于此点，引入农户非农就业的有关变量。设置非农就业空间与非农就业稳定性 2 个潜变量，为了观察这 2 个潜变量，分别设置非农就业的空间距离与非农就业的时间距离 2 个观察变量以及非农就业地变迁与非农就业工作更换 2 个观察变量。

4.4.3 数据来源与描述

本章分析数据来自第 3 章中所说明的在贵阳、浙江与山东 3 省进行的调查，具体不再介绍。表 4.2 给出了全部农户调查数据描述统计量。

表 4.2 全部农户调查数据描述统计量

<table>
<tr><th colspan="2">变量名称</th><th>变量说明</th><th>N</th><th>最小值</th><th>最大值</th><th>均值</th><th>标准差</th></tr>
<tr><td colspan="8">农地流转特征变量</td></tr>
<tr><td rowspan="2">农地流转效益</td><td>流转面积（亩）</td><td></td><td>606</td><td>0.30</td><td>7.00</td><td>2.118</td><td>1.363</td></tr>
<tr><td>流转报酬（万元）</td><td>其中实物报酬，稻谷按 100 元/百斤，小麦按 90 元/百斤折算</td><td>606</td><td>0.00</td><td>0.68</td><td>0.104</td><td>0.098</td></tr>
<tr><td rowspan="2">农地流转开放性</td><td>流转对象</td><td>正向指标</td><td>606</td><td>1.00</td><td>5.00</td><td>2.454</td><td>1.022</td></tr>
<tr><td>流转期限</td><td>正向指标</td><td>606</td><td>1.00</td><td>5.00</td><td>2.955</td><td>1.528</td></tr>
<tr><td colspan="8">非农就业特征变量</td></tr>
<tr><td rowspan="2">非农就业空间</td><td>时间距离</td><td>正向指标</td><td>606</td><td>0.00</td><td>5.00</td><td>1.812</td><td>1.298</td></tr>
<tr><td>空间距离</td><td>正向指标</td><td>606</td><td>0.00</td><td>5.00</td><td>2.211</td><td>1.385</td></tr>
<tr><td rowspan="2">非农就业稳定性</td><td>就业地变迁</td><td>正向指标</td><td>606</td><td>0.00</td><td>5.00</td><td>1.861</td><td>1.059</td></tr>
<tr><td>工作更换</td><td>正向指标</td><td>606</td><td>0.00</td><td>5.00</td><td>2.097</td><td>1.210</td></tr>
<tr><td colspan="2">是否非农就业</td><td>是=1，否=-1</td><td>606</td><td>-1.00</td><td>1.00</td><td>0.858</td><td>0.514</td></tr>
<tr><td colspan="8">农户福利特征变量</td></tr>
<tr><td rowspan="2">收入</td><td>农业收入（万元）</td><td></td><td>606</td><td>0.00</td><td>3.50</td><td>0.407</td><td>0.480</td></tr>
<tr><td>非农业收入（万元）</td><td></td><td>606</td><td>0.03</td><td>15.00</td><td>3.944</td><td>2.577</td></tr>
<tr><td rowspan="3">健康</td><td>看病费用</td><td>逆向指标</td><td>606</td><td>1.00</td><td>5.00</td><td>2.701</td><td>0.903</td></tr>
<tr><td>自感健康</td><td>逆向指标</td><td>606</td><td>1.00</td><td>5.00</td><td>2.886</td><td>0.802</td></tr>
<tr><td>休憩时间</td><td>逆向指标</td><td>606</td><td>1.00</td><td>5.00</td><td>3.464</td><td>1.309</td></tr>
</table>

续表

变量名称		变量说明	N	最小值	最大值	均值	标准差
农户福利特征变量							
保障	养老保障	逆向指标	606	1.00	5.00	3.157	0.893
	医疗保障	逆向指标	606	1.00	5.00	2.464	0.945
	失业保障	逆向指标	606	1.00	5.00	3.952	1.121
社会联系	弱关系	逆向指标	606	1.00	5.00	3.307	1.036
	强关系	逆向指标	606	1.00	5.00	2.789	0.871
	培训	逆向指标	606	1.00	5.00	4.183	1.189

注：①正向指标指数值越大说明该指标越多或越强，逆向指标指数值越大说明该指标越差或越少或越弱。

②相关变量赋值说明。流转对象赋值：亲戚=1，邻居=2，村集体=3，外来务工人员=4，外来企业=5；流转期限赋值：时间不固定=1，种植一季=2，1 年=3，2~5 年=4，5 年以上=5；时间距离赋值：1h 内=1，6h 内=2，12h 内=3，24h 内=4，24h 以上=5；空间距离赋值：本镇=1，本县=2，本市=3，本省=4，省外=5；就业地变迁赋值：无=1，1~2 次=2，3~4 次=3，5~6 次=4，7 次以上=5；工作更换赋值：无=1，1~2 次=2，3~4 次=3，5~6 次=4，7 次以上=5；看病费用赋值：无负担=1，负担可以忽略=2，负担有一点=3，负担有压力=4，负担很重=5；自感健康赋值：变很好=1，变好一点=2，保持不变=3，变差一点=4，变得很差=5；休憩时间赋值：大于 8 天=1，7~8 天=2，5~6 天=3，3~4 天=4，1~2 天=5；养老保障赋值：政府养老金=1，商业养老金=2，子女赡养=3，储蓄=4，救济=5；医疗保障赋值：城镇职工基本医疗保险与商业医疗保险=1，农村合作医疗=2，子女义务=3，自己储蓄=4，村集体等救助=5；失业保障赋值：失业保险金=1，单位失业补偿=2，亲戚朋友救助=3，积蓄=4，重新种田=5；弱关系赋值：托付大事=1，提供工作帮助=2，排挤时间=3，偶尔联系=4，没联系=5；强关系赋值：非常紧密=1，紧密=2，保持原样=3，变疏远=4，没联系=5；培训赋值：3 次以上=1，3 次=2，2 次=3，1 次=4，0 次=5。

资料来源：根据实地调查数据整理。

贵州、浙江、山东三省的农户受经济社会区域特征的影响，调查中得到的有关农地流转、非农就业、福利等特征变量的数据也体现出地区的差异性。为了得到更细节的数据特征，表 4.3、表 4.4、表 4.5 分别给出贵州，浙江与山东农户调查数据描述统计量。

4.4.4 研究假设

本章将通过结构方程模型检验农户农地流转实现后由农地流转导致的农户福利的变化，结合研究对象的变量确定，假设如下：

H1-1：农地流转效益的提高将提高农户收入。

表 4.3 贵州农户调查数据描述统计量

贵州贵阳开阳县描述统计量						贵州贵阳白云区描述统计量					
变量名称	N	最小值	最大值	均值	标准差	变量名称	N	最小值	最大值	均值	标准差
流转面积	111	0.50	6.50	2.584	1.579	流转面积	90	1.00	7.00	2.320	1.508
流转报酬	111	0.02	0.50	0.129	0.092	流转报酬	90	0.02	0.42	0.137	0.091
流转对象	111	1.00	5.00	2.676	0.945	流转对象	90	1.00	5.00	2.933	0.958
流转期限	111	1.00	5.00	3.261	1.353	流转期限	90	1.00	5.00	4.033	0.485
时间距离	111	0.00	5.00	1.973	1.311	时间距离	90	0.00	5.00	2.589	1.722
空间距离	111	0.00	5.00	2.171	1.387	空间距离	90	0.00	5.00	2.544	1.749
就业地变迁	111	0.00	5.00	1.919	1.244	就业地变迁	90	0.00	4.00	1.522	0.939
工作更换	111	0.00	5.00	2.153	1.343	工作更换	90	0.00	5.00	1.956	1.208
是否非农就业	111	-1.00	1.00	0.712	0.706	是否非农就业	90	-1.00	1.00	0.756	0.659
农业收入	111	0.00	2.60	0.635	0.626	农业收入	90	0.01	3.50	0.528	0.530
非农业收入	111	0.03	8.60	2.774	1.718	非农业收入	90	0.06	7.90	3.430	1.882
看病费用	111	1.00	5.00	3.036	1.070	看病费用	90	1.00	5.00	2.678	0.922
自感健康	111	1.00	5.00	3.117	0.861	自感健康	90	1.00	5.00	2.856	0.919
休憩时间	111	1.00	5.00	3.847	1.037	休憩时间	90	1.00	5.00	4.178	1.087
养老保障	111	1.00	5.00	3.243	0.844	养老保障	90	1.00	5.00	3.256	0.728
医疗保障	111	1.00	5.00	2.532	0.913	医疗保障	90	1.00	5.00	2.589	0.923
失业保障	111	1.00	5.00	3.829	1.213	失业保障	90	1.00	5.00	3.933	0.992
弱关系	111	1.00	5.00	2.919	0.955	弱关系	90	1.00	5.00	3.222	0.980
强关系	111	1.00	4.00	2.270	0.831	强关系	90	1.00	5.00	2.922	0.986
培训	111	1.00	5.00	3.505	1.341	培训	90	1.00	5.00	3.844	1.381

资料来源：根据实地调查数据整理。

表 4.4 浙江农户调查数据描述统计量

浙江温州苍南县描述统计量						浙江杭州萧山区描述统计量					
变量名称	N	最小值	最大值	均值	标准差	变量名称	N	最小值	最大值	均值	标准差
流转面积	108	0.30	4.00	1.495	0.682	流转面积	94	0.30	5.00	1.574	0.891
流转报酬	108	0.00	0.06	0.010	0.014	流转报酬	94	0.00	0.19	0.076	0.049
流转对象	108	1.00	4.00	2.028	0.870	流转对象	94	1.00	5.00	2.457	1.142
流转期限	108	1.00	5.00	3.065	1.619	流转期限	94	1.00	5.00	2.638	1.544
时间距离	108	0.00	5.00	1.407	0.854	时间距离	94	0.00	5.00	1.383	0.856
空间距离	108	0.00	5.00	2.000	1.184	空间距离	94	0.00	4.00	1.830	0.900
就业地变迁	108	0.00	5.00	1.963	0.985	就业地变迁	94	0.00	4.00	1.862	0.923
工作更换	108	0.00	5.00	2.194	1.123	工作更换	94	0.00	5.00	1.957	1.077
是否非农就业	108	-1.00	1.00	0.944	0.330	是否非农就业	94	-1.00	1.00	0.936	0.353
农业收入	108	0.00	2.00	0.139	0.319	农业收入	94	0.00	1.60	0.191	0.303
非农业收入	108	1.30	9.20	5.421	1.895	非农业收入	94	3.10	15.00	7.808	2.057
看病费用	108	1.00	5.00	2.509	0.717	看病费用	94	1.00	5.00	2.436	0.811
自感健康	108	1.00	5.00	2.750	0.672	自感健康	94	1.00	5.00	2.989	0.783
休憩时间	108	1.00	5.00	2.824	1.049	休憩时间	94	1.00	5.00	3.564	1.418
养老保障	108	1.00	5.00	3.343	0.822	养老保障	94	1.00	4.00	2.734	1.059
医疗保障	108	1.00	4.00	2.630	1.055	医疗保障	94	1.00	4.00	2.170	0.969
失业保障	108	1.00	5.00	3.722	0.841	失业保障	94	1.00	5.00	3.489	1.285
弱关系	108	1.00	5.00	3.148	1.057	弱关系	94	1.00	5.00	3.574	1.083
强关系	108	1.00	5.00	2.852	0.830	强关系	94	1.00	5.00	2.777	0.819
培训	108	2.00	5.00	4.528	0.912	培训	94	1.00	5.00	4.213	1.208

资料来源：根据实地调查数据整理。

表 4.5 山东农户调查数据描述统计量

山东菏泽牡丹区描述统计量					
变量名称	N	最小值	最大值	均值	标准差
流转面积	203	0.50	7.00	2.357	1.432
流转报酬	203	0.00	0.68	0.139	0.111
流转对象	203	1.00	5.00	2.345	1.000
流转期限	203	1.00	5.00	2.399	1.571
时间距离	203	0.00	5.00	1.793	1.273
空间距离	203	0.00	5.00	2.374	1.438
就业地变迁	203	0.00	5.00	1.926	1.076
工作更换	203	0.00	5.00	2.143	1.237
是否非农就业	203	−1.00	1.00	0.901	0.434
农业收入	203	0.01	1.80	0.470	0.397
非农业收入	203	0.54	5.00	2.237	0.978
看病费用	203	1.00	5.00	2.754	0.867
自感健康	203	1.00	5.00	2.798	0.760
休憩时间	203	1.00	5.00	3.232	1.390
养老保障	203	1.00	5.00	3.163	0.883
医疗保障	203	1.00	4.00	2.419	0.871
失业保障	203	1.00	5.00	4.365	1.041
弱关系	203	1.00	5.00	3.517	0.992
强关系	203	1.00	5.00	2.985	0.774
培训	203	1.00	5.00	4.507	0.909

资料来源：根据实地调查数据整理。

H1-2：农地流转开放性的提高将增加农户收入。

H1-3：农地流转效益提高将影响非农就业空间变化，从而导致农户收入增加。

H1-4：农地流转效益提高将影响非农就业稳定性变化，从而导致农户收入增加。

H1-5：农地流转开放性提高将影响非农就业空间变化，从而导致农户收入增加。

H1–6：农地流转开放性提高将影响非农就业稳定性变化，从而导致农户收入增加。

H2–1：农地流转效益的提高将改善农户健康水平。

H2–2：农地流转开放性的提高将改善农户健康水平。

H2–3：农地流转效益提高将影响非农就业空间变化，从而导致农户健康水平改善。

H2–4：农地流转效益提高将影响非农就业稳定性变化，从而导致农户健康水平改善。

H2–5：农地流转开放性提高将影响非农就业空间变化，从而导致农户健康水平改善。

H2–6：农地流转开放性提高将影响非农就业稳定性变化，从而导致农户健康水平改善。

H3–1：农地流转效益的提高将提高农户保障水平。

H3–2：农地流转开放性的提高将提高农户保障水平。

H3–3：农地流转效益提高将影响非农就业空间变化，从而导致农户保障水平提高。

H3–4：农地流转效益提高将影响非农就业稳定性变化，从而导致农户保障水平提高。

H3–5：农地流转开放性提高将影响非农就业空间变化，从而导致农户保障水平提高。

H3–6：农地流转开放性提高将影响非农就业稳定性变化，从而导致农户保障水平提高。

H4–1：农地流转效益的提高将增强农户的社会联系。

H4–2：农地流转开放性的提高将增强农户的社会联系。

H4–3：农地流转效益提高将影响非农就业空间变化，从而导致农户的社会联系增强。

H4–4：农地流转效益提高将影响非农就业稳定性变化，从而导致农户的社会联系增强。

H4-5：农地流转开放性提高将影响非农就业空间变化，从而导致农户的社会联系增强。

H4-6：农地流转开放性提高将影响非农就业稳定性变化，从而导致农户的社会联系增强。

4.4.5 模型建立

由于农地流转后的农户存在着不进行非农就业状况的现实。因此引入一个“是否非农就业”变量，认为存在这个从“是否非农就业”分别到“非农就业空间”与“非农就业稳定性”的因果关系。这一点，在变量的度量设计中，表现为当一个农户的“是否非农就业”=-1时，时间距离、空间距离、就业地变迁、工作更换4个变量全部为0；而当一个农户的“是否非农就业”≠0时，则时间距离、空间距离、就业地变迁、工作更换4个变量全部会不为0。那么，尽管在理论上可以建立起农地流转效益、农地流转开放性分别与非农就业空间、非农就业稳定的相互影响的相关关系，但结构方程模型并不允许建立起外因变量与内因变量之间的相关关系。因此在模型设计中，接受了从农地流转效益、农地流转开放性分别到非农就业空间、非农就业稳定的因果关系。则一个农户的非农就业空间与非农就业稳定是由农地流转效益与农地流转开放性导致的一个结果，这里需要解释这种处理的可接受性。假设一个农户在距离较近的地方从事非农活动，并流转了较少的农地，后来存在一个到更远的地方从事劳动报酬更高的非农就业机会，该农户的劳动力接受了这样一个机会。在这一过程中，农户的非农就业空间发生了改变。在距离更远的地方，农户往返从事少量的农业劳动无法给农户带来足够的效益，在未来农户最终将全部的农地流转掉，那么在表象上就出现了非农就业空间影响着农地流转效益等方面的事实。但是，进一步分析，隐含着一种可能性，假如未来农户由于各种原因无法将农地流转出去，那么农户就可能存在重新改变非农就业空间的可能性，至少，农地流转的状态是维持一个农户合适的非农就业状态的原因。这个解释在肯定了建立起农地流转与非农就业之间相关关系的同时，也肯定了本书在无法建立起相关关系时，接受因果关系也是合理的，从一个层面看，可以发现因果关系是两个存在互为因果的变量间的相关关系的一个部分。图 4.1 建立起初始的农地流转与农户福利的结构方程模型。

所构建的关于农地流转与农户福利之间关系的初始结构方程模型假设了最大可能性下的因果或相关关系。但这个初始模型在变量的迭代运行后，不一定能获得不存在不可接受的参数解，并同时满足结构方程的适配要求，因此需要对初始模型进行调整。基于 AMOS17.0 平台，选择 Maximum likelihood 估计方式，运行后发现初始结构模型用以反映农地流转与农户福利关系之间的关系是不够理想的。因此，每一次仅修正一个指标（Long，1983），再重复运行数据，不断修正模型。每一步的修正给出不合理的参数值，考虑简洁，不再以图的形式给出过程中的结构方程模型变化，每一次的修正过程如下：

（1）初始结构方程模型运行后，e1 为–0.299。结构方程认为输出参数的误差方差等于或者小于 0，以及标准化回归系数或相关系数的绝对值大于 1 为不良估值，是不可接受的。因此删除“农地流转效益”潜变量，以显变量“流转面积”替代，建立起从“流转面积”到其他变量与“农地流转效益”到其他变量完全一致的关系路径。但带有误差项的显变量间是无法建立起相关关系，因此删除“流转面积”的误差变量 e1。将“流转报酬”作为“流转面积”的内生变量，建立起“流转面积→流转报酬”的因果关系。从而假设存在着从“流转面积”出发，以“流转报酬”为中介变量，指向农户福利变量的所有关系。

（2）观察模型输出中的修改信息，首先考察添加变量间的因果关系可以导致的模型卡方值改善，结构方程模型的模型修正中，数值上的优化与理论上的一致性同样重要，而是否十分有必要添加一条因果关系路径的最终判断取决于研究的需要。从这点出发，忽略对解释农地流转与农户福利关系意义不大的路径，同时尽量简化模型，仅选择建立起“保障→非农业收入”路径，模型显示改路径的 M.I.值为 20.367，为所有可以增加路径中的第 5 大

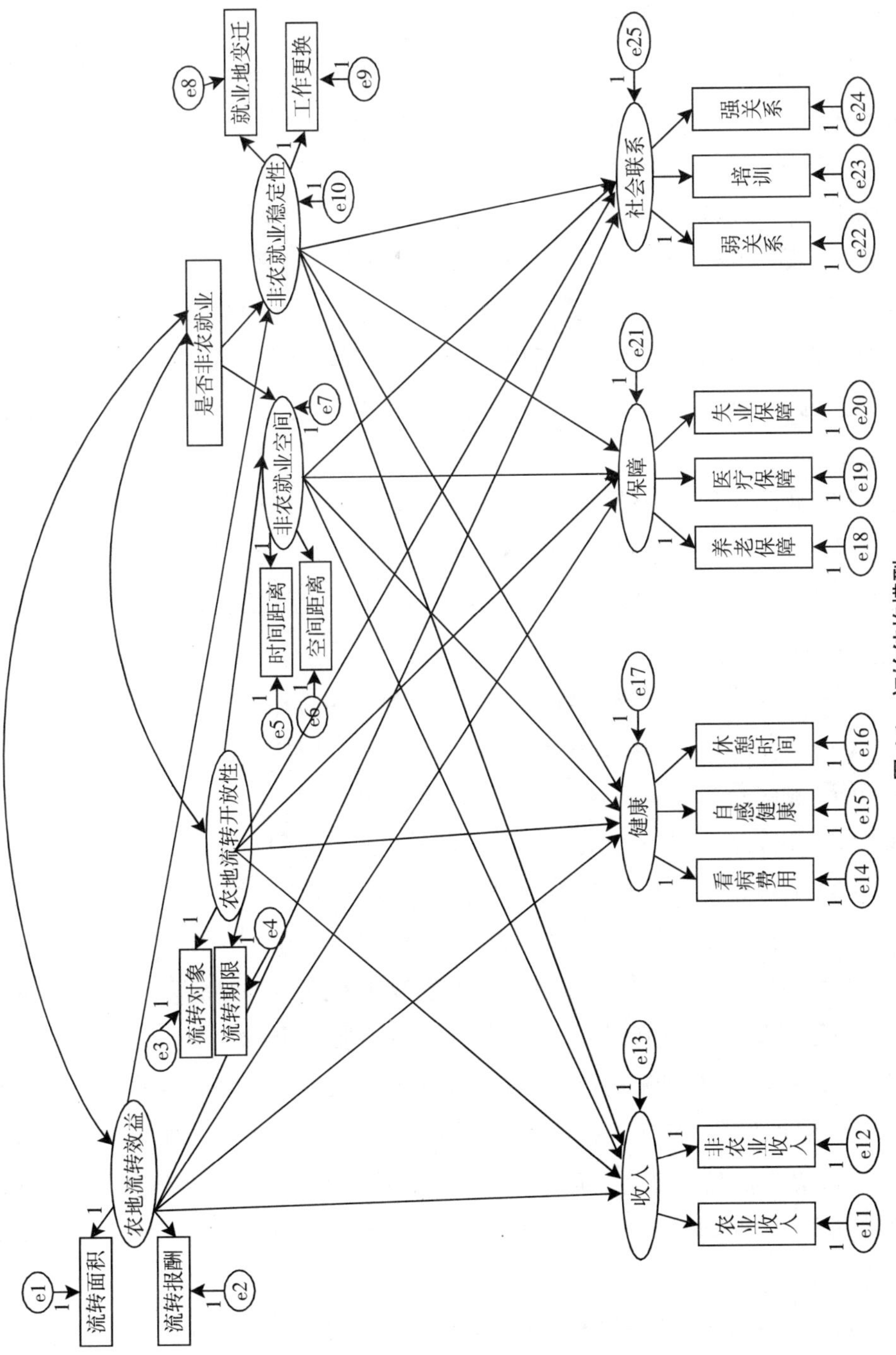
流转面积
流转报酬
农地流转效益
流转对象
流转期限
农地流转开放性
时间距离
空间距离
非农就业空间
是否非农就业
非农就业稳定性
就业地变迁
工作更换
收入
农业收入
非农业收入
健康
看病费用
自感健康
休憩时间
保障
养老保障
医疗保障
失业保障
社会联系
弱关系
培训
强关系

图 4.1 初始结构模型

值，但另外 4 条路径的必要性并不紧迫。

（3）调整模型后，输出的修改信息中，关于误差项之间的相关关系 M.I. 值最大值为“e3↔e4”，这可以改善卡方值，但实际上，1 个潜变量下的 2 个显变量的误差项之间存在着某一种相关关系的可信度是很高的，因为其共同表征了一个变量揭示的现实状态。第 2 大值为“e23↔e21”，但这点理论上解释力不强。第 3 大值为“e20↔e25”，为 30.094，该值较大，而且体现了某些影响社会关系的误差项，也同时提供农户的失业保障上的重要作用。比如该误差项可以和农户与亲戚间的关系一起同时影响农户的社会关系，当然，也就可能存在着影响农户在失业后，可以获得亲戚的帮助的可能性与大小。

（4）删除路径“流转报酬→健康”，$P = 0.469$。结构方程模型对 $P < 0.001$ 的路径系数以“***”的形式表达，认为在显著性达到了拒绝路径系数为 0 的假设。本研究中以 $P < 0.1$ 为界，认为 $P < 0.1$ 的路径系数是可以存在于修正后的结构方程模型的。

（5）删除路径“流转报酬→保障”，$P = 0.980$。

（6）删除路径“流转报酬→社会联系”，$P = 0.450$。

（7）删除路径“非农就业稳定→健康”，$P = 0.415$。

（8）删除路径“非农就业稳定→保障”，$P = 0.780$。

（9）删除路径“非农就业空间→保障”，$P = 0.186$。

（10）删除路径“流转面积→健康”，$P = 0.357$。

（11）此刻，模型中仅存在 2 条关于健康的路径，分别为“农地流转开放性→健康”，$P = 0.010$；“非农就业空间→健康”，$P = 0.484$。按照简单处理的方法，可以考虑删除路径“非农就业空间→健康”，但实际上由于“农地流转开放性”存在着与“非农就业空间”的直接因果关系，那么从尝试删除“农地流转开放性→健康”而保留“非农就业空间→健康”以获得更多信息，结果发现这样处理后，“非农就业空间→健康”路径调整为 0.079，达到显著性的要求。

（12）删除路径“农地流转开放性→社会联系”，$P = 0.201$。

（13）此刻，模型中存在 3 条关于社会联系的路径，分别为“非农就业稳定性→社会联系”，P = 0.058；“非农就业空间→社会联系”，P = 0.454；“流转面积→社会联系”，P = 0.002。借鉴 8 的类似处理，删除“流转面积→社会联系”，发现“非农就业空间→社会联系”的 P 减小为 0.143。此时，所有其他的路径都满足了显著性的要求。

（14）考虑通过对“非农就业空间”与“非农就业稳定性”的误差项调整来解决最后一个 P 值的问题。模型给出的修改信息中，涉及 e5、e6、e7、e8、e9、e10 的增加误差相关路径中，总共有 2 条，最大为“e7↔e8”，M.I. 值为 4.464，满足大于 4 的普遍要求。添加后，发现非农就业空间→社会联系”的 P 减小为 0.136，P 值变小，但仍然大于 0.1。因此不再继续添加另一条相关路径。

（15）进一步考察，可以发现整个模型中关于“收入”的路径中，除“非农就业空间→收入”的 P 值为 0.044，“流转面积→收入”“流转报酬→收入”“农地流转开放性→收入”“非农就业稳定性→收入”的 P 值全部小于 0.001。显然“非农就业空间→收入”的 P 值相对过大，尝试删除“非农就业空间→收入”，发现“非农就业空间→社会联系”调整为 0.095。

关于农地流转与农户福利关系的初始结构方程模型经过上述的调整，获得了新的结构方程模型，为了图表的美观，调整部分变量的顺序后，最终结果如图 4.2 所示。修正后的模型是否与数据匹配，需要通过 SEM 整体模型适配度的评价指标来判别。吴明隆（2010）给出了一套较常用的 SEM 适配度评价指标体系及标准。当多数指标满足标准的要求时，再对模型的适配性做出判断（Hoyle and Panter，1995；Hair et al.，1998）。表 4.6 给出了修正后模型的关键适配度评价指标值。16 个指标中，共有 6 个指标与适配标准是不一致的，剩余 10 个则一致。其中，χ^2 和 RMR 受样本数影响较大，在大样本下，导致几乎所有的模型都被拒绝，不能作为否决的依据（侯杰泰等，2004；黄芳铭，2005）。NFI 在样本数低于 1000 以下，各种条件下，以 ML 估计得到的 NFI 值，实质上不同于以 GLS 和 ADF 所获得的 NFI，NFI 并不是一个良好的评鉴适配度的指标（Hu and Bentler，1999）。因此，可以发现修正后的模型不理想的适配度指标很有可能是受到研究中较大的样本数（N = 606）影响，而其他的指标中，TLI 的值尽管小于 0.9，但已经十分接近。而 ACI 这一指标在简单的模型适配度判断中采用得不多，但考虑到指标的多样性仍然将其纳入。那么综合考虑后，在农地流转实现与农户福利效应分析中，最终接受修正后的模型，并应用于下面分析农地流转与农户福利关系的实证中。

表 4.6 结构方程模型适配度指标

统计检验量	适配标准	检验结果数据	模型适配判断
绝对适配度指数			
χ^2	P>0.05	432.784 (P=0.000)	否
RMR	<0.05	0.079	否
RMSEA	<0.08	0.055	是
GFI	>0.90	0.931	是
AGFI	>0.90	0.905	是
增值适配度指数			
NFI	>0.90	0.871	否
RFI	>0.90	0.839	否
IFI	>0.90	0.913	是
TLI	>0.90	0.890	否
CFI	>0.90	0.912	是
简约适配度指数			
PGFI	>0.5	0.674	是
PNFI	>0.5	0.697	是
PCFI	>0.5	0.729	是
CN	>200	255	是
χ^2 自由度比	<3.00	2.847	是
ACI	Default model 值小于 Saturate model 值，且同时小于 Independence model 值	548.784 > 420.000 548.784 < 3407.614	否

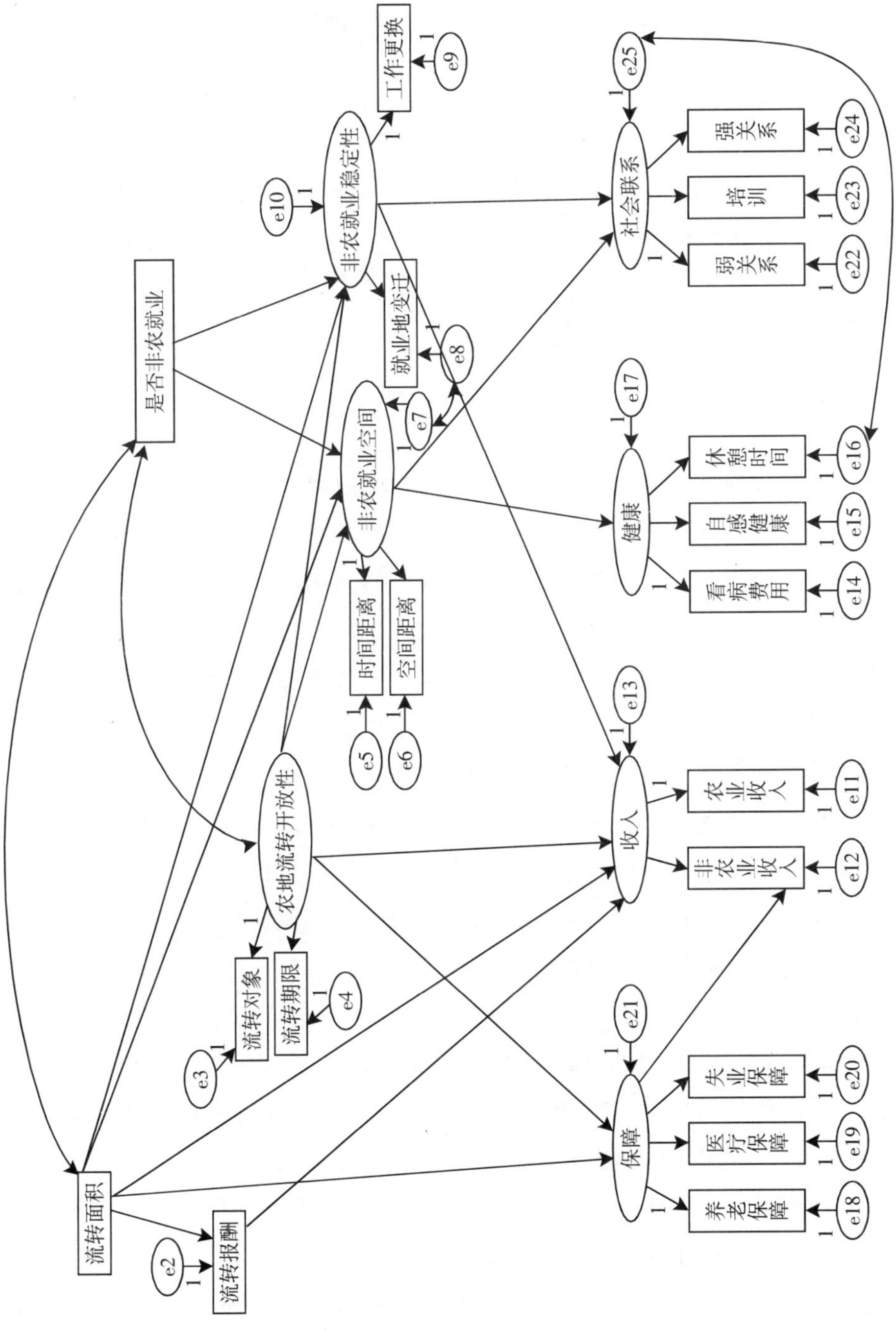

图 4.2 修正后的结构方程模型

4.4.6 农地流转中的农户福利效应计算与解释

通过修正后的结构方程模型对调查数据进行分析，以标准化估计值输出方式输出结果，结果如图 4.3 所示。

根据农地流转与农户福利效应模型标准化估计值，整理得到农地流转与农户收入、健康、保障、社会联系的关系路径。

4.4.6.1 农地流转实现与农户收入

图 4.4 显示，农地流转与农户收入的因果关系存在着 5 条路径：流转面积→收入，直接效应为 0.344；流转面积→流转报酬→收入，间接效应为–0.245；流转面积→非农就业稳定性→收入，间接效应为 0.056；农地流转开放性→非农就业稳定性→收入，间接效应为 0.299；农地流转开放性→收入，直接效应为–0.582。从农地流转对农户收入的直接效应看，流转面积的增加与农户的收入正相关，且不通过农地流转报酬中间变量。当农户转出较多的流转面积后，将转移出更多的初始投入到所拥有的农地上的劳动力进行非农就业，从而获得收入，特别是非农业收入的增加。农地流转的开放性与收入的高低成反比，那么将农地流转给亲戚或者邻居等转入对象的农户在收入上比转给外来企业的农户表现出更显著的收入增加。一般来说，这种基于血缘与地缘关系的流转更多是自愿的农地流转，农户有较好的就业渠道，而将农地流转给外来人员与企业更容易出现受流转项目推动的带有强制性质的流转，这种流转尽管在很多时候可以给农户带来相比流转给亲戚、邻居等更高的流转报酬，但农户很可能无法完成劳动力的转移，从而导致农地流转开放性的提高而无法获得收入的提高，该因果关系同样与流转报酬无关。

在间接效应中，农地流转面积通过流转报酬对收入的间接效用为负数，农地流转面积的增加可以带来流转报酬的提高，但流转报酬的提高却带来了收入的减少。在本书的研究界定中，农户的农业收入中包括农业生产的产出收入，用于自给自足消费的部分，农地流转尽管可以给予一定的报酬补偿，但这种补偿显然低于农户自己使用农地的产出收入，因此越高的流转报酬意味着在同一个地区在接近的亩均流转报酬的前提下，放弃了更多的农地使用

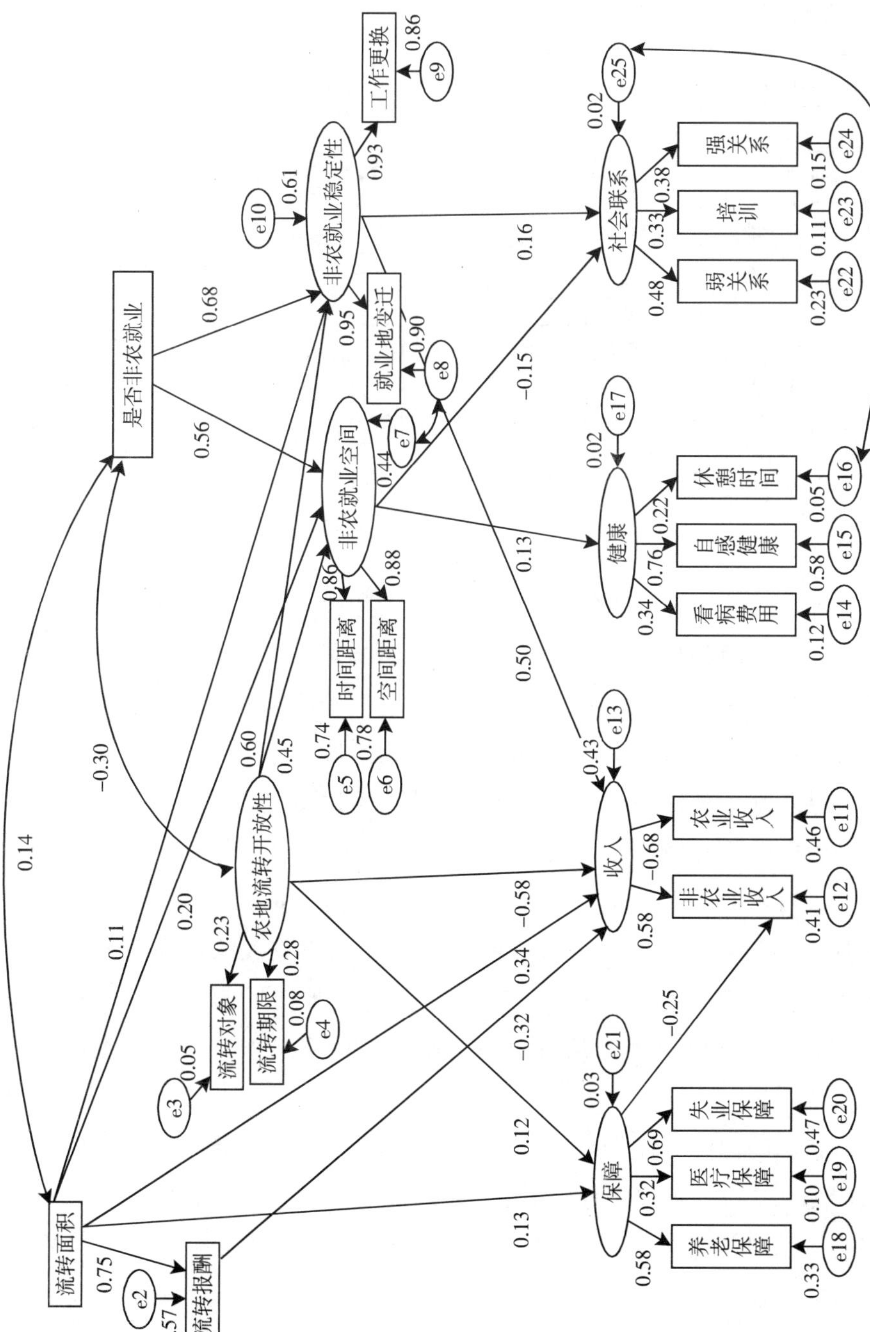

图 4.3 农地流转与农户福利效应模型标准化估计值

注：估计值保留2位小数。

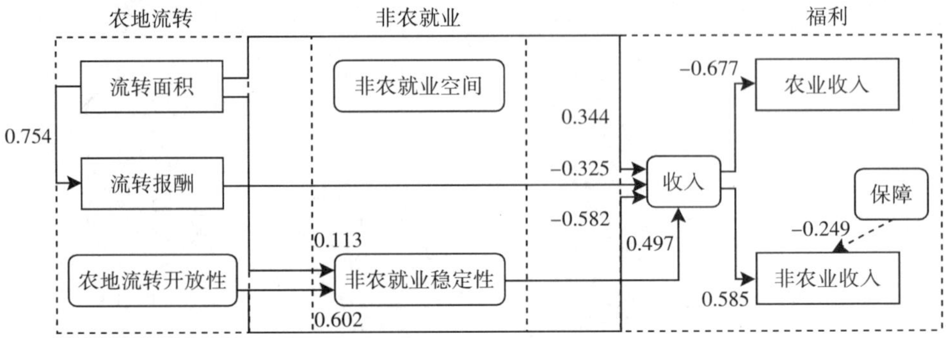

图 4.4 农地流转与农户收入关系

注：①路径说明，流转面积$\xrightarrow{0.113}$非农就业稳定性$\xrightarrow{0.497}$收入，表示流转面积通过非农就业稳定性影响收入的一条路径，其中，流转面积对非农就业稳定性的直接效应为 0.113，流转面积对收入的间接效应为 0.113×0.497=0.056。

②路径的非标准化估计值，在 0.1 及以上的水平显著。

③□为显变量，▭为潜变量。

④下同。

经营权，那么流转较多面积的农户的农业收入相比流转较少面积的农户降低的量更多。流转面积与农地流转开放性正向影响了非农业就业稳定性，两者通过非农业就业稳定性对收入发生了正向影响。较稳定的非农就业可以给转移到非农就业的劳动力带来持续的收入，农户之所以不会进行就业地与工作的更换，是其基于理性的判断，认为这种收入可以接受，在一定程度上与农户的劳动力产出收益一致。

从收入对农业收入和非农业收入的影响看，收入的增加存在着非农业收入的增加，同时又存在着农业收入的减少，而农户收入的提高是通过非农业收入的提高实现的，在此过程中，农户通过农地流转等途径，放弃了农地的经营权，从而将劳动力从农地使用经营中转移出来，农户的农业收入就会减少。

农户较高的保障可以带来较高的非农业收入，路径保障→非农业收入的直接效应为-0.249。当农户获得了较高的养老、医疗与失业保障后，就可以把更多的劳动力转移到非农就业中，对于多数的农地流转转出农户，非农业劳动的边际收益高于农业劳动的边际收益，那么在劳动力非农化转移的过程中农户的非农业收入将会增加。

根据分析，农地流转与农户收入的初始假设的论证结论如下：

H1-1：农地流转效益的提高将提高农户收入部分成立，由流转面积体现的农地流转效益成立，由流转报酬体现的农地流转效益将无法使得假设成立。

H1-2：农地流转开放性的提高将增加农户收入不成立，实证的结论与假设 H1-2 相反。

H1-3：农地流转效益提高将影响非农就业空间变化，从而导致农户收入增加不成立。

H1-4：农地流转效益提高将影响非农就业稳定性变化，从而导致农户收入增加成立，农业流转效益仅由流转面积体现。

H1-5：农地流转开放性提高将影响非农就业空间变化，从而导致农户收入增加不成立。

H1-6：农地流转开放性提高将影响非农就业稳定性变化，从而导致农户收入增加成立。

4.4.6.2 农户流转实现与农户健康

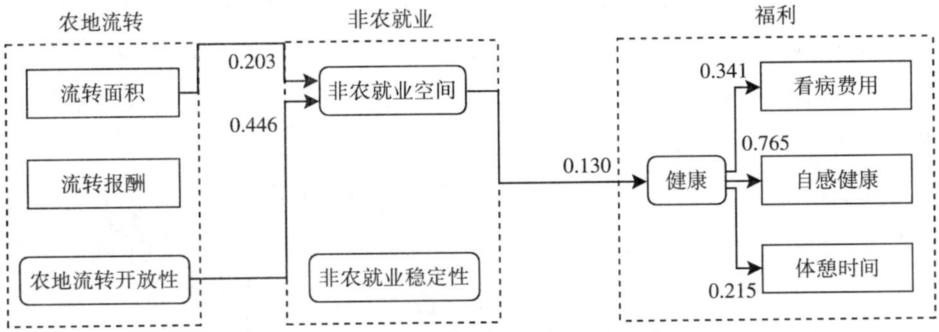

图 4.5 农地流转与农户健康关系

图 4.5 显示，农户农地流转面积通过非农就业空间对农户健康的总效应为 0.026，农地流转开放性通过非农就业空间对农户健康的总效应为 0.058。农户流转对农户健康的福利效应是通过其进行非农就业转移实现的，一个单纯进行农地流转后仍然从事单纯农业劳动的农户，农地流转的特征与未来农

户的健康变化不存在通过检验的因果关系。在流转面积→非农就业空间→健康的路径中，农地流转面积对非农就业空间的直接效应为 0.203，那么相比农地流转规模较小的农户，转出规模较大的农户倾向于在时间距离与空间距离更远的地方进行非农就业，农户选择的逻辑很有可能是因为将大部分甚至全部农地流转出去后，就可以避免为了部分较少的农地上的劳作进行长距离的往返，从而更有条件到远距离的地方进行非农就业。现在农户（表现为农民工）农忙阶段的家乡与非农业就业地的往返是依然存在的。在农地流转开放性→非农就业空间→健康的路径中，农地流转开放性对非农就业空间的直接效应为 0.446，农地流转开放性对非农就业空间的影响相比农地流转面积更大。农户将农地流转给外来务工人员、外来企业等不具有血缘与地缘关系的人与组织后，或者流转农地的时间较长，会倾向于到空间与时间距离更远的地方进行非农就业（李红波等，2011）。对于自愿而又理性的农户，选择将农地长时间的流转，抑或流转给关系较远的转入方，稳定了所承包的农地时间与流转对象，从而避免了为了承包地的管理使用而远距离地往返，甚至可能由于农地的限制，而不能到较远的地方进行非农就业。

但是，如果农户的农地流转是非自愿的，那么农地流转开放性对非农就业空间的直接效应就意味着农户为了获得劳动力转移的机会，将不得不到更远的地方进行就业。对于一个不愿意远离故土的农户，这显然不是福利的改善。在两条影响农户健康的路径中，不同的农户之间，农户非农就业的时空距离与农户的健康成反比。那么具有相似外部禀赋的农户，一旦扩大农地流转规模，或者提高农地流转的开放性，健康就可能受到损失。到距离家乡时空距离更远的地方进行非农就业，对于农户来说，在可能获得更高的收入的同时，需要面对陌生地域环境带来的生存环境的差异，以及相比小面积土地上农业劳作更加繁忙紧张的工作。从农户健康的看病费用、自感健康、休憩时间的 3 个方面看，这种损失主要表现为自感健康的降低。而农户主要劳动力的健康对休憩时间的偏少并不敏感，他们似乎不会选择长时间的休憩，因为这会影响他们非农就业的报酬，毕竟，对于多数选择到城镇就业的农户，其报酬与投入的劳动时间关系非常紧密。因此，农地流转对农户主要劳动力健康的影响就表现出自感健康的降低为典型的变化特征。这种福利上的受损，更多是因为现今农民到城镇就业后普遍无法获得具有较高质量的居住、休息、医疗、关爱等需要。在较近距离就业的农户可以通过两地往返而解决部分问题，但更远的，特别是跨省转移的非农就业，农户的主要劳动力更多只能靠自身能力解决，实际上，这对于农户来说是非常困难的。最终在生存与发展压力下，农户随着时间推移会不断感受到选择了较远距离的非农就业目的地后而面临的健康受损。

根据分析，农地流转与农户健康的初始假设的论证结论如下：

H2-1：农地流转效益的提高将改善农户健康水平不成立。

H2-2：农地流转开放性的提高将改善农户健康水平不成立。

H2-3：农地流转效益提高将影响非农就业空间变化，从而导致农户健康水平改善不成立，实证中由流转面积体现的农地流转效益得到结论与假设相反。

H2-4：农地流转效益提高将影响非农就业稳定性变化，从而导致农户健康水平改善不成立。

H2-5：农地流转开放性提高将影响非农就业空间变化，从而导致农户健康水平改善不成立，实证结论与假设相反。

H2-6：农地流转开放性提高将影响非农就业稳定性变化，从而导致农户健康水平改善不成立。

4.4.6.3 农户流转实现与农户保障

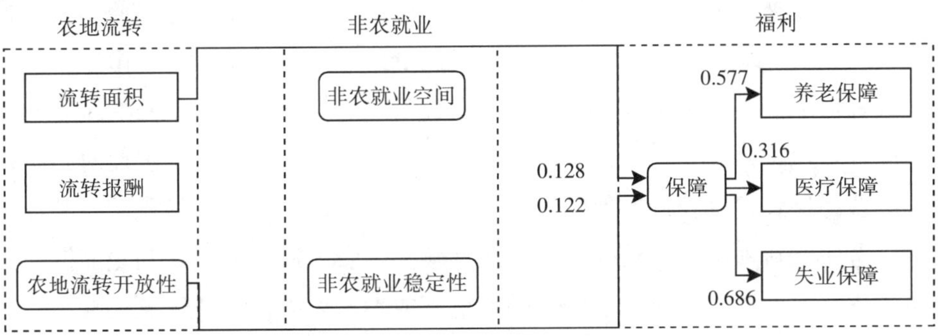

图 4.6 农地流转与农户保障关系

图 4.6 显示，农户农地流转实现后对农户保障的影响存在着两条路径，流转面积→保障与农地流转开放性→保障，流转面积对保障的直接效应为 0.128，农地流转开放性对保障的直接效应为 0.122。农地流转对农户的保障影响缺失了从非农就业特征出发的福利影响，当前农户无法从农地流转后的非农就业中得到保障的改善，这种保障改善的缺失同时与农户非农就业空间的差异及稳定性的差异不相关，农户普遍性的没有获得保障福利的利益。这里无法判断农户农地流转后没有得到保障的改善是自愿还是非自愿的，但更多研究显示，农户就业途径转变过程中的农户无法获得脱离土地的保障是有强迫性质的。

农地流转中农户流转面积的增加与农地流转开放性提高将降低农户保障福利。由于调查区域中农户初始拥有的农地数量有较大的地区差异，浙江的苍南与萧山普遍户均的农地数要少于贵州的白云与开阳以及山东菏泽的牡丹区，那么在农地流转数量上就表现出贵州与山东农户的流转面积大于浙江农户，而浙江的农户由于区域经济的发达，已经较早地脱离了纯粹依赖于土地的保障，但贵州与山东的农户的保障层次仍然较低，那么在模型的计算结果中就出现了农地流转面积的增加会出现农户保障福利的降低。农地流转的开放性的提高意味着将农地流转给具有没有血缘与地缘关系的转入方，又或者农地流转时间被强制为长期，农户在某种程度上已经固化了转出农地经营权，也就是说，无法随意地重新收回农地进行耕种，或者进行再流转而获得所期望的收益。不论在浙江还是在贵州与山东，固定长时间的农地转出，特别是转给外来企业等经济组织，在一定程度上具有类似出售土地使用权的性质，那么农户就无法习惯性地通过土地的继承等获得传统意义上由子女或者亲戚等保障。当区别于农地征用由政府提供社会保障的补偿，而又没有建立起脱离土地关系的农户社会保障体系，农户在面对未来的不确定性时，更多只能选择保障程度较低的保障方式。比如，养老保障主要依靠积蓄，失业后可以考虑重新种田。但实际上，开放性较高的农地流转方式，到底能够让多少农户获得足够的未来养老保障的资金，或者又可以在非农就业失败后，迅速地重新获得土地经营权而进行维持生计的农作，都是一个不明确的答案。

虽然在实践中，出现了赋予长时间农地转出户保障的行为，[①] 但这种行为与地方经济发展水平关联较大，不具有普遍性。可这同时又反映了现实中高度开放性的农地流转对农户保障的损害是客观存在的。进行农地流转的农户间福利变化主要影响了养老保障与失业保障变化，而对医疗保障的变化影响相对较小。这种现象应该与农村合作医疗的普遍建立有较大关系，农村合作医疗的保障强度低于城镇职工的医疗保障，但这种脱离了土地仅与农户户籍关系相关的保障，已经弱化了土地要素在农户医疗保障中的地位。一旦农户认为农村合作医疗已经可以足够给予他未来的医疗保障，那么农户不论是否进行了农地流转，都可以获得相同的医疗保障。

根据分析，农地流转与农户保障的初始假设的论证结论如下：

H3-1：农地流转效益的提高将提高农户保障水平不成立，实证中由流转面积体现的农地流转效益得到与假设相反的结论。

H3-2：农地流转开放性的提高将提高农户保障水平不成立，实证结论与假设相反。

H3-3：农地流转效益提高将影响非农就业空间变化，从而导致农户保障水平提高不成立。

H3-4：农地流转效益提高将影响非农就业稳定性变化，从而导致农户保障水平提高不成立。

H3-5：农地流转开放性提高将影响非农就业空间变化，从而导致农户保障水平提高不成立。

H3-6：农地流转开放性提高将影响非农就业稳定性变化，从而导致农户保障水平提高不成立。

---

① 义乌市出台了《土地承包经营权流转农民养老保险暂行办法》。该办法规定，除符合被征地农村居民养老保险参保条件的行政村（自然村）外，该市范围内土地承包经营权流转面积大于60%且连片50亩以上、协议连续流转时间超过10年行政村（或100人以上的自然村），享有土地承包权且承包的80%以上耕地已进行土地承包经营权流转的农户，均可参加土地流转农民养老保险。参保对象一次性缴纳8000元并达到规定退休年龄后，由该市社保处发放养老金每人每月170元。缴费标准和养老金发放标准将随该市经济发展由市政府适时调整。

4.4.6.4 农户流转实现与农户社会联系

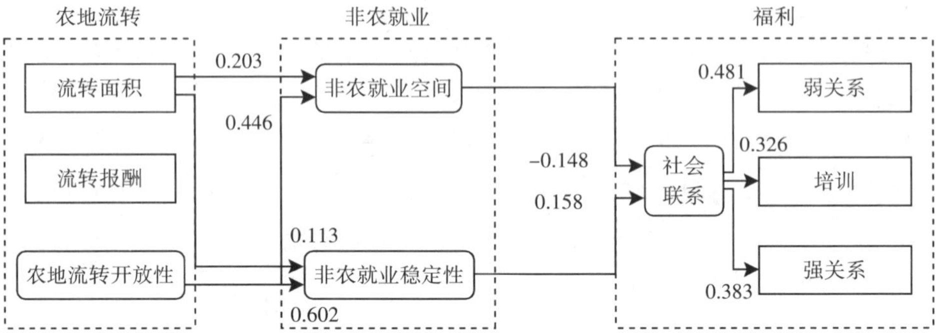

图 4.7 农地流转与农户社会联系的关系

图 4.7 显示，农地流转对农户社会联系的影响存在四条路径：流转面积→非农就业空间→社会联系，间接效应为–0.030；流转面积→非农就业稳定性→社会联系，间接效应为 0.018；农地流转开放性→非农就业空间→社会联系，间接效应为–0.066；农地流转开放性→非农就业稳定性→社会联系，间接效应为 0.095。农地流转对农户社会关系的影响不存在直接效应，农户农地流转后社会联系的改变是通过非农就业的发生而存在的。假如农户进行了农地流转，但仍然维持着与没有农地流转前相同的生产生活方式，农户的社会联系受农地流转的影响就不大。农地流转面积的增加与农地流转的开放性的提高会让农户选择更远时空距离的地方进行就业，同时这也会导致农户社会联系的加强。当农户的主要劳动力到较远的地方进行就业后，会逐步形成稳定的社会联系关系，他们很难融入到城市固有的社会联系网络中，因此选择巩固和加强由地缘（弱关系）或者血缘关系（强关系）建立起来的社会联系对于在城市中处在弱势群体地位的农户劳动力至关重要。

流转面积的增加与农地流转开放性提高降低了非农就业的稳定性。这存在着两方面原因：一是农户将较多的农地较稳定地长期转出后，为了获得更高的非农就业报酬等可能存在的理由，会不断地寻找就业机会；二是农户将较多的农地较稳定地长期转出后，发现寻找到一个可以维持生机的非农就业同样非常不易，而不停地更换就业地与工作。非农就业稳定性不仅没有加强农户的社会联系，反而减弱了农户的社会联系。其很可能是因为一个非农就业农户劳动力的社会联系的加强在陌生的生存环境中，更多是获得更多的生存机会，例如通过弱关系获得就业信息，通过培训提高技能，通过强关系解决故土的生产生活问题等。但一个非农就业的劳动力，在稳定的就业后，需要通过社会联系来获得生存发展的需要会减弱，因此最终表现出了非农就业稳定性的提高导致社会关系的弱化。在调查设计中，服务于生存发展的社会联系对农户的意义是大于用于联系感情、排挤时间的，也就是说，服务于生存发展的社会联系相比用于联系感情、排挤时间的社会联系是加强的。

从图 4.7 中的路径系数可以看到，社会联系变化对农户弱关系的变化影响最大，强关系次之，培训最小。

根据分析，农地流转与农户社会关联的初始假设的论证结论如下：

H4-1：农地流转效益的提高将增强农户的社会联系不成立。

H4-2：农地流转开放性的提高将增强农户的社会联系不成立。

H4-3：农地流转效益提高将影响非农就业空间变化，从而导致农户的社会联系增强部分成立，实证中由流转面积体现的农地流转效益成立。

H4-4：农地流转效益提高将影响非农就业稳定性变化，从而导致农户的社会联系增强不成立，实证中由流转面积体现的农地流转效益得到与假设相反的结论。

H4-5：农地流转开放性提高将影响非农就业空间变化，从而导致农户的社会联系增强成立。

H4-6：农地流转开放性提高将影响非农就业稳定性变化，从而导致农户的社会联系增强不成立，实证结论与假设相反。

4.5　本章结论与讨论

本章选择了 Sen 的“可行能力”框架下的福利理论，通过寻找农户农地流转的功能性活动，构建农地流转后农户福利的评价体系。通过结构方程模型，建立起了从农地流转，同时通过农户非农就业，到农户福利变化的路径。研究结果支持了农户的农地流转可能无法给农户带来全部福利的改善的担忧，建立起的 24 个农地流转对农户福利正面影响的假设多数不显著或否定。现实中，农地流转对农户福利的效应集中在农户收入的增加，而对农户成员健康以及保障的改善却没有带来应有的正面效应，对农户的社会联系影响则同时存在着正负效应。研究中显示的农地流转与农户福利的关系具体如下：

（1）流转面积的增加将提高农户收入，流转报酬的增加则降低农户收入。农地流转开放性的提高将降低农户收入。流转面积的增加和农地流转开放性提高将影响非农就业稳定性变化，从而导致农户收入增加。

（2）流转面积的增加和农地流转开放性提高将影响非农就业空间变化，从而导致农户健康水平降低。

（3）流转面积的增加将降低农户保障水平。农地流转开放性的提高将降低农户保障水平。

（4）流转面积的增加和农地流转开放性提高将影响非农就业空间变化，从而导致农户的社会联系增强。流转面积的增加和农地流转开放性提高将影响非农就业稳定性变化，从而导致农户的社会联系减弱。

因此，对于农户来说，在获得收入提高的同时，失去了部分与收入同等重要的可行能力，而这将最终影响到农地流转状态改变后或家庭现状变迁后的农户生存。或许农民无法也没有动力去展望未来的生存，但在农地流转的制度完善中，这一点却不可以忽视。

4.6 福利界定与福利标准整理

4.6.1 福利的界定

下面整理给出边沁、庇古、黄有光与阿马蒂亚·森关于福利概念的界定。

边沁（2000）认为，人类由快乐和痛苦主宰。所谓福利，在功利主义的眼中，作为行为后果的体现，应该尽量多地实现幸福或者说快乐，即最大幸福主义。边沁指明了苦乐，或者说实现幸福的四种源泉为四大约束力：自然约束力、政治约束力、道德或俗众约束力、宗教约束力。

庇古（2006）提出了两个命题：其一，福利的性质是一种意识状态，或许是意识状态之间的联系；其二，福利可以在或大或小的范畴内产生。基于命题，庇古认为一个人的福利包括所有的满足（属于经济福利范畴的满足与其他满足）以及认识、情感和欲望。而一个人意识状态中能够与货币尺度建立起联系的某种有限的满足则是一个人福利中的经济福利。经济福利虽然被认为能够与货币尺度建立联系的满足与不满足，但这种间接联系是通过欲望和厌恶传递的。

黄有光（1994）认为，（个人）福利就是该人的净快乐，即是其总快乐减除总痛苦。在此，快乐与痛苦是指广义的概念，包括肉体上与精神上的快乐与痛苦，而影响苦乐的因素包括物质上与精神上的。个人福利是影响社会福利的重要但不是唯一的因素，社会福利应该是社会上所有个人福利的无权总和。

阿马蒂亚·森（2000）探讨了另外一种福利的概念，他把福利看作是获得可行能力。个人的可行能力指的是此人有可能实现的、各种可能的功能性活动的组合（阿马蒂亚·森，2002）。

4.6.2 福利的标准

在一定标准下的福利界定后，需要一种工具来衡量福利的好与坏，以及改善的方向等。帕累托、卡尔多、希克斯、西托夫斯基、李特尔、黄有光、Sen 等在这些关键问题上做出了重要贡献。

帕累托在《政治经济学教本》（1906）中提出帕累托最优状态：最大偏好状态就是这样一种状态，它的任何微小的改变，必然使有些人的偏好增多和另一些人的偏好减少（厉以宁等，1984）。由帕累托最优状态的界定引申出了包含了弱帕累托标准和强帕累托标准的两条福利度量准则。弱帕累托标准认为如果所有的人在状态 B 下比在状态 A 下获得更大的满足，那么如果从状态 A 迁徙到状态 B 可以提高所有人的福利。而强帕累托标准则认为状态 B 下相比状态 A，只要存在一个人（某些人）的满足得到了改善同时又不使得任何其他人的境况受到恶化，那么从状态 A 移动到状态 B 依旧改善了所有人的福利。帕累托准则成为判断福利的经典标准。

但帕累托准则存在着一个严重的缺陷，拘泥于没有任何人的福利受损使得与现实的境遇有很大冲突。诸多学者为了解决这个问题，提出了有意义的福利补偿的标准。

（1）卡尔多—希克斯标准。卡尔多—希克斯标准给出了福利改善的度量标准。为了解决帕累托无法解决部分人福利受到损失的情况，Kaldor（1939）提出了虚拟的补偿原则，认为在物质生产率增长的同时，为了证明社会上将没有人得到损失，只需要表明那些受害的人所遭受的损失能够得到有效补偿，而其他人群仍较以前为好就足够了。Hicks（1941）支持和完善了 Kaldor（1939）的理论，他认为通过一种完全客观的试验，可以分辨在一次生产改组中各组的效率改变。如果一次生产的改组使得 A 的境况由于改革而得到改善，并可以补偿在同次改组中受到损失的 B 后，仍然能够有剩余，那么从效率上这次生产的改组就是可接受的。但是他认为 Kaldor 中福利受损失的一方的实际补偿由受益者决定是欠妥的，如果一个受益者受利益驱使不对受损者进行补偿，那么补偿就无法实现。因此一个合理的补偿原则应该是补偿是自然存在与进行的。

（2）西托夫斯基标准。Scitovszky（1941）因为卡尔多—希克斯标准的非对称性而反对使用这一标准，因此检验福利的标准首先是从原状态演变到新状态是否可以通过分配收入以至于每个人得到改善；其次从在原状态下仅仅通过分配收入无法使得每一个人相比新状态得到改善。

（3）李特尔标准。Little（1957）结合效率标准和分配标准，提出了三重福利标准：第一，卡尔多—希克斯标准满足了吗？第二，希托夫斯基标准满足了吗？第三，收入再分配是适当的吗？如果通过卡尔多检验或希克斯检验中的某一个，并且再分配是好的，那么该变化就是一种改进；如果没有通过卡尔多检验或希克斯检验中的某一个，并且再分配是不好的，那么变化就不是一种改进；其他情况无法判断。

（4）分组补偿标准。黄有光（2005）提出分组补偿检验理论，该理论认为对个人以一定的方式进行分组，从而使同一组内的人大体同等。如果一项变革使每一组内的受益者在完全补偿了同组人的受害者后，境况仍得到改善，我们应认为该变革是一个社会改进。显然，如果分组范围宽到整个经济系统，这个准则就蜕变为卡尔多标准；如果分组过细以致以一个人为一组，这个准则就变成了帕累托准则。分组检验标准把帕累托准则和卡尔多准则变成自身的某个特例。

阿罗不可能定理（Arrow，1951）的存在似乎让帕累托、卡尔多、希克斯、西托夫斯基、李特尔、黄有光等的研究成果仍然在一个悖论中无法突破。阿罗不可能定理认为，如果所有的社会成员具有不同个人偏好次序，在民主的制度下（合理的决策机制），把差异的个人偏好次序“加总”获得社会偏好次序是不可能的。以 Sen 为代表的学者试图摆脱阿罗不可能定理。Sen（1970）证明了阿罗不可能定理成立所需要的无限制定义域条件、弱的帕累托原则、无关方案独立条件和不独裁四个条件是无法同时成立的。基于排序的条理性、弱帕累托标准、最低限度的自由原则，Sen 提出了帕累托自由不可能性定理：除非个体偏好有某些特定的形态（限制），否则个人自由与帕累托标准是不相容的。Sen 深知自由的含义相当深刻而又复杂，他并没有给出自由最充分的定义，而仅仅是根据社会选择的理论对有关自由的基本判断，其中非常重要的一点是自由与偏好相关，帕累托自由不可能性定理中关于最低限度自由原则的设定就是自由与偏好相关的一个应用，另外一个是Sen对持自由的基数观和关于自由的博弈形式表述的反驳，他指出必须把个人的偏好、行动的结果、社会选择的考虑以及偏重于过程因素的权利纳入到自由的表达中，这奠定了他所强调的可行能力为一种自由的理论基础。可行能力其含义本质上是一个人实质自由的范围与大小。Sen构建了基于可行能力的福利（阿马蒂亚·森，2002），尽管他并不愿意细化可行能力，但仍以可行能力给出了福利人际比较与社会评价的三种方法：①直接法，这个一般性的方法通过直接考察并比较功能性活动或可行能力的向量而检验我们对于各种状态可以得出什么结论，按不同形式来运用可以分为全面比较、局部排序、突出的可行能力比较；②补充法，继续使用传统的程序在收入空间进行人际比较，但运用可行能力的因素作为补充；③间接法，仍然聚焦于收入空间，但加以适当的调整。收入之外的可行能力决定因素可以用来计算"调整后的收入"（阿马蒂亚·森，2002）。

5　农户农地流转中非农就业的城镇化驱动

5.1　引　言

获得非农就业机会，并且稳定、持续、较高地获得收入是农户转出农地经营权的重要驱动因素。只是农地转出户受自身禀赋、社会经济环境等影响，并无法控制农地转出后的后继生计（游和远等，2013），因此农地流转中农地转出户不得不通过千差万别的非农就业选择来弥补自身的脆弱性与规避外部的风险冲击。这个也是第 3 章和第 4 章中的一个隐含假设前提：个体农户已经实现了他们意愿中最大可能的非农就业。当前城镇化的发展为中国农户的劳动力转移提供了巨大的空间，也有效地增加了选择非农就业的农户的收入（陆大道等，2007），但城镇化中同时存在的失衡与半城镇化问题也抑制了农民的就业扩张与市民化（汪海波，2012），这也让农地转出户无法彻底割舍来自农地的生计保障。在城镇化推进中，放弃农地使用权同时又寻找到非农就业机会的农地转出户，相比其他农户更有动力与条件完成个体的城镇化，因此一个较合理的城镇化路径理应利于农地转出户获得良好的非农就业状态。只是当前与农地流转目标相匹配的城镇化路径仍然是模糊的。因此本章试图以农地流转中的农地转出户非农就业为切入点，分析不同地域的城镇化特征对农地转出户非农就业的影响，从而探究可促进农地转出户非农就业的城镇化路径。

5.2 指标确定与数据来源

5.2.1 指标确定

城镇化特征应该体现以城镇化质量为核心的新型城镇化内涵（王发曾，2010）。尽管单纯地依靠城镇化规模不足以破解当前城镇化中遇到的困境（张春梅等，2013），但是城镇化规模仍然是体现城镇化水平的一个重要指标。因此，本章对城镇化特征的判定将选择城镇化规模与城镇化质量两方面的指标，其中城镇化规模主要考虑人的城镇化规模，选择城镇人口占总人口比重表示；城镇化质量关注城镇化城乡统筹质量与城镇化公共服务质量，其中城镇化城乡统筹质量选择城乡居民人均可支配收入比表示，城镇化公共服务质量选择人均公共服务财政投入表示。农户特征对农地转出户的非农就业行为逻辑有着重要影响，因此同时选择户主受教育年数、户主年龄以及人均农地面积 3 个农户特征指标作为解释变量（杜文星和黄贤金，2005；柏振忠、王红玲，2010）。农地转出户非农就业的便利性、稳定性与收益水平是决定农户劳动力非农就业转移质量的重要方面（艾春荣和汪伟，2010），因此本章将建立起城镇化特征、农户特征与农地转出户非农就业的就业地时间距离、工作更换次数以及非农业收入 3 个指标之间的关系。上述指标的具体说明如表 5.1 所示。

表 5.1 分析指标与说明

	指标/单位	指标说明
城镇化特征	城镇化规模	选择城镇人口占总人口比重标识。城镇人口占总人口比重=城镇人口数/总人口数
	城镇化城乡统筹质量	选择城乡居民人均可支配收入比标识。城乡居民人均可支配收入比=农民人均纯收入/城镇居民人均可支配收入

续表

	指标/单位	指标说明
城镇化特征	城镇化公共服务质量	选择人均公共服务财政投入标识。人均公共服务财政投入=（教育支出+社会保障和就业支出+医疗卫生支出）/总人口数
农户特征	户主受教育年数（年）	
	户主年龄（岁）	
	人均农地面积（亩）	人均农地面积=农户农地面积/农户人口数
非农就业	就业地时间距离	根据家庭非农就业的主要成员的工作地点距离老家的时间距离赋值：1h 内=1，6h 内=2，12h 内=3，24h 内=4，24h 以上=5
	工作更换次数	根据家庭非农就业主要成员的工作更换次数赋值：无=1，1~2 次=2，3~4 次=3，5~6 次=4，7 次以上=5
	非农业收入（万元）	

5.2.2　数据来源

农地转出户的农户特征指标与农户非农就业指标数据来源于 2011 年在贵州、浙江与山东 3 省针对农地转出户所进行的调查。在调查中分别选择贵州贵阳的开阳县与白云区，浙江温州苍南县与杭州萧山区，山东菏泽的牡丹区为调查点。本章选择 3 省有代表性的开阳县、萧山区以及牡丹区的农地转出户为实证对象。其中，开阳县的样本包括 12 个村，111 户农户，人均农地面积 1.05 亩；萧山区的样本包括了 10 个村，94 户农户，人均农地面积 0.49 亩；牡丹区的样本包括了 22 个村，203 户农户，人均农地面积 1.22 亩。剔除其中没有进行非农就业的农地转出户，用于本研究分析的农户总户数为 379 户，其中开阳县为 95 户，萧山区为 91 户，牡丹区为 193 户。

考虑到农地转出户的调查时间点为 2011 年，同时城镇化分析中关键数据城镇人口主要来源于人口普查数据，因此本研究中所涉及的城镇化特征指标以 2010 年为时点。其中城镇人口数与总人口数来源于《中国 2010 年人口普查分县资料》。开阳县、萧山区与牡丹区的农民人均纯收入和城镇居民人均可支配收入分别来源于《贵阳市统计年鉴》（2011）、《萧山区统计年鉴》（2011）、《菏泽统计年鉴》（2011）。公共服务中的教育支出、社会保障和就业支出、医疗卫生支出以一般预算支出口径为准，其中开阳县的支出来自《开阳县 2010 年全县及县本级财政预算执行情况与 2011 年全县及县本级财政预算（草案）报告》、萧山区的支出来自《杭州市统计年鉴》（2011），牡丹区的支出来自《菏泽统计年鉴》（2011）。3 个县区所有农地转出户 9 个指标的统计描述如表 5.2 所示。

表 5.2 指标统计描述

	农户数	最小值	最大值	均值	标准差
城镇化规模	379	0.00	0.78	0.30	0.28
城镇化城乡统筹质量	379	0.00	1.00	0.48	0.35
城镇化公共服务质量	379	0.00	1.00	0.27	0.41
户主受教育年数	379	0.00	13.00	5.06	2.87
户主年龄	379	23.00	70.00	48.71	9.64
人均农地面积	379	0.07	4.00	1.03	0.51
就业地时间距离	379	1.00	5.00	1.88	1.16
工作更换次数	379	1.00	5.00	2.26	1.13
非农业收入	379	0.05	15.00	3.86	2.71

注：数值的单位与说明见表 5.1。

5.3 研究方法

5.3.1 BP 神经网络模型

城镇化特征与农地转出户非农就业之间的关系在已有研究中仍然模糊。考虑到本章中需要建立起多指标表征的城镇化特征、农户特征与多指标表征的农地转出户非农就业之间的数量关系，因此以 BP 神经网络为平台（唐万梅，2005），构建起城镇化特征与农地转出户非农就业之间的高度非线性映射，从而实现两者间的关系模拟。

用以分析的神经网络模型是包含 1 个输入层、1 个输出层与 1 个隐含层的 3 层网络神经网络。输入层神经元个数取决于模型输入的指标，本章中将输入城镇化规模指标、城镇化城乡统筹指标和城镇化公共服务质量 3 个城镇化特征以及户主受教育年数、户主年龄以及人均农地面积 3 个农户特征，因此本模型的输入层神经元个数为 6。输出层由期望输出的指标决定，本章中输入农地转出户非农就业的就业地时间距离、工作更换次数以及非农业收入 3 个指标，因此本模型的输出层神经元个数为 3。隐含层神经元个数可根据式（5.1）结合神经网络拟合尝试确定，本研究中隐含层神经元个数为 10 较为理想。最终所建立的 BP 神经网络拓扑结构如图 5.1 所示。

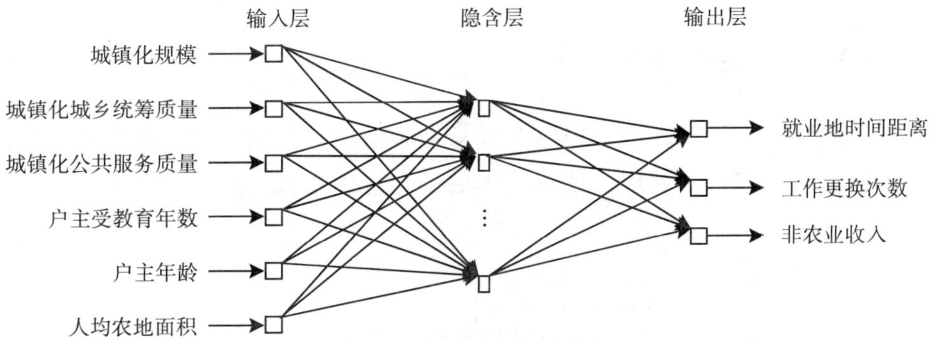

图 5.1　BP 神经网络拓扑结构

$$Z = \sqrt{M + N} + a \tag{5.1}$$

式中，Z 是隐含层神经元个数，M 是输入层神经元个数，N 是输出层神经元个数，a 是 1–10 的常数。

输入层与隐含层之间的激活函数选择 Logsig 函数，隐含层与输出层之间选择 Purelin 函数。

$$Logsig(x) = 1/(1 + e^{-x}) \tag{5.2}$$

$$Purelin(x) = x \tag{5.3}$$

选择带动量的梯度下降法来训练 BP 神经网络，算法如下式：

$$w(k+1) = w(k) + \eta[(1-\beta)D(k) + \beta D(k-1)] \tag{5.4}$$

式中，$w(k+1)$ 是修正后 $k+1$ 时的连接权值，$w(k)$ 是 k 时的连接权值，$D(k)$ 是 k 时的负梯度，$D(k-1)$ 是 $k-1$ 时的负梯度，η 是学习速率，β 是取值在［0，1］的动量因子。本章中 η、β 分别取 0.01、0.9。

本章选择网络误差 MSE 来判断所建立的 BP 神经网络分析模型的训练拟合效果，MSE 的数学表达见式（5.5）。考虑到农户样本数相对较多，本章中设置 MSE = 0.1 为精度目标，若训练后模型的 MSE 小于 0.1，则接受所建立的模型，并进行后续的实验分析。

$$MSE = \frac{1}{n}\sum_{t=1}^{n}(q_k(t) - s_k(t))^2 \tag{5.5}$$

式中，$q_k(t)$ 为第 t 个训练样本第 k 个网络节点的期望输出，$s_k(t)$ 为第 t 个训练样本第 k 个网络节点的实际输出，n 为训练样本总数。

5.3.2 原始数据归一化

为了加快连接权值的调整以及提高训练精度，对输入 BP 神经网络的原始指标值进行归一化处理，使得处理后的指标值落在［0，1］内。归一化公式如下：

$$S_i' = (S_i - min_{i.value})/(max_{i.value} - min_{i.value}) \tag{5.6}$$

式中，S_i' 为归一化后的第 i 个指标归一化值，S_i 为第 i 个指标的原始指标值，$max_{i.value}$、$min_{i.value}$ 分别为第 i 个指标向量的最大值和最小值。

为了便于模拟实验后的输出值比较，将输出值通过逆归一化转换，得到与原始指标值同一量纲的模拟值。逆归一化的处理公式如下：

$$Y_j = Y_j'(max_{j.value} - min_{j.value}) + min_{j.value} \tag{5.7}$$

式中，$max_{j.value}$、$min_{j.value}$ 分别为第 j 个输出指标（农地转出户非农就业的就业地时间距离、工作更换次数或非农业收入）原始指标向量的最大值和最小值，Y_j' 为 BP 神经网络模拟拟合的第 j 个指标输出值，Y_j 为第 j 个指标逆归一化值。

5.4　模拟实验与分析

在 Matlab 7.0 平台上运行建立起的 BP 神经网络模型（Howard and Beale，2000），检验所建立的模型是否符合精度要求。输入归一化后的被调查农地转出户的城镇化特征指标值、农户特征指标值与农户非农就业指标值，经过 10000 次学习，网络误差为 0.0467272，满足 MSE < 0.1 的模型精度要求。

5.4.1　虚拟农地转出户构建

为了考察城镇化特征对农地转出户非农就业的影响，分别构建开阳县、萧山区、牡丹区 3 个地区的具有代表性的虚拟农地转出户。假设 3 地的虚拟农地转出户的户主受教育年数都达到了规定义务教育的 9 年水平，户主的年龄为 35 岁。3 地虚拟农地转出户的人均农地面积以本次农户调查中得到的各地平均人均农地面积为准，其中开阳县虚拟农地转出户的人均农地面积为 1.05 亩，萧山区虚拟农地转出户的人均农地面积为 0.49 亩，牡丹区虚拟农地转出户的人均农地面积为 1.22 亩。将所构建的 3 个地区虚拟农地转出户特征与 3 地城镇化特征归一化后，输入训练后的 BP 神经网络，得到现有城镇化特征下的 3 地虚拟农地转出户非农就业状态，结果如表 5.3 所示。

表 5.3　虚拟农地转出户初始非农就业状态

	城镇化规模	城镇化城乡统筹质量	城镇化公共服务质量	户主受教育年数	户主年龄	人均农地面积	就业地时间距离	工作更换次数	非农业收入
开阳县	0.31	0.33	896.95	9.00	35.00	1.05	2.13	3.21	3.29
萧山区	0.66	0.49	1998.48	9.00	35.00	0.49	1.40	2.92	7.21
牡丹区	0.42	0.41	726.90	9.00	35.00	1.22	1.65	2.89	3.16

5.4.2 城镇化特征对农地转出户非农就业影响模拟

通过改变开阳县、萧山区、牡丹区的城镇化特征，模拟所建立的虚拟农地转出户的非农就业状态，从而分析城镇化特征对农地转出户非农就业的影响。对3地的城镇化特征进行增长5%的等幅度改变，经归一化后分别输入训练过的模型，实验中未归一化的城镇化特征值如表5.4所示。

表 5.4 城镇化特征模拟方案

	地域	城镇化规模	城镇化城乡统筹质量	城镇化公共服务质量
实验方案 1	开阳县	0.33（+5%）	0.33（未变）	896.95（未变）
实验方案 2	开阳县	0.31（未变）	0.35（+5%）	896.95（未变）
实验方案 3	开阳县	0.31（未变）	0.33（未变）	941.80（+5%）
实验方案 4	萧山区	0.69（+5%）	0.49（未变）	1998.48（未变）
实验方案 5	萧山区	0.66（未变）	0.51（+5%）	1998.48（未变）
实验方案 6	萧山区	0.66（未变）	0.49（未变）	2098.40（+5%）
实验方案 7	牡丹区	0.44（+5%）	0.41（未变）	726.9（未变）
实验方案 8	牡丹区	0.42（未变）	0.43（+5%）	726.9（未变）
实验方案 9	牡丹区	0.42（未变）	0.41（未变）	763.25（+5%）

在BP神经网络模型中运行实验方案，得到不同实验方案中的虚拟农地转出户非农就业状态拟合值。对拟合值进行逆归一化，并根据公式（逆归一化虚拟农地转出户非农就业状态指标拟合值–虚拟农地转出户非农就业状态指标初始值）/虚拟农地转出户非农就业状态指标初始×100%，计算比较城镇化特征改变后的农地转出户就业状态改变，具体结果如表5.5所示。

5.4.3 城镇化路径策略分析

实验方案1、实验方案4、实验方案7显示了扩大城镇化规模的城镇化路径对农地转出户非农就业的影响。在开阳县、萧山区、牡丹区现阶段若扩大城镇化规模将导致农地转出户非农业收入的降低，造成这种现象的可能原因是在其他外部环境没有改变的情况下，扩大以城镇人口占总人口为标志的

表 5.5 城镇化对农地转出户非农就业影响模拟结果与比较

	城镇化特征改变情况	就业地时间距离	工作更换次数	非农业收入	就业地时间距离比较（%）	工作更换次数比较（%）	非农业收入比较（%）
实验方案 1	开阳县城镇化规模增长 5%	2.16	3.21	2.72	1.41	0.00	−17.33
实验方案 2	开阳县城镇化城乡统筹质量增长 5%	2.00	3.13	4.21	−6.10	−2.49	27.96
实验方案 3	开阳县城镇化公共服务质量增长 5%	2.08	3.23	3.79	−2.35	0.62	15.20
实验方案 4	萧山区城镇化规模增长 5%	1.47	3.06	6.36	5.00	4.79	−11.79
实验方案 5	萧山区城镇化城乡统筹质量增长 5%	1.18	2.79	8.06	−15.71	−4.45	11.79
实验方案 6	萧山区城镇化公共服务质量增长 5%	1.41	2.78	8.20	0.71	−4.79	13.73
实验方案 7	牡丹区城镇化规模增长 5%	1.69	2.87	2.45	2.42	−0.69	−22.47
实验方案 8	牡丹区城镇化城乡统筹质量增长 5%	1.42	3.04	5.14	−13.94	5.19	62.66
实验方案 9	牡丹区城镇化公共服务质量增长 5%	1.65	2.87	3.31	0.00	−0.69	4.75

城镇化规模将导致城镇人口的增加，但实际上辅助的外部配套的缺失并无法给新增的城镇人口创造足够多的较高收益就业机会（贾琦和运迎霞，2015），因此农地转出户会因为新增非农就业人口的竞争而降低了非农业收入。从就业地时间距离的变化也可以发现，扩大城镇化规模后 3 地农地转出户就业地时间距离都有所增加，这意味着农户不得不通过更远距离的就业来寻找更好的非农就业机会。在工作更换次数上，扩大城镇化规模后 3 地的农地转出户存在差异，开阳县的农户基本上保持稳定，而萧山区的农户增加了工作更换次数，但牡丹区的农户减少了工作更换次数。一个理想的城镇化应该有利于农户中最易率先完成自身城镇化的农地转出户获得稳定高收益的非农就业状态。因此从实验结果看，当前不论西部贵州经济相对落后的开阳县，还是东部浙江经济发达的萧山区，甚至东部山东腹地经济欠发达而自然条件相对较好的牡丹区，都无法从扩大城镇化规模中获取进一步改善农户非农就业状态。

实验方案 2、实验方案 5、实验方案 8 显示了改善城镇化城乡统筹质量的城镇化路径对农地转出户非农就业的影响。在开阳县与萧山区改善城镇化城乡统筹质量都将减少农地转出户就业地时间距离、减少工作更换次数、增加非农业收入。显然，开阳县与萧山区提高以城乡居民人均可支配收入比为标志的城镇化城乡统筹质量，将提供给当地的农地转出户获得与城镇居民更接近的收入，进一步增加非农就业收入，在此刺激下，农地转出户更愿意到距离家乡更近的地方就业，并且倾向于更稳定的就业。但对于牡丹区的农地转出户而言，改善城镇化城乡统筹质量尽管可以有效地提高农户的非农就业收入，减少农户的就业地时间距离，但也使得农户增加了工作更换次数。造成这种原因也许是牡丹区受经济发展阶段的限制，虽然改善了城镇化城乡统筹质量，但仍然无法提供足够数量的稳定非农就业机会。因此一个较合理的城镇化路径设计，在贵州开阳县、浙江萧山区、山东牡丹区都应更多关注城镇化中的城乡统筹问题，改变城乡二元的经济结构，缩小城乡的收入差距。

实验方案 3、实验方案 6、实验方案 9 显示了改善城镇化公共服务质量的城镇化路径对农地转出户非农就业的影响。改善城镇化公共服务质量在开阳县、萧山区、牡丹区对农地转出户非农就业表现出显著的差异。在开阳县，改善城镇化公共服务质量可以减少农地转出户就业地时间距离，提高农地转出户的非农就业收入，但也增加了工作更换次数；而在萧山区，改善城镇化公共服务质量除了提高农地转出户的非农就业收入的特点与开阳县一样之外，在对农地转出户就业地时间距离和工作更换次数上的影响则相反。产生这种现象的原因是开阳县当前状态下的城镇化公共服务质量相比较差，对于更倾向于离开居住地，到经济发达地区去寻找就业机会的农户而言，当地教育、医疗和社保的改善使得农户愿意留在当地工作，尽管由于受经济发展的限制，非农就业机会仍然有限，因此需要承受工作更换频率增加的代价。而萧山区当前以人均公共服务财政投入为标志的城镇化公共服务质量较高，当地农户已经享受到了相对较高的公共服务质量，因此在当地进一步增加人均公共服务财政投入，也许给农户带来了更多的就业以外的保障，从而刺激了愿意在近距离就业的农户选择到远距离地方就业，但这种逻辑的背后是更高的收入与更稳定的就业机会。在牡丹区，改善城镇化公共服务质量对农地转出户就业地时间距离几乎没有影响，也抑制了工作更换次数，同时提高了农户的非农业收入。这种现象的背后是城镇化公共服务质量的改善给农户带来的更多的生存保障，以及当地作为传统农区所保留的乡土情结与小富即安的生存态度在此条件下对农户非农就业选择的影响。

综上，从改善城镇化公共服务质量的实验结果看，寻找到理想的城镇化路径更应该关注具体的城镇化区域的社会经济禀赋特征，或许以增加人均公共服务投入考量的改善城镇化公共服务质量应该耦合改善城镇化城乡统筹质量才能更好地推动农户劳动力转移。

5.5 本章结论与讨论

本章研究以开阳县、萧山区与牡丹区被调查农地转出户为对象，基于BP 神经网络建立起城镇化特征对农地转出户非农就业影响的模拟模型，分析改变城镇化特征对开阳县、萧山区与牡丹区 3 个地区的虚拟农地转出户的非农就业状态影响。研究结果表明开阳县、萧山区与牡丹区 3 地扩大城镇化规模都无法进一步改善农地转出户非农就业状态；开阳县与萧山区改善城镇化城乡统筹质量都将减少农地转出户就业地时间距离、减少工作更换次数、增加非农业收入，牡丹区的农地转出户也可提高非农就业收入，减少就业地时间距离；开阳县、萧山区、牡丹区 3 地改善城镇化公共服务质量对农地转出户非农就业表现出显著的差异。因此当前城镇化路径策略不应急于扩大城镇化规模，而应重点改善城镇化城乡统筹质量，并结合城镇化区域的社会经济禀赋特提高城镇化公共服务质量。

6　农地流转实现劳动力转移的禀赋依赖

6.1　引　言

第 3 章的理论模型构建中，假设了一个条件：农户的劳动禀赋将由农户依其有限理性在农业和非农业之间进行分配，同时这种劳动力转移是完美的，农户不会因为劳动力市场的缺陷而无法将从农业生产中解脱出来的劳动力转移到非农生产部门。否则，农户的行为逻辑将受制于劳动力转移条件，一个因为劳动力市场的缺陷而无法将从农业生产中解脱出来的劳动力转移到非农生产部门的农户的决策区别于已经建立的函数，一个模糊的认识是农户更加强调农地满足劳作而得以生存的需要，农户很难去判断非农生产部门的劳动力报酬 w。第 4 章中，研究假设的提出、变量的选择以及结论的分析中，客观而又显著地存在着农户非农就业的影响。农户的劳动力转移是农户非农就业的条件。尽管在第 4 章中，没有分析农户现有的非农就业背后的劳动力转移特征，没有获得农户现有非农就业与农户意愿之间的匹配，但存在的一个隐含事实是，所调查的农户中，一部分农户的非农就业对农户福利产生影响，特别是负面影响，是由于受农户劳动力转移的客观条件限制。这种外部性的限制，单一的农户很难去改变。第 5 章关于个体农户农地流转中非农就业的城镇化驱动研究中，关于微观农户劳动力转移受外部环境的影响的研究没有深入。因此，很有必要进行第 6 章节关于农地流转实现后劳动力转移的依赖性研究。

农地流转后实现流转出农地农民的劳动力转移是必须的。当前认为农地流转的现实意义在于提高农地经营规模，实现土地适度规模经营，从而提高农业比较效益以促进农民增收，但流转出农地的农民一般不会进行规模化的农业生产，很难直接获得农地经营规模扩大后的农业生产效益。如果在农地流转中离地农民无法顺利转移劳动力，那么农地流转能否真正惠及农地流转双方，特别是相对弱势的流转出农地的细微农地经营者，就是一个有待论证的疑问。现实似乎没有足够的证据支持流转出农地的农民可以顺利实现劳动力转移。农业部课题组（2000）发现，受农业资本/劳动力比率提高、乡镇企业就业弹性下降以及城市化滞后的影响，未来农村剩余劳动力转移仍然是艰巨的任务。因此在农村劳动力转移动力不足、压力巨大的现实背景下，农民没有足够理由自愿大规模流转土地承包经营权，从而避免寻找劳动力转移之路。由异质性人力资本引致农民对自身农地进行价值评价，再进行农地流转选择的过程在条件约束下总是很难实现。可以说，直接认定农地流转就实现劳动力从农地上转移是不够严谨的。从这一点出发，本章将论证农地流转与农村劳动力转移之间是否存在必然联系，以及在农地流转推进中，要实现农地流转—农村劳动力转移过程所依赖的居间变量。

6.2 研究假设

相关研究文献认为农村劳动力转移是土地流转的原因之一。贺振华（2006）认为，土地流转之所以产生的最初原因是部分农村劳动力外出打工，从而将土地出租给别人耕种。徐旭等（2002）在分析我国农村土地流转的动因中提出，如果农民从事农业的日均收入低于非农行业日均收入，农民就愿意进行土地流转，否则甚至进行抛荒。胡新艳（2006）提出，农户异质性人力资本划分为务农优势、务工优势、务农与务工优势相当三类，基于“经济人”理性，农民一旦根据异质性人力资本追求利润最大化，那么农民就具备了农地流转的意愿，并得到加强。因此如果推动农村劳动力转移，就可能加快农地流转。谭丹等（2007）通过农户问卷调查，得出农地流转率与家庭非农就业率正相关，提高家庭非农就业率可以促进农地流转。

但仅仅将劳动力转移作为农地流转的原因是不够的，特别是在农地非农化、农地非粮化趋势下，农民不一定可以在依法自愿有偿原则下[①]决策是否进行农地流转。这里有两个方面需要阐述：

第一，农民是否在任何条件下，或者说在绝大部分情况下，所进行的农地流转是依法自愿有偿的，特别是否是自愿的。上述有关研究文献关于农村劳动力转移是土地流转的原因研究，若从理论出发，农地流转则基于经济理性；若从实证出发，研究对象都是业已完成农地流转的农民。这里隐含着农地流转是农民进行的自愿理性选择。但王景新等（2007）通过调查发现，农民土地权利事实上是短期而不稳定的，为了满足农业开发和招商引资，基层组织利用土地流转制度，迫使农民进行大量的非自愿土地流转，工商资本大量占用农地。因此农业部在《关于做好当前农村土地承包经营权流转管理和服务工作通知》中强调，要求防止违背农民意愿强行流转，流转的农用地不得改变农业用途。

第二，在劳动力没有转移的条件下，农地流转是否可以顺利实现农地适度规模经营。从日本经验看，农地流转没有充分可行或者强制性的劳动力转移导致农户选择兼业（杨国新，2008），农户不愿意退出农地经营使得农地流转中农地适度经营规模无法形成。台湾在扩大农地经营规模遇到了同样困境。钱忠好（2008）研究发现，基于家庭利益最大化的考虑，农户决策的结果是农户经营兼业化。在存在农民非自愿流转农地的背景下，面对原始的兼业化需求，农地流转很可能导致农村劳动力无法转移。因此，本章提出如下

①《中共中央关于推进农村改革发展若干重大问题的决定》（以下简称《决议》）中要求按照依法自愿有偿原则，允许农民以转包、出租、互换、转让、股份合作等形式流转土地承包经营权。陈锡文等（2002）、韩俊（2003）也提出，要建立“依法、自愿、有偿”的土地流转机制。

假设：

假设1：农地流转不直接导致农村劳动力转移。

显然，农地流转中解决劳动力转移是一个无法回避的问题。从文献中发现，城镇化、工业化、农村工业化被认为过去、现在或者未来在破解农村劳动力转移难题上发挥或可以发挥重要作用。城镇化的核心是人口城镇化，对于农村劳动力，城镇化意味着劳动力彻底转移。但中国一直存在着人口长期彻底转移的困境。王伟等（2007）从制度成因分析，得出受户口—就业—福利一体化制度安排，城乡人口自由迁移被严格限制。刘勇（2006）认为，城镇化滞后于工业化，中国需要选择一条适合的城镇化道路，但城镇化转移大量的农村剩余劳动力而带来的城市就业压力是加快城镇化可能面临的难题。工业化进程中，工业产值比重和就业比重将不断上升，工业部门创造的岗位将源源不断吸收农村剩余劳动力。Lewis（1954）经典的二元结构模型认为，农村劳动力转移会伴随着农业国向工业国转变的过程，农业部门等传统部门劳动力会向制造业等现代部门流动。章永丽（2007）提出，包括农村人口问题在内的“三农”问题是在既定约束条件下工业化模式偏差产生的，要根本上解决这些问题，只能通过工业化。辜胜阻（2007）提出，要解决农民工问题需要改进低价工业化模式。农村工业化在过去吸收农村劳动力的作用是被认可的，乡镇企业则是有中国特色的农村工业化的组织载体。李成贵（2002）认为，中国农村工业化的兴起和快速发展，成就了“中国的奇迹”，尽管乡镇企业发展没有带来城市化效应，但大量农民已经转移到非农产业。申茂向等（2005）也认为，中国农村工业化的成就和积极作用毋庸置疑，乡镇企业转移了大量农村劳动力。但现在乡镇企业吸纳农村剩余劳动力的作用似乎发生了变化。韩保江（1995）和于立（2003）都论证了乡镇企业吸纳劳动力边际递减规律的存在。整理文献，可以得出中国存在着多种可能解决农村劳动力转移困境的途径，但是任何一种途径都存在现实困境。农地流转对农村劳动力转移，既提供了条件，又提出了需求。因此本章试图论证在农地流转推动下，是否存在解决农地流转后劳动力转移的条件，为此提出如下两个假设，关于农地流转、城镇化及农村劳动力转移的假设将在后面设置。

假设2：农地流转依赖于工业化，两者互补推动农村劳动力转移。

假设3：农地流转依赖于农村工业化，两者互补推动农村劳动力转移。

目前关于农地流转后如何实现劳动力转移的研究并不多，寻找到农地流转中顺利完成劳动力转移的依赖中间量还有待进一步研究。在有限的文献中，有学者从农地资源禀赋、农业机械及技术投入、农地社会保障功能等角度阐述了农地自然经济社会特征在农民选择、劳动力转移、农地流转中起的重要作用。James（1976）在研究东南亚农民问题时指出，在人均土地资源禀赋极少的小农经济中，农民在“安全第一”的生存伦理下追求的是较低的分配风险和较高的生存保障，收入最大化不是农民追求的根本目标。钱文荣（2007）认为，由于农村人口的增加以及经济高速发展下耕地大量占用，家庭当前经营土地面积的缩小影响农民土地意愿经营规模。姚洋（2000）在解释土地对劳动力转移的替代效应时，认为较多的土地降低了农民离农进城的积极性，从而迟滞劳动力的转移。农业机械与技术对农村劳动力存在替代作用。刘凤芹（2006）对东北农村农业土地规模经营问题研究支持了这个观点，她认为替代的界限依赖于农业机械与农业劳动力的相对价格变化或相对成本变化。她在研究中也发现，生化技术存在着对土地和劳动力的节约或替代。李洁（2008）在解释长三角地区农田化肥投入快速增长的现象时，得出相对劳动密集型作物上化肥投入快速增长是由于劳动机会成本高速增长引发的化肥对劳动的替代的结论。根据山东阳信县的农业机械化生产调查，农业机械化生产是农地流转后的良性结果。[①] 农地对于农民兼具生产资料及社会保障双重功能在中国农村仍然没有改变。朱冬亮（2002）认为，定期或不定期的土地调整同样具有重要的社会保障功能。何国俊（2007）通过回归得出社会保障对农户土地流转意愿影响显著，在农户生存有了保障后，其经济理性才会得到体现。但姚洋（2000）认为，土地的社会保障和失业保险功能对效率的正面作用常常被人忽略，现有农地制度具备促进农民转移的可能性。上述文献研究提供了存在于农地流转与农村劳动力转移之间的中间变量以解

① 具体内容可参考 http：//binzhou.dzwww.com/bzhxw/201801/t20180111_16328519.htm。

决农地流转中农村劳动力转移的可能性，但建立起农地流转、中间变量与农村劳动力转移三者完成联系的研究还是缺失，一些中间变量在农地流转以及农村劳动力转移中所起的作用仍然没有一个明确公认的结论。在此，为寻找农地流转可以依赖的农地自然经济社会禀赋以促使农村劳动力转移，提出以下 3 个假设：

假设 4：农地流转依赖于改善农民农地占有禀赋以促使农村劳动力转移。

假设 5：农地流转依赖于增加农业机械投入以促使农村劳动力转移。

假设 6：农地流转依赖于弱化农地社会保障功能以促使农村劳动力转移。

考虑到农民农地占有禀赋受农地数量与农民数量双重影响，同时农民数量与城镇化有直接联系，因此有关农地流转、城镇化及农村劳动力转移的假设在假设 4 中体现。

6.3 数据来源、变量选择与模型设定

6.3.1 数据来源

本章以中国省级行政区为数据采集对象。考虑到香港、澳门、台湾三地的农地制度与大陆相异，不纳入实证研究中。同时，海南在地理位置上与其他省份不相邻，也不纳入实证研究。[①] 最终本研究采集北京、天津、河北、山西、内蒙古、辽宁、吉林、黑龙江、上海、江苏、浙江、安徽、福建、江西、山东、河南、湖北、湖南、广东、广西、重庆、四川、贵州、云南、西

① 研究中采用的空间计量模型在运用 rooks 规则确定空间权重矩阵时，地理上不与其他省份相邻的海南省的 $W_{ij}=0$，那它在空间上不会与任何省份存在空间依赖。但是在以地理相邻表达变量在空间上的相关性时，部分学者在有些研究中也发现经济流动等的空间位移也同样可能产生空间相关，也就是存在着以经济距离判定空间相邻的需要，不过考虑到经济流动的复杂性，一般采用地理区位判定空间相邻。因此最终本章暂时不将海南纳入实证分析中。

藏、陕西、甘肃、青海、宁夏、新疆30个省（市、区）有关数据。变量所需数据来源于《中国第二次全国农业普查资料综合提要》《中国农村统计年鉴》《中国人口与就业统计年鉴》《中国乡镇企业及农产品加工业年鉴》《中国统计年鉴》《中国农业年鉴》。受第二次全国农业普查年份限制，所采集数据年份为2006年。具体与变量对应的数据来源在变量选择列出。

6.3.2 变量选择

农村劳动力转移变量（RLTR）。农村劳动力转移有就地转移和异地转移两种途径。就地转移是中国农村剩余劳动力转移的开端，从开始的社队企业到后来的乡镇企业都成为农村劳动力就地转移的主要吸纳器。本章以乡镇企业从业人员数来标识农村劳动力就地转移量。异地转移则采用第二次全国农业普查中的农村住户（户籍）外出从业人员数量。由于第二次全国农业普查中农村外出从业劳动力是指2006年农村户籍人口中16周岁及以上从业人员到户籍所在镇街行政管辖区域以外从业的人口，那么乡镇企业从业人员数中在镇街行政管辖区域以外从业部分与农村外出从业劳动力重叠，但目前本章数据收集手段无法完全剥离重叠部分获得完美数据。农地流转对农村劳动力转移的影响可以通过两方面判定：一是农地流转后农村劳动力转移总量，但是农村劳动力转移总量受人口、地域面积等诸多因素影响；二是农地流转后单位农地面积挤出的农业劳动力。为了比较研究的方便以及减少部分数据重叠而导致的误差，本章选择单位耕地面积农村劳动力挤出能力来最终标识农村劳动转移变量。单位耕地面积农村劳动力挤出=（乡镇企业从业人员+农村外出从业劳动力）/耕地总面积。其中，乡镇企业从业人员来源于《中国乡镇企业及农产品加工业年鉴》（2007），农村外出从业劳动力来源于《中国第二次全国农业普查资料综合提要》，耕地总面积来源于《中国国土资源统计年鉴》（2007）。

农地流转变量（FLCI）。目前农地流转制度安排出发点是发展适度规模经营。[①] 由于无法获得分省农地流转总量，同时家庭是农地经营的基本单元，本章认为农地流转会导致农户经营耕地面积改变，[②] 农地流转强度与农户经营耕地面积变化同向。农户户均经营耕地面积=农户平均人数×农村居民家庭人均经营耕地面积。其中，农户平均人数来源于《中国人口与就业统计年鉴》(2007)，农村居民家庭人均经营耕地面积来源于《中国统计年鉴》(2007)。

工业化变量（INDU）。以工业化率来标识工业化。工业化率=工业增加值/地区生产总值。其中，工业增加值与地区生产总值来源于《中国统计年鉴》(2007)。

农村工业化变量（RINDU）。以农村工业产值占农村工农业生产总值比重来衡量农村工业化水平。用乡镇企业增加值代替农村工业产值，以乡镇企业增加值与农林牧渔增加值的和代替农村生产总值。[③] 农村工业产值占农村工农业生产总值=乡镇企业增加值/(乡镇企业增加值+农林牧渔业增加值)。其中，乡镇企业增加值来源于《中国乡镇企业及农产品加工业年鉴》(2007)，农林牧渔业增加值来源于《中国农业年鉴》(2007)。

农民农地占有禀赋变量（FLHO）。以农业人口人均占有耕地面积标识农民农地占有禀赋。农业人口人均占有耕地面积=耕地总面积/农业总人口。其中，农业总人口来源于《中国人口与就业统计年鉴》(2007)。

农业机械投入变量（AMIN）。以农村居民家庭拥有农业机械固定资产原值来标识农户在农业生产中的机械投入。数据来源于《中国农村统计年鉴》(2007)。

---

①《决定》中要求加强土地承包经营权流转管理和服务，建立健全土地承包经营权流转市场，而发展多种形式的适度规模经营则是其目的之一。不论本章引用的国内研究姚洋（2000）还是国外研究 Terry van Dijk（2003）等，在表述土地（农地）流转作用时都蕴含着被流转出土地作为生产资料叠加到流入土地一方的土地上，这一点在逻辑上也容易理解。同时国内似乎一直认为农地经营规模过小是制约当前农业生产、农民收入等问题解决的重要原因，毕竟中国农户的土地经营规模在全世界是细小的（韩俊，1999），而有效提高农地经营规模则被认为是农地流转所具备的功能。从这一点出发，研究中农地流转推进的标识以农地经营规模增加来表达。

② 从数据可收集与重要性出发，本章仅研究农地中的耕地，农地流转仅考虑耕地流转，农户农地经营规模则为农户耕地经营规模，其他相关变量也类似处理。

③ 这种处理方式在求取与农村工业化相关指标的文献中已经比较普遍，参考文献中申茂向等（2005）、李成贵（2002）也体现了这一点。

农地社会保障功能变量（FLSS）。农地社会保障功能的识别比较困难。本章着重考察农地社会保障功能弱化条件下的一系列变量变化，认为农村社会保障投入增加可替代农地社会保障功能，农村社会保障投入量由农村社会救济费及灾害救济费用标识，因此从农业人口人均农村社会救济费及灾害救济费用增加来判定农地社会保障功能弱化。农业人口人均农村社会救济费及灾害救济费用=农村社会救济费及灾害救济费用/农业人口。其中，农村社会救济费及灾害救济费用来源于《中国农村统计年鉴》(2007)。

所有变量的统计描述如表 6.1 所示。

表 6.1 变量统计描述

变量	N	最小值	最大值	均值	标准差
RLTR（人/亩）	30	0.0157	0.6438	0.2125	0.1790
FLCI（户/亩）	30	0.8877	34.3200	8.1768	7.9183
INDU	30	0.0700	0.5300	0.4080	0.0932
RINDU	30	0.0812	0.9437	0.6270	0.1975
FLHO（人/亩）	30	0.8658	9.0472	2.5878	1.9541
AMIN（万元/户）	30	0.0090	0.5790	0.1840	0.1551
FLSS（元/人）	30	12.1537	263.0715	40.7790	46.0560

6.3.3 模型设定

农村劳动力转移在空间上不是孤立的、均质的，[①] 但是区域间农村劳动力转移可能存在的空间相关性在以前研究中常常被忽略。Anselin（1999）认为，空间依赖存在于实质性变量时，空间滞后项必须以内源性（Endogenous）变量对待，否则 OLS 估计将是有偏，不一致（Inconsistent）的。当空间依赖存在于误差项时，如果忽略了这种空间相关，尽管 OLS 保持无偏，也不再有效，经典估计得到的标准误差有偏。在存在空间依赖时，需要空间计量来解

① 中国农村劳动力转移在空间上存在集聚与摇摆（Cai，2003），在地理区位上中国形成劳动力输出地与劳动力输入地。

释变量之间的关系，以避免过度解释或者被忽略现象发生。空间回归计量模型主要包括空间滞后模型（Spatial Lag Model，SLM）和空间误差模型（Spatial Error Model，SEM），在具体运用中，通过检验，在普通回归模型、SLM、SEM 三者中进行选择。下面设定实证研究中运用的模型。

6.3.3.1 普通线性回归模型

普通线性回归模型如下：

$$Y = \alpha + \beta X + \varepsilon \quad \varepsilon \sim N(0,\ \sigma^2 I) \tag{6.1}$$

式中，Y 为被解释变量，X 为解释变量，α 为常数项，β 为偏回归系数，ε 为从残差。将实证研究变量引入线性回归模型，同时为提高模型解释能力以检验假设，在 7 个变量基础上，再加入 FLCI 分别与 INDU、RINDU、FLHO、AMIN、FLSS 变量的交叉乘积项，最终模型修正如下：

$$\begin{aligned} RLTR_i = {} & \alpha + \beta FLCI_i + \beta_2 INDU_i + \beta_3 RINDU_i + \beta_4 FLHO_i + \beta_5 AMIN_i + \\ & \beta_6 FLSS_i + \beta_7 FLCI_i \times INDU_i + \beta_8 FLCI_i \times RINDU_i + \beta_9 FLCI_i \times \\ & FLHO_i + \beta_{10} FLCI_i \times AMIN_i + \beta_{11} FLCI_i \times FLSS_i + \varepsilon_i \\ & \varepsilon \sim N(0,\ \sigma^2 I) \end{aligned} \tag{6.2}$$

其中：i 为第 i 个省（市、自治区）。

6.3.3.2 空间滞后模型

Whittle（1954）最早提出空间滞后模型，Anselin（1988）以及 Anselin 和 Bera（1998）改进并提出方便运用的空间滞后模型，具体如下：

$$Y = \alpha + \rho WY + \beta X + \varepsilon \quad \varepsilon \sim N(0,\ \sigma^2 I) \tag{6.3}$$

式中，ρ 为空间自回归系数，W 为空间权重矩阵（Spatial Weight Matrix），ε 为残差。代入 7 变量，同时引入交叉乘积项，得到分析用 SLM 如下：

$$\begin{aligned} RLTR_i = {} & \alpha + \rho W_{ij} \times RLTR_i + \beta_1 FLCI_i + \beta_2 INDU_i + \beta_3 RINDU_i + \beta_4 FLHO_i + \\ & \beta_5 AMIN_i + \beta_6 FLSS_i + \beta_7 FLCI_i \times INDU_i + \beta_8 FLCI_i \times RINDU_i + \\ & \beta_9 FLCI_i \times FLHO_i + \beta_{10} FLCI_i \times AMIN_i + \beta_{11} FLCI_i \times FLSS_i + \varepsilon_i \\ & \varepsilon_i \sim N(0,\ \sigma^2 I) \end{aligned} \tag{6.4}$$

式中，i 为第 i 个省（市、自治区）；空间权重矩阵 W_{ij}（Cliff and Ord，1973）是 i 省（市、自治区）的邻近省（市、自治区）j 的空间权重矩阵，

$j \neq i$，如果 j 和 i 相邻或小于给定距离，$W_{ij}=1$，否则 $W_{ij}=0$。本文选用 rooks 规则（Sawada，2004）认定空间相邻。

6.3.3.3　空间误差模型

当空间相关性依赖于误差时，残差将不再是白噪声，而是有空间自相关。将残差空间关系纳入考虑，得到 SEM 如下：

$$\begin{cases} Y = \alpha + \beta X + \varepsilon \\ \varepsilon = \lambda W \varepsilon + \mu \quad \varepsilon \sim N(0,\ \sigma^2 I) \end{cases} \tag{6.5}$$

式中，ε 为回归残差，λ 为空间误差相关系数，μ 为白噪声干扰项。SEM 中代入 7 变量，同时引入交叉乘积项，得到分析用 SEM 表示如下：

$$\begin{cases} RLTR_i = \alpha + \beta_1 FLCI_i + \beta_2 INDU_i + \beta_3 RINDU_i + \beta_4 FLHO_i + \beta_5 AMIN_i + \\ \qquad \beta 6FLSS_i + \beta_7 FLCI_i \times INDU_i + \beta_8 FLCI_i \times RINDU_i + \beta_9 FLCIi \times \\ \qquad FLHO_i + \beta_{10} FLCI_i \times AMIN_i + \beta_{11} FLCI_i \times FLSS_i + \varepsilon_i \\ \varepsilon_i = \lambda W_{ij} \varepsilon_i + \mu \quad \varepsilon_i \sim N(0,\ \sigma^2 I) \end{cases} \tag{6.6}$$

式中空间权重矩阵 W_{ij} 定义与选择与 SLM 一致。

6.4　实证结果与分析

6.4.1　农地流转形成农村劳动力转移充分性论证

采用普通线性回归模型、SLM、SEM 计算，[①] 结果如表 6.2 所示。其中普通线性回归模型仍选择 OLS 估计参数，但对 SLM 及 SEM 待估参数估计则不适合选用 OLS，否则估计参数值会是有偏或者无效。本章采用最大似然估计（Ord，1975）估计 SLM 与 SEM 的回归系数与空间参数。由 OLS 估计结果可知，普通线性回归模型的 Moran's I 误差为 1.7500，且在 10%水平下显著，

① 计算通过 GeoDA 0.9.5-i 进行。

变量间存在明显的空间相关性，需要引入空间变量。引入空间变量后，使用拉格朗日乘子（LM）检验从 SLM 与 SEM 中选择最优模型。表 6.2 结果显示，Lagrange Multiplier（lag）比 Lagrange Multiplier（error）更显著，且 Robust LM（lag）在 1%水平下显著而 Robust LM（lag）不显著，因此对农地流转形成农村劳动力转移充分性论证选用 SLM 进行解释。[①] SLM 的 Breusch–Pagan 检验在 10%显著水平仍然不显著，接受虚无假设认为不存在空间异质性。

表 6.2　农地流转形成农村劳动力转移充分性检验

因变量：RLTR			
	OLS	SLM	SEM
CONSTANT	0.0544 (0.5563)	0.0213 (0.7671)	0.0595 (0.5746)
FLCI	0.0185 (0.2020)	0.0150 (0.1696)	0.0073 (0.5644)
INDU	0.0020 (0.9949)	−0.1762 (0.4594)	−0.2805 (0.2449)
RINDU	0.3772** (0.0213)	0.3540*** (0.0034)	0.4761*** (0.0044)
FLHO	−0.0986* (0.0649)	−0.0726* (0.0677)	−0.0497 (0.2485)
AMIN	−0.2692 (0.2625)	−0.1999 (0.2715)	−0.0784 (0.7441)
FLSS	0.0018*** (0.0006)	0.0014*** (0.0001)	0.0013*** (0.0014)
ρ/λ		0.4169*** (0.0078)	0.5103*** (0.0059)
R–squared	0.7577	0.8101	0.7835
Adjusted R–squared	0.6944		

① SLM 与 SEM 判别标准：空间回归估计检验中，如果 Lagrange Multiplier（lag）在统计上比 Lagrange Multiplier（error）更显著，且 Robust LM（lag）显著而 Robust LM（error）不显著，则可以判定选择 SLM；如果 Lagrange Multiplier（error）在统计上比 Lagrange Multiplier（lag）更显著，且 Robust LM（error）显著而 Robust LM（lag）不显著，则可以判定选择 SEM。

续表

因变量：RLTR			
	OLS	SLM	SEM
Breusch-Pagan test	7.6501 (0.2649)	5.6614 (0.4622)	6.8999 (0.3302)
Moran's I (error)	1.7500* (0.0801)		
Lagrange Multiplier (lag)	6.0400** (0.0140)		
Robust LM (lag)	9.4722*** (0.0021)		
Lagrange Multiplier (error)	0.2386 (0.6253)		
Robust LM (error)	3.6707* (0.0554)		

注：***、**、* 分别表示在 1%、5%和 10%的显著水平上显著，括号内是 P-value 值。

关于假设 1 检验，SLM 结果发现 FLCI 项系数为 0.0150，但没有通过显著性检验，则不能拒绝系数为 0 的假设。因此假设 1 成立。即使在没有接受 OLS 估计模型与 SEM 中，FLCI 项系数仍不显著，支持了假设 1。假设 1 的成立说明农地流转形成农村劳动力转移是不充分的，这个结论与陈锡文等（2002）和韩俊（1998）呼吁农业规模经营和土地承包经营权流转首先要解决农民非农就业问题，要为农民转移出农业和农村创造条件是一致的。

考虑到本章的研究目的，仅从实证分析选择的农地流转变量标识量与农村劳动力转移变量标识量阐述假设 1 成立的原因。假设 1 成立意味着农地流转中农户户均经营耕地面积的扩大无法确保单位耕地面积农村劳动力挤出形成，那么流转土地承包经营权后农民离地失业则成为农地经营规模扩大后劳动力流向的一种可能。这点其实并不难理解，农村剩余劳动力大规模存在意味着滞留在农村中的劳动力在竞争性的劳动市场中不具备明显的竞争优势，低水平的劳动密集型岗位不足以吸收规模庞大的农村剩余劳动力。而研究较多的征地中失地农民失业现象也旁证了同样影响农民最基本生产资料配置的农地流转也许根本无法保障流转农地农民的劳动力转移，毕竟多年来还没有从根本上很好地解决征地中农民失地失业问题。流转农地一方的劳动力滞留在农地中则是劳动力第二种可能的流向。那么农户户均经营耕地面积扩大则可能不存在足以改变劳动力转移趋势的技术替代与资本替代。现阶段农业生产率的增长是由技术进步导致的，而不是来自效率（EC）的改善（陈卫平，2006），农业技术进步与农业效率损失并存表明现有农业技术的推广和扩散不成功，内生性的农业技术投入研发采用机制并没有形成，农户扩大经营规模不会主动通过技术替代劳动力。这点同样解释了为何在中国农业技术投入创新更多是政府驱动，但问题的关键是政府驱动效率与目的性是有待考证的。资本替代劳动力是否可行取决于农户可操纵资金及其意愿。薄弱的农村金融体系以及农户普遍不高的收入水平决定了普通农户的生产资金规模不会很大，考虑到农地流转中接受土地的农户一般具有资本上的比较优势以及参与到农地流转中的工商资本，可以认为农户有足够规模资本进行劳动力替代，但又有一个问题需要思考，农户是否有意愿将可操纵的资本用于替代劳动力。农业生产收益偏低不会导致农户将大量资金投入到农业生产中，即使资本在农户兼业中获得报酬也会高于农业收益。在农村资本有限，劳动力供给相对无限的背景下，劳动力雇佣者实现以低工资支付劳动力成本是容易的。因此，最终无法完成资本替代劳动力而实现农户扩大经营规模后劳动力挤出。

基于以上解释，一个重要的隐含前提得到论证，无法有效形成劳动力转移的农地流转不是农民依据家庭劳动力安排、人均收入以及自身发展等因素自愿做出的选择。不难理解，如果纯粹从农地适度规模经营出发，在农地流转收益不高的现实条件下，农地流转后失业不会是农民的自愿理性决策的结果；而对于滞留在农地上的农民来说，仅仅是农业劳动力的相互置换甚至原地保留，他们并不需要流转出土地承包经营权，至少不需要大规模进行农地流转，因为多数农民的技能水平与农业生产性质决定了农业劳动的差异性不大，同时，农民浓烈的土地情结也对其有重要制约。因此，推进农地流转就需要寻找到在农地流转中实现农村劳动力转移的依赖中间变量。

6.4.2 农地流转与工业化、农村工业化互补推动农村劳动力转移论证

表 6.3 农地流转与农村劳动力转移间禀赋依赖检验①

因变量：RLTR					
	模型 1	模型 2	模型 3	模型 4	模型 5
CONSTANT	0.2537** (0.0327)	−0.2424* (0.0688)	0.2802*** (0.0039)	0.2094** (0.0309)	0.0103 (0.8877)
FLCI	−0.0114 (0.4431)	0.0641*** (0.0034)	−0.0064 (0.6027)	−0.0041 (0.7684)	0.0101 (0.4176)
INDU	−0.6567** (0.0247)	0.0127 (0.9618)	−0.0443 (0.8498)	−0.0475 (0.8555)	−0.1944 (0.4113)
RINDU	0.3028*** (0.0072)	0.9273*** (0.0005)	0.2701** (0.0324)	0.3387** (0.0157)	0.3940*** (0.0025)
FLHO	−0.0870** (0.0185)	−0.1238** (0.0112)	−0.1372*** (0.0022)	−0.0969** (0.0344)	−0.0660* (0.1000)
AMIN	−0.1193 (0.4802)	−0.4457** (0.0459)	−0.0825 (0.6559)	−0.4633** (0.0355)	−0.2199 (0.2268)
FLSS	0.0016*** (0.0000)	0.0010** (0.0434)	0.0018*** (0.0000)	0.0015*** (0.0011)	0.0012** (0.0174)
FLCI×INDU	0.0654** (0.0178)				
FLCI×RINDU		−0.0658*** (0.0068)			
FLCI×FLHO			0.0037*** (0.0003)		
FLCI×AMIN				0.0478*** (0.0041)	

① 表 6.3 中 5 个模型全部经过 OLS 估计回归模型、SLM、SEM 选择，具体步骤可参考“农地流转形成农村劳动力转移充分性论证”。最终模型 1、模型 5 为 SLM，模型 2、模型 3、模型 4 为 OLS 估计回归模型。受篇幅限制，模型 1 和模型 5 的 Lagrange Multiplier（lag）、Robust LM（lag）、Lagrange Multiplier（error）、Robust LM（error）没有列出。表 6.3 中 Breusch-Pagan test 结果为所选择的模型的检验结果，模型 1、模型 5 为该项 SLMBreusch-Pagan test 的值，模型 2、模型 3、模型 4 该项为 OLS 估计回归 Breusch-Pagan test 的值。

续表

因变量：RLTR					
	模型 1	模型 2	模型 3	模型 4	模型 5
FLCI×FLSS					0.0001 (0.4430)
ρ/λ	0.4635*** (0.0009)				0.4230*** (0.0060)
R-squared	0.8415	0.8276	0.8672	0.8349	0.8140
Breusch-Pagantest	7.1044 (0.4181)	5.3519 (0.6171)	2.1048 (0.9538)	2.5864 (0.9205)	11.0080 (0.1383)
Moran's I（error）	1.7259* (0.0844)	-0.0331 (0.4048)	0.8921 (0.3723)	0.9141 (0.3607)	1.7055* (0.0881)

注：***、**、* 分别表示在 1%、5%和 10%的显著水平上显著，括号内是 P-value 值。

表 6.3 模型 1 估计结果显示，INDU、FLCI 与 INDU 的交叉乘积项分别为-0.6567、0.0654，并都在 5%的水平下显著。INDU 项与 FLCI×INDU 项符号不一致，判断农地流转与工业化对农村劳动力转移作用需要再考察 INDU 与 FLCI×INDU 两项系数，可以确定在 FLCI 等于 10.0 时，INDU 项与 FLCI×INDU 项互为相反数。因此在农户户均经营耕地面积大于 10.0 亩时，农地流转依赖于工业化，两者互补推动劳动力转移，假设 2 成立；在农户户均经营耕地面积小于 10.0 亩时，则农地流转与工业化互斥作用于劳动力转移，假设 2 不成立；在农户户均经营耕地面积等于 10.0 亩时，则农地流转中工业化的改变不对农村劳动力转移产生影响，假设 2 不成立。除在农户户均经营耕地面积大于 10.0 亩的黑龙江、内蒙古、吉林、宁夏、新疆、西藏、辽宁、甘肃，提高工业增加值在地区生产总值中的比重，在现阶段可以提高单位耕地面积的劳动力挤出，在其他省（自治区、直辖市）以工业化率考核的工业化水平提高无法有效在农地流转中推动农村劳动力转移。从检验结果看，在农户户均经营耕地面积小于 10.0 亩的地区，工业化升级过程中会对已转移农村劳动力产生逆向冲击。在区位分布上，农户户均经营耕地面积小于 10.0 亩的地区主要处于东中部地区，工业化水平普遍高于农户户均经营耕地面积大于 10.0 亩的地区。郑江淮（2007）在以苏州制造业为对象的分析中发现在农村

劳动力在工业化升级中受到逆向就业冲击会选择农地流转（加入土地股份合作社）以规避风险提高福利，农地流转也许会成为工业化升级中城市资本密集型工业挤出简单劳动力中缓解农民返乡生存问题激化的一种选择。工业化水平的提高能否有助于假设 1 劳动力转移困境解决取决于现有农户户均经营耕地面积。

表 6.3 模型 2 估计结果显示，FLCI、RINDU、FLCI 与 RINDU 的交叉乘积项分别为 0.0641、0.9273、–0.0658，并都在 1%水平下显著。RINDU 项与 FLCI·RINDU 项符号不一致，判断农地流转与农村工业化对农村劳动力转移作用需要再考察 RINDU 与 FLCI·RINDU 两项系数，可以确定在 FLCI 等于 14.1 时，RINDU 项与 FLCI·RINDU 项互为相反数。因此在农户户均经营耕地面积小于 14.1 亩时，农地流转依赖于农村工业化，两者互补推动劳动力转移，假设 3 成立；在农户户均经营耕地面积大于 14.1 亩时，则农地流转与农村工业化互斥作用于劳动力转移，假设 3 不成立；在农户户均经营耕地面积等于 14.1 亩时，则农地流转中农村工业化的改变不对农村劳动力转移产生影响，假设 3 不成立。从检验结论看，在地域上除黑龙江、内蒙古、吉林、宁夏、新疆 5 地外，在其他 25 个省份假设 3 都成立，农地流转与农村工业化之间对农村劳动力转移的影响存在地域上的差异。一般来说，在农户平均经营耕地面积较小的地区，由于受户均经营耕地面积限制，农业劳动力选择兼业来弥补收入的不足，这在浙江、广东等农户平均经营耕地面积达不到 3 亩的省份表现得很明显。伴随着农村非农工业化水平的进一步提高，以非农业兼业的农户迅速上升而农业兼业农户由升转降（杨学成等，1998）。在此过程中，纯农户或者农业兼业户中具备扩大经营规模的趋于转入土地以实现农地规模经营，同时另有一部分纯农户或者农业兼业户则转变为非农兼业户，农户中部分务农劳动力通过兼业转移劳动力；而非农兼业户趋于转出部分甚至全部农地以转移劳动力来满足非农产业劳动力需要。在多数省份假设 3 的成立是解决假设 1 困境的途径之一。

相比假设 2 的检验结果，作为工业化体系组成部分的农村工业化与农地流转之间推动农村劳动力转移的互补作用要远好于工业化整体水平的提高。

以乡镇企业为代表的农村工业体系在技术及资本上与城市工业的差距，可以帮助知识技能水平较低的离地农民寻找到更多就业机会，而在空间距离上分散分布于农村，则在地理上满足了农民就近就业的需求。在面对工业化升级时，推进农村工业化的作用不仅在于改变农村产业结构，更重要的是在农村劳动力吸纳上可以发挥区别于城市工业化的补偿作用。农地流转中实现劳动力转移同样离不开农村工业化的辅助。

从表 6.2 的 SLM 中看到，农村工业化作为单独因子可以有效地促进农村劳动力转移，由于 SLM 中 ρ/λ 为 0.4169，且在 1%水平下显著，因此农村工业化影响农村劳动力转移在空间上存在溢出扩散效应。对于户均农地经营规模较大的地方，通过农村工业化可以促进农村劳动力转移，同时周边地区的农村工业化水平提高也可以异地吸收农村劳动力转移，当然这种作用不受农地流转与农村工业化之间关系影响。

6.4.3　农地流转依赖农地占有禀赋、机械投入、农地社会保障功能改变促进农村劳动力转移论证

表 6.3 模型 3 估计结果显示，FLHO、FLCI 与 FLHO 的交叉乘积项分别为-0.1372、0.0037，并都在 1%水平下显著。FLHO 项与 FLCI×FLHO 项符号不一致，判断农地流转依赖农地占有禀赋对农村劳动力转移作用需要再考察 FLHO 与 FLCI×FLHO 两项系数，可以确定在 FLHO 等于 37.5 时，FLHO 项与 FLCI×FLHO 项互为相反数。因此在农户户均经营耕地面积大于 37.5 亩时，农地流转中农民农地占有禀赋改善，可以促进农村劳动力转移，假设 4 成立；在农户户均经营耕地面积小于 37.5 亩时，农地流转中农地占有禀赋改善，则阻滞农村劳动力转移，假设 4 不成立；在农户户均经营耕地面积等于 37.5 亩时，农地占有禀赋的改善不改变农村劳动力转移，假设 4 不成立。实证 30 个省份中农户平均经营耕地面积最大值为黑龙江的 34.32 亩，实际上假设 4 在 30 个省份中都不成立，但农地流转依赖于农地占有禀赋的降低以促进农村劳动力转移。农地占有禀赋由农业人口人均占有耕地面积决定，因此要在农地流转中实现农村劳动力转移，可以通过增加农业人口与减少耕地面

积降低农业人口占有耕地面积。然而在城镇化水平无法逆转的背景下，增加农业人口是无法实现的，减少耕地面积又不是农地流转本意蕴含的目的。因此得出一个最终结论，现阶段农地流转无法依赖于农地占有禀赋改变而促进农村劳动力转移，这不是解决假设 1 困境的有效途径。

但从表 6.2 的 SLM 中可以看到农地占有禀赋 FLHO 项系数为–0.0726，在 10%水平下显著，因此农地占有禀赋逆向作用于农村劳动力转移，这种作用具备在空间上的溢出与扩散。农地占有禀赋降低在城镇化大背景下只能通过农地非农化实现，这种农地非农化趋势下单位耕地面积的劳动力挤出是迫压式的强制劳动力转移。我们需要在农地流转中重视流转农地在劳动力转移需求下的非农化压力。

在假设 1 的分析中，发现农户并没有意愿加大在农地经营规模扩大时的资本投入，现实中也发现受购买农机成本过高、农资价格上涨等影响，多数农户购买农机的积极性不高。但考虑到购买农机政府补贴的存在，从解决假设 1 困境出发，本部分将分析农户投入资本购买农业机械对劳动力转移的影响。表 6.3 模型 4 估计结果显示，AMIN、FLCI 与 AMIN 的交叉乘积项分别为–0.4633、0.0478，并分别在 5%、1%水平下显著。AMIN 项与 FLCI×AMIN 项符号不一致，判断农地流转依赖增加农业机械投入对农村劳动力转移作用需要再考察 AMIN 与 FLCI×AMIN 两项系数，可以确定在 FLHO 等于 9.7 时，AMIN 项与 FLCI×AMIN 项互为相反数。因此在农户户均经营耕地面积大于 9.7 亩时，农地流转中农业机械投入提高，可以促进农村劳动力转移，假设 5 成立；在农户户均经营耕地面积小于 9.7 亩时，农地流转中农业机械投入提高，阻滞农村劳动力转移，假设 5 不成立；在农户户均经营耕地面积等于 9.7 亩时，农地流转中农业机械投入提高，不改变农村劳动力转移，假设 5 不成立。具体到省份，在黑龙江、内蒙古、吉林、宁夏、新疆、西藏、辽宁、甘肃，农地流转依赖于增加农业机械投入以促使农村劳动力转移假设成立，但在多数省份农地流转中如果农户户均经营耕地面积无法超过 9.7 亩时，农业机械投入增加则起到阻滞作用。对黑龙江等省的农地流转中增加农业机械投入两者的互补作用是较好理解的，在农户经营规模较大的地区，大多数农业机械均为劳动替代型，对劳动力形成替代效应，而且这种替代由于规模效益的存在产生较好收益。但对于农户平均经营耕地面积小于9.7亩的地区，出现机械投入对农地劳动力阻滞很可能是因为在扩大农地经营规模时机械投入的增加产生对青壮年等具有一定技能水平的劳动力需求增加，部分在外务工的青壮年劳动力因此返乡补充结构性劳动力不足，但从事农业劳动的原始劳动力仍然没有动力转移出农业生产，最终在农户平均经营耕地面积较小地区形成在农地流转中机械投入对劳动力转移的逆向作用，假设5对于解决假设1困境没有作用。在当前强调农地流转有利于农业机械投入不仅仅只考虑带来的经济效益，对于劳动力转移的影响同样需要注意，在农户户均经营耕地面积较小的地区实现农村劳动力转移也是在农地流转后增加机械投入的前提条件。

表6.3模型5估计结果显示，FLCI与FLSS的交叉乘积项为0.0001，但没有通过显著性检验。因此假设6不成立。农地流转与弱化农地社会保障功能之间不存在互补作用影响农村劳动力转移。但从表6.2的SLM中发现FLSS项系数为0.0014，并在1%水平下显著，弱化农地社会保障功能可以促进农村劳动力转移，而且这种作用不受中间变量影响，不论是否参与农地流转，是否受农地经营规模扩大影响，弱化农地社会保障功能对劳动力从农业中转出起到正向作用。因此，虽然假设6不成立，但是弱化农地社会保障功能可以辅助农地流转后农村劳动力的转移。

6.5 本章结论与讨论

本章在寻找到农村劳动力转移变量、农地流转变量、工业化变量、农村工业化变量、农民农地占有禀赋变量、农业机械投入变量、农地社会保障功能变量标识量基础上，通过对30个省份的实证分析，对6个假设进行了检验。检验结果表明：

（1）农地流转不直接导致农村劳动力转移。以农地适度规模经营为目的的农地流转会产生流转出农地农民失业或滞留在农地两种可能。因此需要寻找到农地流转中可以依赖的实现农村劳动力转移的中间变量。

（2）农地流转能否依赖工业化水平提高实现劳动力转移受农户户均耕地经营面积影响。在农户户均经营耕地面积大于 10.0 亩的地区，假设 2 成立；在农户户均经营耕地面积小于 10.0 亩的地区，提高工业化水平无法有效解决假设 1 的困境。

（3）农地流转可以依赖于农村工业化以实现农村劳动力转移，但这取决于农户户均经营耕地规模的大小，在小于 14.1 亩时这种依赖与互补作用是存在的。农村工业化同时可以不通过与农地流转之间的作用，直接正向影响农村劳动力转移，并且这种作用存在空间上的溢出与扩散作用。

（4）农地流转依赖于农地占有禀赋降低促进农村劳动力转移，但在农地流转避免“农地非农化”约束下，农地流转不存在依赖于农地占有禀赋改变而促进农村劳动力转移的可能。同时降低农地占有禀赋可以不通过农地流转而影响农村劳动力转移，这种作用同样存在空间溢出与扩散效应。

（5）农地流转在农户户均经营耕地规模大于 9.7 亩的地区可以依赖增加农业机械投入促使农村劳动力转移，但在小于 9.7 亩的地区则会阻滞农村劳动力转移。

（6）农地流转无法依赖弱化农地社会保障功能促使农村劳动力转移，但弱化农地社会保障功能可以直接促进农村劳动力转移，因此弱化农地社会保障功能可以辅助农地流转中农村劳动力转移，但这个作用与是否进行农地流转无关。

通过以上总结，以下三点认识有助于未来更好推进农地流转制度设计。

（1）农地流转始于 20 世纪 80 年代，转包、出租、置换、转让四种形式逐步发展成为成熟的农地流转方式，到 2008 年全国进行农地流转的耕地规模已经超过亿亩。在缺少制度推进的过去，农地流转更多是农户之间自发自愿的农地资源再配置过程，这个过程中劳动力转移较好地得到解决。因此在现在或许已经存在农地流转速度和规模与外部条件的潜在均衡，而这种均衡如果没有外部条件的改变，一旦被打破则可能产生出乎于农地流转设计目的的一系列后果。在本章中并没有得到农地流转扩大农户户均经营耕地面积后可以直接形成劳动力转移的结论就是个佐证。

(2) 本章得出农地流转中实现流转出土地的农民的转移，可以通过部分禀赋因素的改变以形成依赖互补作用而解决农地流转中劳动力转移困境，也可以通过部分禀赋自身的改进以辅助农地流转中劳动力转移。因此当前农地制度改革的一个重点应该是相关配套与保障制度的建设，而寻找并完善这些辅助工具并不比推进农地流转容易。

(3) 农地流转制度设计与保障制度安排需要注意地区差异。本章中的假设 2、假设 3、假设 4、假设 5 检验都发现原始的农户户均耕地经营面积对检验结论的重要影响。一个地区的农户户均耕地经营面积形成受该地区的农地资源、经济水平、社会习惯等诸多因素影响，本章中尽管没有深入阐述农户户均耕地经营面积背后的经济社会条件地区差异，但仍然揭示了在安排农地流转，解决农地流转中劳动力转移问题时，如果忽略地区差异就可能导致事倍功半甚至适得其反的结果。省域尺度上的经验，对于相对微观尺度的问题分析与解决也有一定借鉴作用。

7 农地流转空间差异的城镇化依赖

7.1 引 言

本章的研究，将主要解决本书前面部分没有回答的一个问题：区域性的家庭承包耕地流转入专业合作社、企业及其他非农户主体和家庭承包耕地流转没有用于种植谷类、豆类、薯类等粮食作物等农地流转特征，与外部条件的关系。这是当前引导流转中急需理清的问题。

进入21世纪，中国逐步加大了对农地流转的政策支持力度，我国各地农地流转速度明显加快。根据《中国农村经营管理统计年报》统计数据，截至2016年底，全国家庭承包耕地流转面积4.79亿亩，比2015年底增长7.3%，流转面积占家庭承包经营耕地面积的35.1%。在流转方式上，以转包和出租为主，分别占流转总面积的47.1%和35.1%；在流入对象上，流入农户（包括专业大户、家庭农场）的面积为2.80亿亩，占流转面积的58.4%。总体来看，“十二五”期间，流入农户的面积持续下降，流入非农户的面积稳步提高；在流转用途上，流转出的耕地用于种植粮食作物的面积为2.71亿亩，占流转面积的56.5%。这些农地流转的特征，显然依赖于区域的外部条件的特征。城镇化是城乡互动中一种典型的方式，因此本章以农地流转空间差异的城镇化依赖为切入点（蔡为民等，2017；丁敬磊，2016），解释当前农地流转中涉及非农户流转和非农化流转差异性原因。

7.2 指标选择与数据来源

7.2.1 农地流转指标及其数据来源

本章的研究以中国30个省份为研究单元，因数据获取困难，本研究的省份不包括香港、台湾、澳门和西藏。当前公开的可获得的全国性的农地流转数据主要来源于《中国农村经营管理统计年报（2016)》，统计数据的年份是2016年。同时，考虑到不同省域资源禀赋的差异，为了不同农地流转水平的可比较性，涉及农地流转的变量采用比例形式。其中包括农地流转比重、非农户流转比重、非粮化流转比重，具体变量解释如下：

农地流转比重（PFT)，用家庭承包耕地流转总面积占家庭承包经营的耕地总面积来表示，单位为%。

非农户流转比重（PNU)，是指家庭承包耕地流转入专业合作社、企业及其他非农户主体的面积（即流转入非农户的耕地面积）占家庭承包经营的耕地总面积的比重，单位为%。

非粮化流转比重（PNC)，是指家庭承包耕地流转用于种植不是谷类、豆类、薯类等粮食作物的面积占家庭承包经营的耕地总面积的比重，单位为%。

7.2.2 基于城镇化指标的依赖指标体系及其数据来源

农地流转空间差异的城镇化依赖需要选择恰当的城镇化指标，弄清城镇化对农地流转空间差异的影响。借鉴已有城镇化指标体系的研究成果，遵循科学性、代表性、可操作性、可比性等原则，参考近年来使用频率较高的指标，考虑到数据获取的难易程度及数据全面性问题，初步选取的城镇化指标及指标说明见表7.1。城镇化从城镇化规模和城乡差异两个角度出发，城镇化规模包括人口、土地、经济、产业结构等方面，具体有选择城镇人口占比、人均地区生产总值、城市建设用地比重、第二产业增加值占 GDP 比重、第三产业增加值占 GDP 比重及工业产值占 GDP 比重 6 项；城乡差异包括收入消费差距、基本公共服务、社会保障等方面，具体有城乡居民收入比、城乡消费水平比、城乡恩格尔系数比、城乡每千人口卫生技术人员比、城乡低保标准比、城乡用水普及率比 6 项。

同时，城镇化具有典型的地域特征，城镇化特征的形成与演变受到当地自然环境的制约较大。因此在城镇化指标的基础上，选择区域资源禀赋、海拔坡度、气候等方面，具体有人均水资源量、耕地面积占比、坡度小于 2°的面积占比、平均海拔、年降水量、湿润状况 6 个自然条件因素指标。从而可以分析城镇化与自然条件相互作用下对农地流转空间差异的作用。

表 7.1 基于城镇化指标的农地流转依赖指标体系

	指标	指标说明
城镇化规模	城镇人口占比（UPP）（%）	城镇人口数/总人口数
	人均地区生产总值（RDP）（万元）	地区生产总值/总人口数
	城市建设用地比重（CLA）（%）	城市建设用地面积/行政辖区总面积
	第二产业增加值占 GDP 比重（SIP）（%）	第二产业增加值/地区生产总值
	第三产业增加值占 GDP 比重（TIP）（%）	第三产业增加值/地区生产总值
	工业产值占 GDP 比重（IOP）（%）	工业产值/地区生产总值
城乡差异	城乡居民收入比（UIG）（城镇为 1）	农村人均可支配收入/城镇人均可支配收入
	城乡消费水平比（UCL）（城镇为 1）	农村居民消费水平/城镇居民消费水平
	城乡恩格尔系数比（UEC）（城镇为 1）	农村居民恩格尔系数/城镇居民恩格尔系数
	城乡每千人口卫生技术人员比（UHS）（城镇为 1）	农村每千人口卫生技术人员数/城镇每千人口卫生技术人员数
	城乡低保标准比（UBA）（城镇为 1）	农村居民低保标准/城镇居民低保标准
	城乡用水普及率比（UWC）（城镇为 1）	农村用水普及率/城镇用水普及率
自然条件	人均水资源量（WCY）（立方米/人）	地区水资源总量/总人口数
	耕地面积占比（FDP）（%）	地区耕地总面积/行政辖区总面积
	坡度小于 2°的面积占比（TER）（%）	坡度小于 2°的总面积/行政辖区总面积
	平均海拔（AEN）（米）	
	年降水量（APN）（毫米）	
	湿润状况（MCN）（%）	

城镇化指标数据来源于《中国统计年鉴》(2017)、《中国城市统计年鉴》(2017)，自然指标大部分来源于《中国统计年鉴》(2017)、各省统计年鉴及农村统计年鉴等。海拔高度 DEM (SRTM 90m) 空间分布数据及干燥度数据来源于中国科学院资源环境科学数据中心 (http：//www.resdc.cn)，用 ArcGIS 处理得到平均海拔、坡度小于 2°的面积占比、湿润状况三项自然条件指标。

7.3 模型构建

农地流转空间差异的城镇化依赖分析，采用地理探测器工具来实现。在进行地理探测时需要完成有关变量的空间分异分析、空间自相关分析。

7.3.1 变异系数法空间分异分析

变异系数分析法可以消除不同组数据测量尺度和量纲的影响，变异系数是原始数据标准差与原始数据平均数的比，因此可以进行客观比较。事实上，可以认为变异系数与极差、标准差和方差一样，都是反映数据离散程度的绝对值。其数据大小不仅受变量值离散程度的影响，而且还受变量值平均水平大小的影响。采用变异系数测度农地流转程度的省域差异程度，表现省域农地流转程度的空间差异，该系数在地理数据的时空动态差异的测度研究中得到广泛的应用。计算公式如下：

$$CV = \frac{1}{\bar{x}}\sqrt{\frac{\sum_{n}^{1}(x_i - \bar{x})^2}{n-1}} \times 100\% \tag{7.1}$$

式中，CV 为变异系数，$\bar{x}$ 为地区某变量值的平均数，n 为省的个数，x_i 为第 i 个地区的变量值，CV 反映了各地区变量值相对于该变量平均值的整体离散状况，CV 值越大，说明农地流转的差异程度越大；反之，说明农地流转的差异程度越小。

7.3.2 空间自相关分析

空间自相关是空间依赖性的重要表现形式，其反映了任何地理要素之间都是相互关联的这一规律，且关联度与距离有关，距离越近关联度越大，距离越远关联度越小。在统计上，依据相关性可以检测地理要素之间是否存在关联性以及关联度的大小。因此，空间自相关研究空间中某位置上的要素属性与其邻近位置上的同一要素属性的相关性，采用某位置要素属性值与其邻近位置要素属性值的相似程度进行测度，以分析该种地理要素在空间上的分布规律。通过空间自相关可以判断空间聚集，直观地来说，如果邻居要素之间的平均差异小于所有要素之间的平均差异，那么要素之间就是聚集的。而且，如果邻近位置上的数值相似，则空间模式为正的空间自相关，如果邻近位置上的数值不相似，则空间模式为负的空间自相关。空间自相关包括全局空间自相关和局部空间自相关两种，前者主要反映区域整体的空间自相关性，后者则反映某区域单元的空间自相关性。

全局 Moran’s I 指数计算公式如下：

$$\text{Moran's I} = \frac{n\sum_{i=1}^{n}\sum_{j=1}^{n}W_{ij}(x_i-\bar{x})(x_j-\bar{x})}{\sum_{i=1}^{n}\sum_{j=1}^{n}W_{ij}\sum_{i=1}^{n}(x_i-\bar{x})^2} = \frac{\sum_{i=1}^{n}\sum_{j=1}^{n}W_{ij}(x_i-\bar{x})(x_j-\bar{x})}{S^2\sum_{i=1}^{n}\sum_{j=1}^{n}W_{ij}} \tag{7.2}$$

式中，n 为研究区域内样本总数，W_{ij} 为空间权重矩阵的元素值，x_i 为样本 i 的变量值，$\bar{x}$ 为变量值的平均数，S^2 为变量值方差。Moran’s I 的取值区间为［-1，1］，Moran’s I 大于 1 表示正相关，值接近 1 表明具有相似的属性聚集在一起（即高值与高值邻接，低值与低值邻接）；Moran’s I 小于 1 表示负相关，值接近-1 表明具有相异的属性聚集在一起（即高值与低值邻接，低值与高值邻接），Moran's I 接近于 0 则表示属性是随机分布的或者不存在空间自相关性。

局部 Moran's I 指数计算公式如下：

$$I_i = \frac{(x_i - \bar{x})}{S^2} \sum_{j=1}^{n} W_{ij}(x_j - \bar{x}) \tag{7.3}$$

其中空间权重矩阵采用“车式”邻接（Rook Contiguity），“车式”邻接是指如果两个地域单元存在公共的边线，就定义为“邻接”，否则，就定义为“不邻接”。但考虑到海南与其他省份没有公共边线，因此对空间权重矩阵加以修改，定义海南与广东、广西相邻。

7.3.3 地理探测器分析

地理探测器是探测和利用空间分异性的工具，擅长分析类型量和探测两因子的交互作用于因变量（王劲峰等，2017；Shi et al.，2018）。具体来说，地理探测器包含 4 个方面的探测器，分别是分异及因子探测、交互作用探测、风险区探测及生态探测。本研究中，主要运用到了分异及因子探测、交互作用探测、风险区探测。

分异及因子探测：即探测因变量的空间分异和自变量对因变量的解释力度，用 q 值度量，计算公式如下：

$$\begin{aligned} q &= 1 - \frac{1}{N\sigma^2} \sum_{h=1}^{L} N_h \sigma_h^2 \\ &= 1 - \frac{SSW}{SST} \end{aligned} \tag{7.4}$$

其中，$SSW = \sum_{h=1}^{L} N_h \sigma_h^2$

$$SST = N\sigma^2 \tag{7.5}$$

式中，h 为自变量 X 的分层或分区；N 是整个区域的总单元数，N_h 是自变量 X 在第 h 类下的单元数；σ_h^2 为第 h 类下 Y 值的方差，σ^2 为整个区域 Y 值的方差；SST 是整个区域的总方差，SSW 是层内方差之和（各类方差之和)。q 的取值区间为 [0, 1], q 值越大说明自变量对因变量的解释力越强，反之越弱，当 $q=1$ 时，说明自变量完全控制了自变量的空间分布；$q=0$ 时，说明自变量与因变量没有任何关系，q 值表示 X 解释了 $100\times q\%$的 Y。本研究中，h 为自然断点法所分的 4 类，N 为 30。

交互作用探测：用于识别不同影响因子之间的交互作用，评估因子共同作用对因变量的解释力度是增加还是减弱或是相互对立。方法分为三步：一是分别计算 X_1 和 X_2 对 Y 的解释力的 q 值：$q(X_1)$ 和 $q(X_2)$；二是计算 X_1 和 X_2 图层叠加后的新多边形的分布的 q 值：$q(X_1\cap X_2)$；三是比较 $q(X_1)$ 和 $q(X_2)$ 与 $q(X_1\cap X_2)$ 的大小并进行判断。双因子交互作用的类型如表 7.2 所示。

表 7.2　双因子交互作用的五种类型

判断	交互作用
$q(X_1\cap X_2)<Min(q(X_1),\ q(X_2))$	非线性减弱
$Min(q(X_1\cap X_2))<q(X_1\cap X_2)<Max(q(X_1),\ q(X_2))$	单因子非线性减弱
$q(X_1\cap X_2)>Max(q(X_1),\ q(X_2))$	双因子增强
$q(X_1\cap X_2)=q(X_1)+q(X_2)$	独立
$q(X_1\cap X_2)>q(X_1)+q(X_2)$	非线性增强

风险区探测：用于判断两个子区域间的属性值 Y 的均值是否有明显差别；用 t 统计量来检验，t 值越大代表该因素对农地流转空间差异的影响力越大。

$$t_{\bar{y}_{h=1}-\bar{y}_{h=2}}=\frac{\bar{Y}_{h=1}-\bar{Y}_{h=2}}{\left[\frac{Var(\bar{Y}_{h=1})}{n_{h=1}}+\frac{Var(\bar{Y}_{h=2})}{n_{h=2}}\right]^{1/2}} \tag{7.6}$$

式中，$\bar{Y}_h$ 表示子区域内 h 内的属性均值，n_h 为子区域 h 内单元数量，Var 表示方差。统计量 t 近似地服从 Student's t 分布，零假设 H_0：$\bar{Y}_{h=1}=\bar{Y}_{h=2}$，如果在置信水平 α 下拒绝 H_0，则认为两个子区域间的属性均值存在明显的差异。

7.4　农地流转空间差异分析

全国农地流转变量数据见表 7.3，空间分布如图 7.1 所示。

表 7.3　全国农地流转三个变量的数据

单位：%

地区	农地流转比重	非农户流转比重	非粮化流转比重
全国	35.14	14.62	15.27
海南	6.53	3.69	5.60
山西	16.65	4.87	8.39
云南	19.73	10.40	15.05
新疆	19.92	4.69	12.72
广西	20.35	9.69	15.99
陕西	21.97	11.09	15.27
青海	24.16	15.22	14.01
甘肃	25.13	13.05	16.81
宁夏	26.99	16.73	13.81
贵州	27.78	18.26	22.36
广东	29.17	10.72	23.57
山东	30.64	14.89	18.04
河北	30.99	14.24	12.52
江西	31.02	13.19	12.39
吉林	32.21	10.17	10.29
四川	33.85	17.89	23.48
福建	34.11	11.77	24.18
辽宁	35.29	10.36	13.66
内蒙古	36.44	9.90	10.76

续表

地区	农地流转比重	非农户流转比重	非粮化流转比重
河南	37.44	15.73	12.79
湖南	39.60	16.90	17.69
湖北	39.74	18.78	12.89
重庆	42.37	22.90	26.73
天津	45.61	28.42	21.71
安徽	47.34	21.33	15.84
黑龙江	50.44	14.35	5.92
浙江	53.80	20.24	29.27
北京	59.99	46.91	52.72
江苏	60.19	31.18	30.15
上海	74.80	38.42	34.56

注：省份按照农地流转比重升序排列。

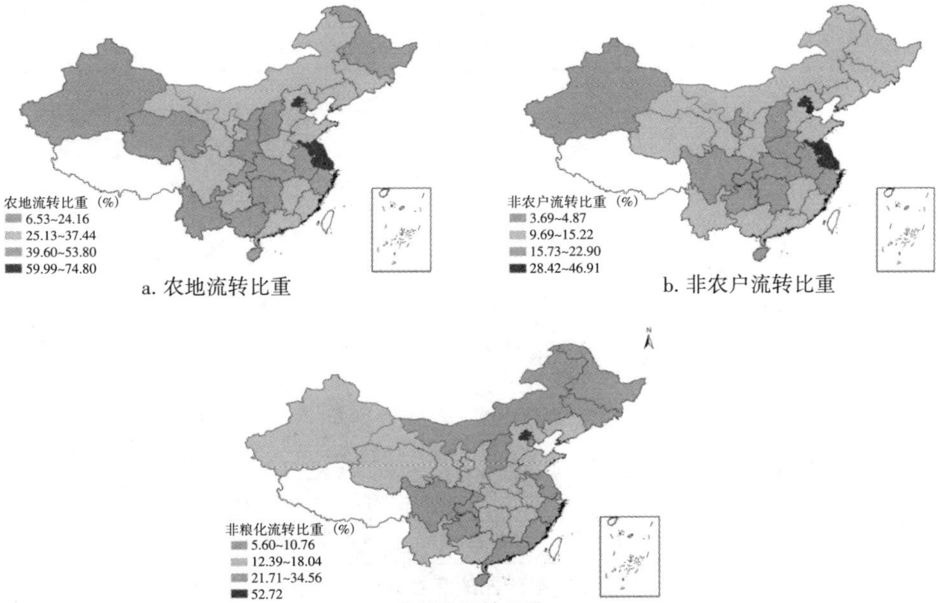

a. 农地流转比重

b. 非农户流转比重

c. 非粮化流转比重

图 7.1　全国农地流转变量空间分布

使用变异系数法计算全国及东中西部地区的农地流转变异系数。东中西部的划分主要兼顾了地理位置及区域经济发展水平。其中：东部地区包括北京、天津、河北、辽宁、上海、江苏、浙江、福建、山东、广东、海南11个省（市）；中部地区包括黑龙江、吉林、山西、安徽、江西、河南、湖北、湖南8个省，西部地区包括内蒙古、广西、重庆、四川、贵州、云南、西藏（数据缺失）、陕西、甘肃、青海、宁夏、新疆12个省（区、市）。结果如表7.4、图7.2和图7.3所示。

表7.4　全国及东中西部地区农地流转变异系数情况

		全国	东部地区	中部地区	西部地区
农地流转比重	平均值（%）	35.14	41.92	36.81	27.15
	变异系数	0.4169	0.4565	0.2858	0.2748
非农户流转比重	平均值（%）	16.53	20.99	14.42	13.62
	变异系数	0.5747	0.6430	0.3570	0.3774
非粮化流转比重	平均值（%）	18.31	24.18	12.03	17.00
	变异系数	0.5256	0.5264	0.3168	0.2939

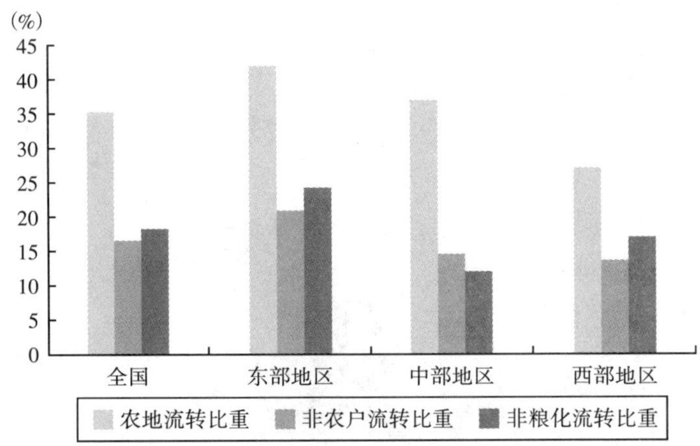

图7.2　全国及东中西部地区农地流转变量的平均数

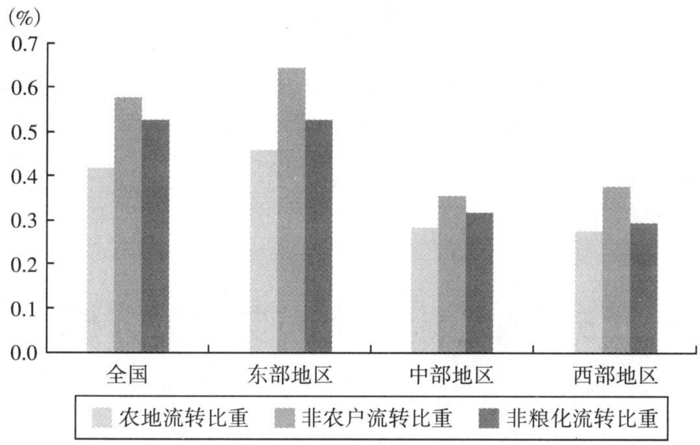

图 7.3 全国及东中西部地区农地流转变量的变异系数

在空间上，农地流转变量较大值的空间集聚特征明显，东部地区的农地流转变量的值大于中部地区和西部地区。其中 3 个农地流转变量规模在前 4 位的省份均位于东部地区，排名最后的为东部的海南省。从农地流转比重和非农户流转比重的空间分布看，东部地区最高，西部地区最低，全国农地流转比重和非农户流转比重的空间分布基本上呈现东高西低的格局。2016 年，农地流转比重超过 50%的省份有：东部地区的上海、江苏、北京、浙江、天津 5 个省市，中部地区的黑龙江、安徽 2 个省，西部地区的重庆。2016 年非农户流转比重超过 20%的省份有：东部地区的北京、上海、江苏、天津、浙江 5 个省市，中部地区的安徽，西部地区的重庆。从非粮化流转比重的空间分布来看，东部地区仍为最高，但与农地流转比重和非农户流转比重的分布有别。总体上，非粮化流转比重的平均值是东部地区>全国>西部地区>中部地区，呈现东部和西部高、中部低的类似“U”形的分布特征。2016 年，非粮化流转比重超过 20%的省份有：东部地区的北京、上海、江苏、浙江、福建、广东、天津 7 个省市，西部地区的重庆、四川、贵州。

从变异系数结果看：非农户流转比重（0.5747）>非粮化流转比重（0.5256）>农地流转比重（0.4169），这表明非农户流转比重区域差异大，其次为非粮化流转比重，两者高于农地流转比重的区域差异。从区域层面看，东部地区的农地流转变异系数大于中部地区和西部地区，中部地区和西部地区相差在 0.02 左右，说明东部地区的内部分异程度最强，而中部地区和西部地区的内部分异程度相当。无论从农地流转变量的平均值还是变异系数看，东部地区都最高。

7.5 农地流转空间自相关分析

借助 Geoda 软件进行全局和局部空间自相关指数计算，并生成农地流转在空间上的集聚状态图，即 Moran 散点图和变量空间聚集分布图。通过 Moran 散点图直观地反映农地流转在空间中的分布状况，但不能揭示农地流转在空间上具体的分布规律。而变量空间聚集分布图是通过 5%显著性检验的地区以聚类图的形式表示出来，按局部空间自相关类型将区域单元划分为高—高、低—低、高—低、低—高 4 种类型，有利于更加准确地分析异质性及其变化的成因。

7.5.1 农地流转的全局空间自相关

农地流转的全局空间自相关计算结果如图 7.4 所示。农地流转比重：Moran's I = 0.4557，$z = 3.70 > 2.58$，$P < 0.01$，即无空间相关假设成立的概率小于 0.01，说明在 99%的置信度下全国各省农地流转比重存在明显的空间自相关特征，这表明全国各省农地流转比重在空间上并不是随机的，而是呈现相似类型聚集分布特征，全国各省的农地流转比重之间的空间自相关性是显著的。非农户流转比重：Moran's I = 0.3863，$z = 3.62 > 2.58$，$P < 0.01$，说明在 99%的置信水平下全国各省的非农户流转比重之间的空间自相关性是显著的。非粮化流转比重：Moran's I = 0.2473，$z = 2.28 > 1.96$，$P < 0.05$，说明在 95%的置信度下全国各省的非粮化流转比重之间的空间自相关性是比较显著的。

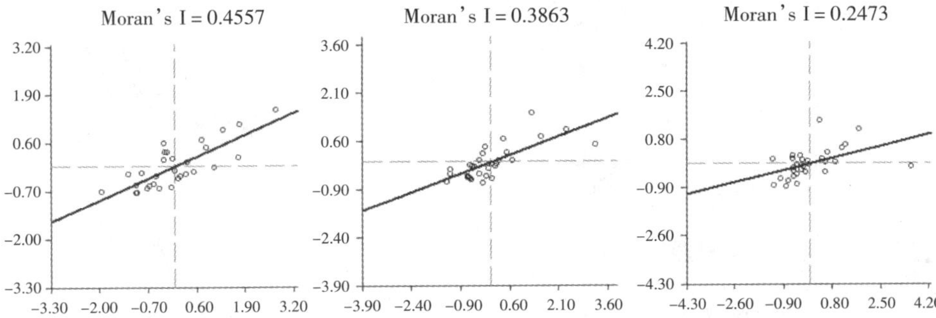

a. 农地流转比重　　b. 非农户流转比重　　c. 非粮化流转比重

图 7.4　中国 30 个省域农地流转 Moran 散点图

但总体来看，全局空间自相关性的 Moran's I 指数，农地流转比重>非农户流转比重>非粮化流转比重，农地流转比重的空间自相关性最强，而非粮化流转比重最弱，可见农地流转比重、非农户流转比重和非粮化流转比重各自的空间关联性有强有弱，三者的空间分布并不一致，即农地流转比重高的地区，其非农户流转比重和非粮化流转比重可能不高；反之，农地流转比重低的地区的非农户流转比重和非粮化流转比重不一定较低。

7.5.2　农地流转的局部空间自相关

农地流转的局部空间自相关结果如图 7.5 所示。总体来看，农地流转比重、非农户流转比重和非粮化流转比重三者的空间集聚分布有明显差异，只有"高—高"值和"低—低"值聚集区，而无"高—低"值、"低—高"值集聚区，结合农地流转的空间分布特征，说明我国农地流转的空间格局类似于经济学上的空间集聚效应和强弱分化的马太效应。

农地流转比重。全国各省域的农地流转比重空间集聚特征较明显。"高—高"值集聚区是长三角地区的上海、浙江和江苏，即高农地流转比重的省域被同样高比重的农地流转省域包围。"低—低"值集聚区是广西和四川，均位于西部地区，即农地流转比重低的省域被同样低比重的农地流转省域包围。

非农户流转比重和非粮化流转比重的空间集聚特征较弱，仅有"低—

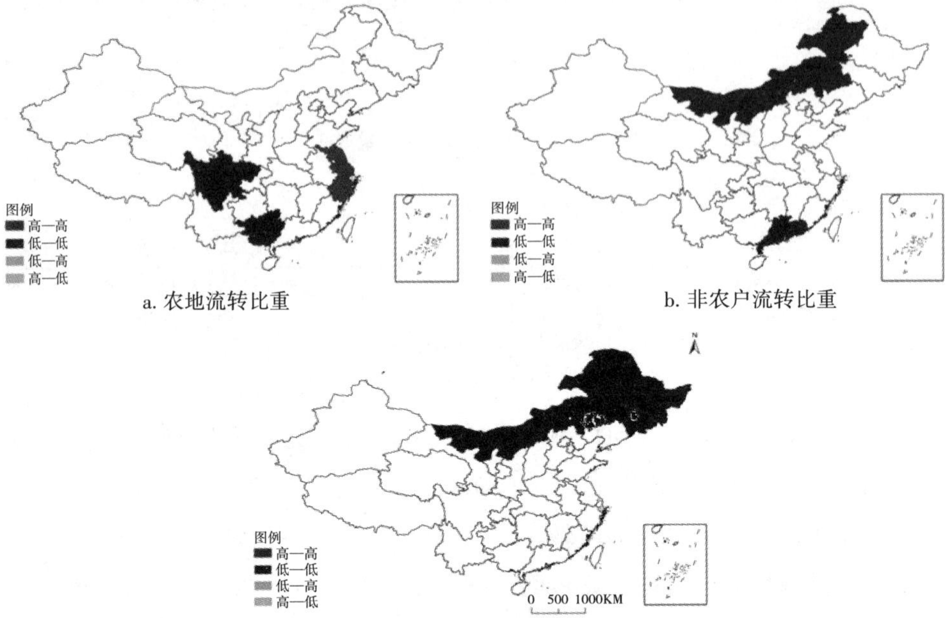

a. 农地流转比重　　b. 非农户流转比重

c. 非粮化流转比重

图 7.5　中国 30 个省域农地流转空间聚集分布

低”值集聚区一项。非农户流转比重的“低—低”值集聚区为内蒙古和广东，非粮化流转比重的空间集聚区为内蒙古及位于东北三省的黑龙江和吉林。

7.6　农地流转空间差异依赖因子探测

7.6.1　指标筛选

通过自相关性分析，分析农地流转变量与初始的城镇化指标和自然条件指标间的相关性（见表 7.5 和表 7.6），并对初选指标进行筛选。根据 Pearson 相关系数表征相关度的一般划分并结合已有研究成果，如果相关系数的绝对值为|r|，因此本研究在进行指标筛选时，剔除掉与农地流转的相关系数的

绝对值低于 0.3 的指标。同时变量间的相关关系可为地理探测器的试验分析提供参考。

表 7.5 农地流转指标与城镇化指标相关性

	UPP	RDP	CLA	SIP	TIP	IOP	UIG	UCL	UEC	UHS	UBA	UWC
PFT	0.697**	0.723**	0.664**	-0.155	0.515**	0.080	0.534**	0.367*	0.260	0.519**	0.675**	0.239
PNU	0.693**	0.749**	0.669**	-0.297	0.661**	-0.126	0.328	0.229	0.348	0.522**	0.735**	0.342
PNC	0.645**	0.733**	0.550**	-0.296	0.658**	-0.144	0.122	0.238	0.517**	0.399*	0.694**	0.379*

注：** 在置信度（双测）为 0.01 时，相关性是显著的，* 在置信度（双测）为 0.05 时，相关性是显著的。

指标说明：城镇人口占比（UPP）、人均地区生产总值（RDP）、城市建设用地比重（CLA）、第二产业增加值占 GDP 比重（SIP）、第三产业增加值占 GDP 比重（TIP）、工业产值占 GDP 比重（IOP）、城乡居民收入比（UIG）、城乡消费水平比（UCL）、城乡恩格尔系数比（UEC）、城乡每千人口卫生技术人员比（UHS）、城乡低保标准比（UBA）、城乡用水普及率比（UWC）。

表 7.6 农地流转指标与自然条件指标相关性

	WCY	FDP	TER	AEN	APN	MCN
PFT	-0.394*	0.351	0.422*	-0.432*	0.205	0.330
PNU	-0.351	0.220	0.272	-0.253	0.112	0.186
PNC	-0.230	-0.074	-0.069	-0.167	0.238	0.170

注：* 在置信度（双测）为 0.05 时，相关性是显著的。

指标说明：人均水资源量（WCY）、耕地面积占比（FDP）、坡度小于 2°的面积占比（TER）、平均海拔（AEN）、年降水量（APN）、湿润状况（MCN）。

根据相关分析结果，农地流转的指标剔除情况如下：农地流转比重剔除的指标有第二产业增加值占 GDP 比重、工业产值占 GDP 比重及年降水量 3 项；非农户流转比重剔除的指标有第二产业增加值占 GDP 比重、工业产值占 GDP 比重、城乡消费水平比、耕地面积占比、坡度小于 2°的面积占比、平均海拔、年降水量、湿润状况 8 项；非粮化流转比重剔除的指标有第二产业增加值占 GDP 比重、工业产值占 GDP 比重、城乡居民收入比、城乡消费水平比、人均水资源量、耕地面积占比、坡度小于 2°的面积占比、平均海拔、年降水量、湿润状况 10 项。

总体上看，自然因素与流转的相关性强度普遍要比城镇化因素弱。虽然农地流转比重保留了大部分的自然条件指标，但非农户流转比重仅保留人均水资源量一项自然条件指标，而非粮化流转比重则剔除掉所有的自然指标。在城镇化规模指标中，城镇人口占比、人均地区生产总值、城市建设用地比重及第三产业增加值占 GDP 比重 4 个指标与农地流转的相关系数都超过 0.5，在显著性水平为 0.01 时，相关性达到显著水平；而第二产业增加值占 GDP 比重、工业产值占 GDP 比重与农地流转的相关系数为负值，绝对值都低于 0.3，说明这两个指标与农地流转为负相关且相关性弱。在城乡指标中，城乡每千人口卫生技术人员比和城乡低保标准比两个指标与农地流转的相关系数较大，相关性强。在自然条件指标中，人均水资源量和平均海拔两项指标与农地流转呈负相关，所有指标与农地流转的相关程度不高。

7.6.2 指标自然断点分类

选择自然断点分类法对农地流转指标和筛选后的依赖指标进行分类。自然断点分类法主要根据数据的分布规律，利用方差来衡量，采用统计公式确定数据属性值的自然分组和聚类。原理是通过计算每类的方差，再计算这些方差之和，用方差和的大小来比较分类的好坏。因而需要计算各种分类的方差和，其值最小的就是最优的分类结果。该方法可有效增加组间的平均离散方差、减少组内的平均离散方差，避免了人为因素的干扰。

利用 ARCGIS10.1 软件中自然断点法分别对农地流转指标和筛选后的依赖指标进行分类。从低到高分为：低水平区域、中等水平区域、中高水平区域和高水平区域，将其输入地理探测器的自变量 X 的分层值分别为 1、2、3 和 4。但在具体操作时，为保证每一类至少包括两个样本，因部分省份的某项指标过高而单独分为一层不符合地理探测器方法的要求，因此在分层时将其排除，分为最高层之内（城市建设用地占比排除上海，城乡每千人口卫生技术人员比排除天津，人均水资源量排除青海）。农地流转指标分类结果如图 7.6 所示，依赖指标分类结果如图 7.7 所示。

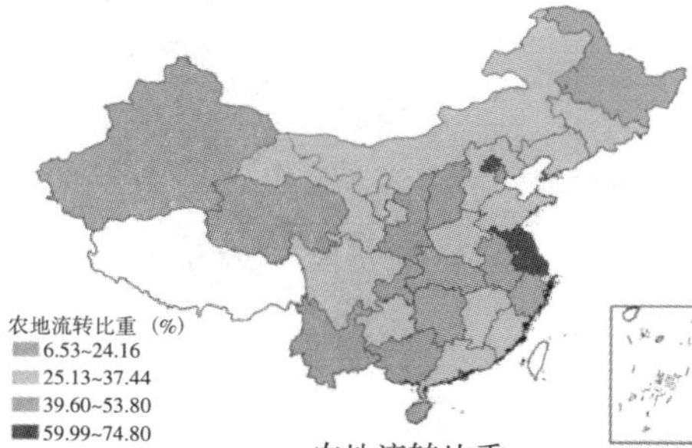

a. 农地流转比重

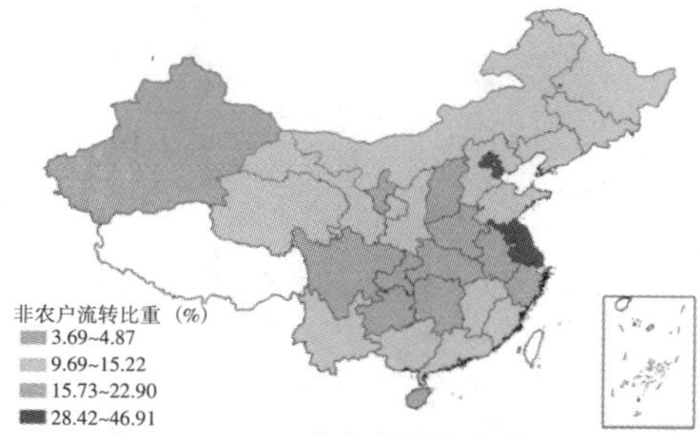

b. 非农户流转比重

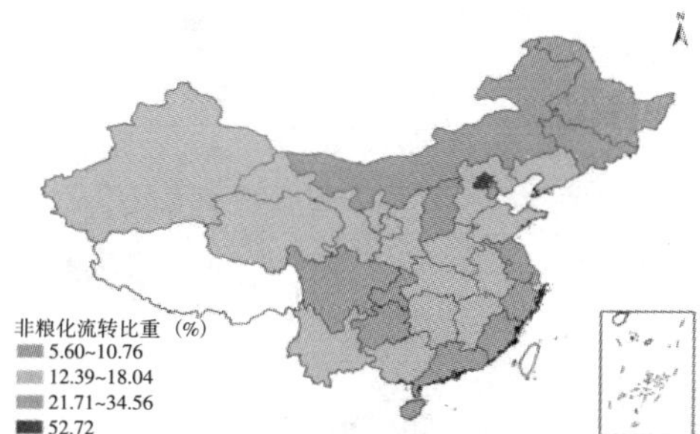

c. 非粮化流转比重

图 7.6　农地流转指标分类结果示意图

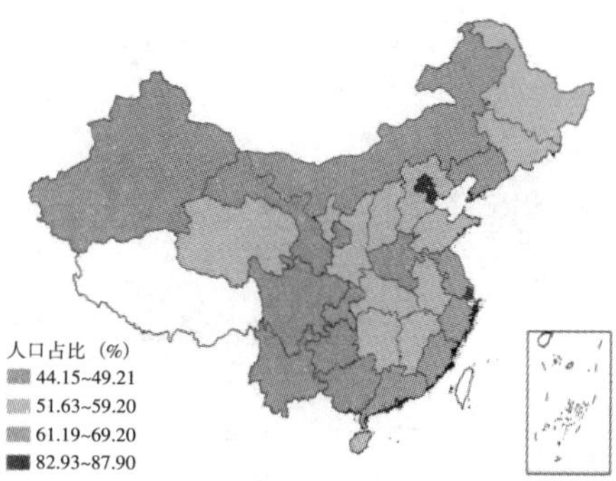

a. 城镇人口占比

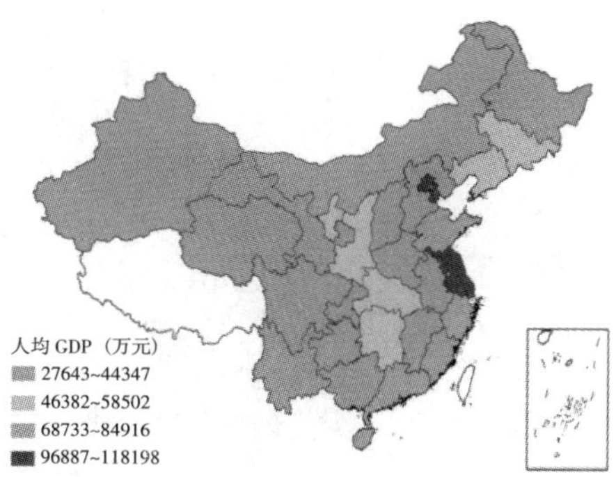

b. 人均地区生产总值

图 7.7　农地流转空间差异依赖指标分类结果示意图

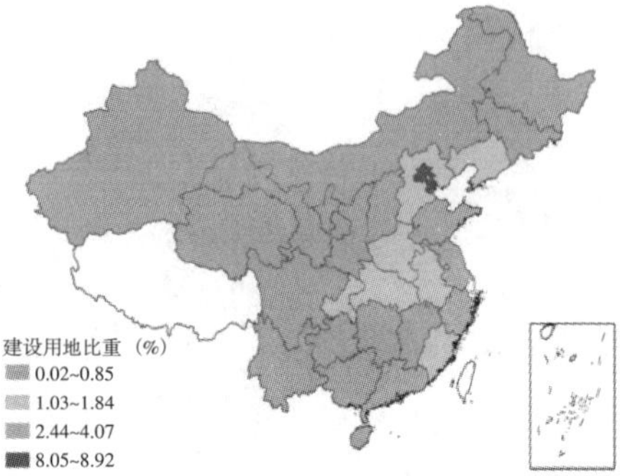

c. 城市建设用地比重

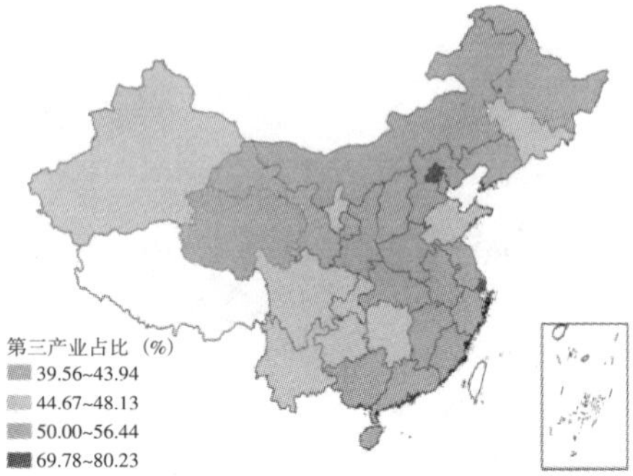

d. 第三产业增加值占 GDP 比重

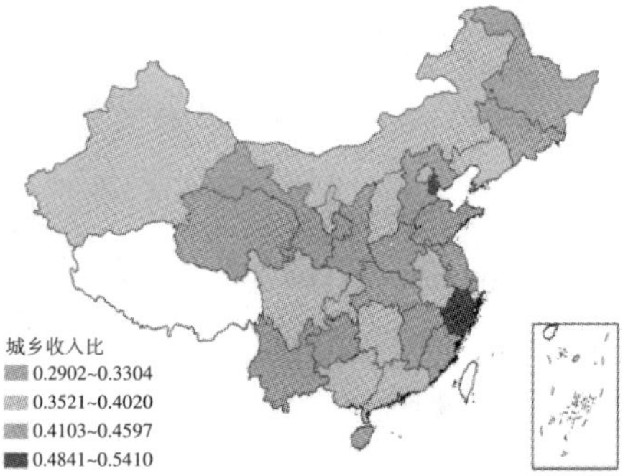

e. 城乡居民收入比

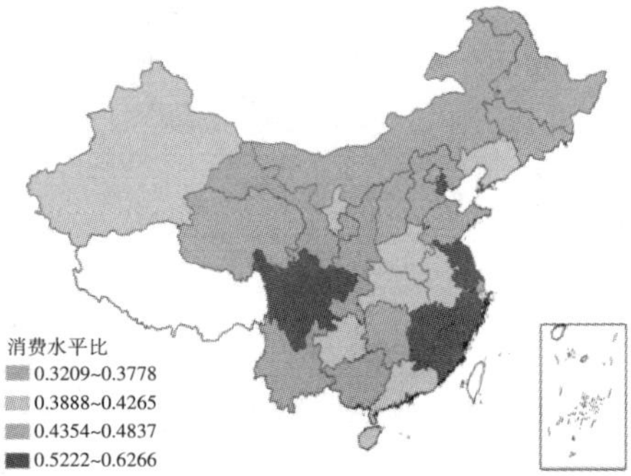

f. 城乡消费水平比

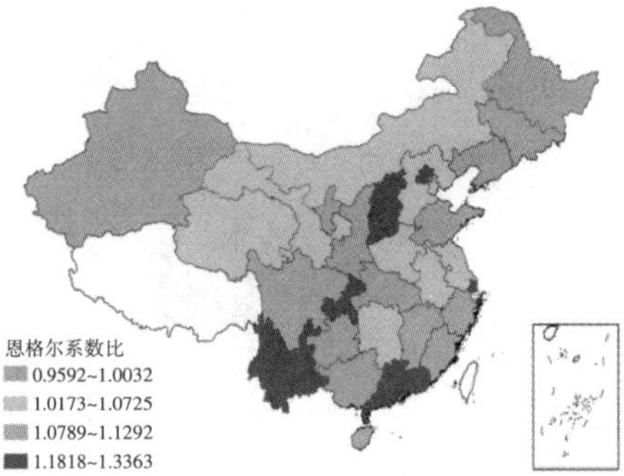

g. 城乡恩格尔系数比

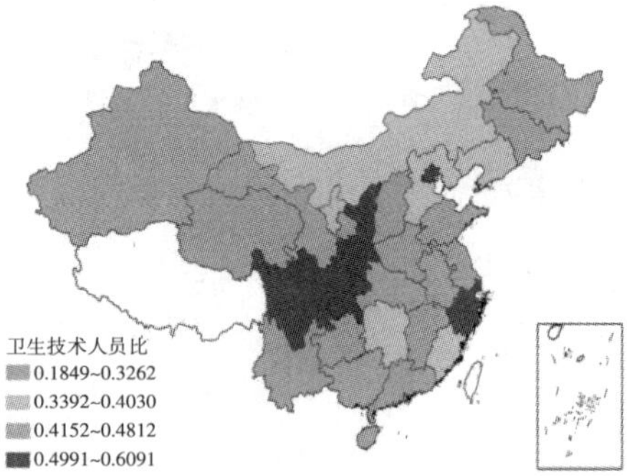

h. 城乡每千人口卫生技术人员比

图 7.7 农地流转空间差异依赖指标分类结果示意图（续）

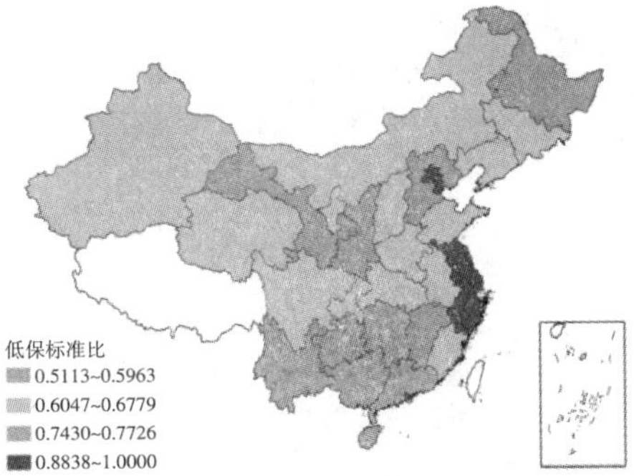

i. 城乡低保标准比

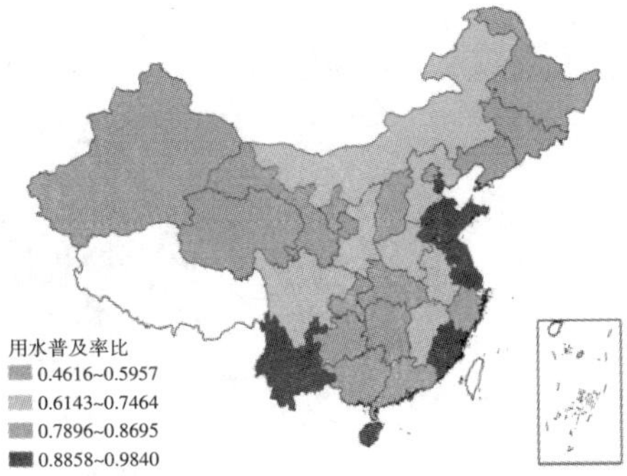

j. 城乡用水普及率比

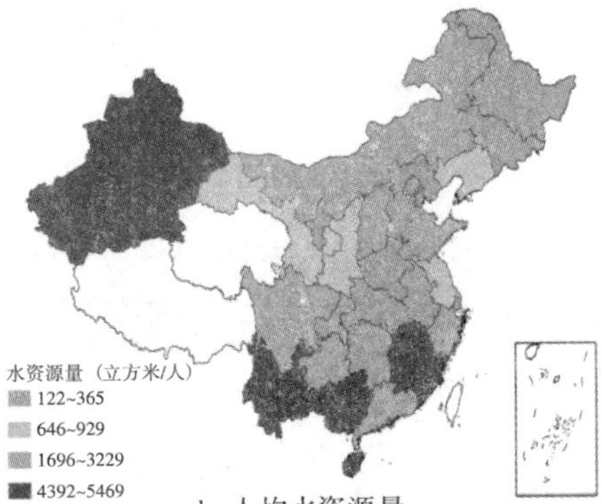

k. 人均水资源量

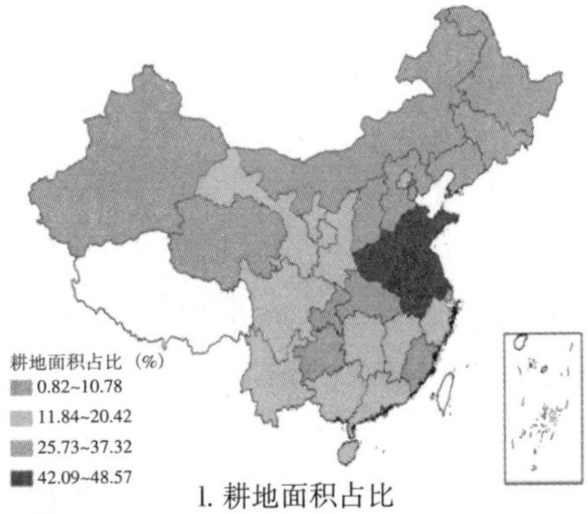

l. 耕地面积占比

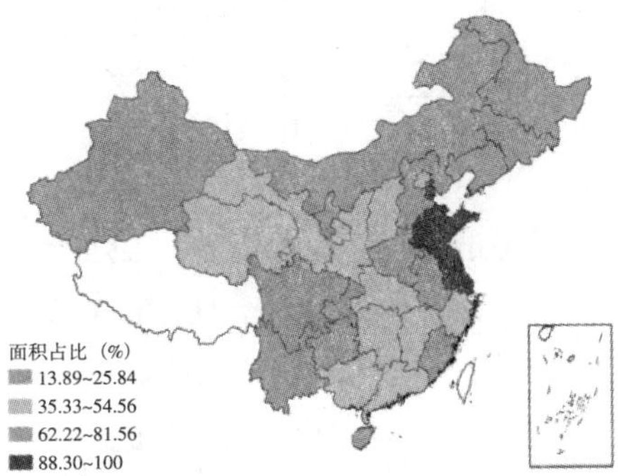

m. 坡度小于 2°的面积占比

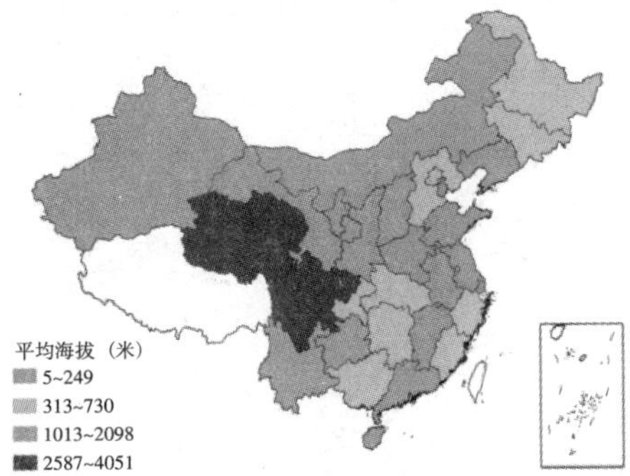

n. 平均海拔

图 7.7 农地流转空间差异依赖指标分类结果示意图（续）

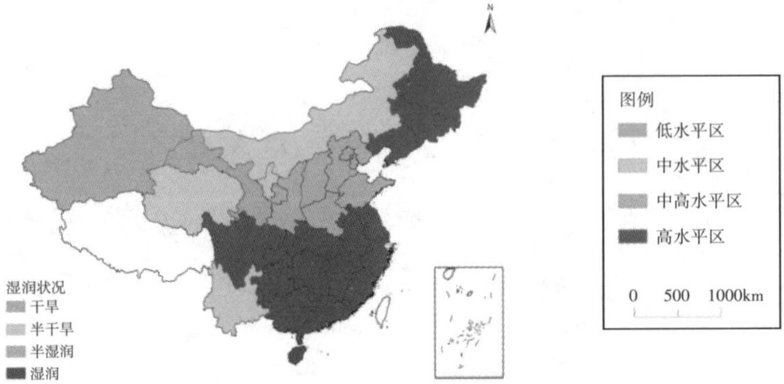

o. 湿润状况

图 7.7 农地流转空间差异依赖指标分类结果示意图（续）

7.6.3 因子探测结果

为了便于分析不同探测因子决定力度和比较不同农地流转指标的因子变化情况，对探测因子的 q 值进行排序，如表 7.7 所示。根据地理探测器原理，q 值越大，表示城镇化及自然条件依赖指标对农地流转空间差异的解释力越强。

表 7.7 全国农地流转空间差异依赖因子探测结果

排名	农地流转比重		非农户流转比重		非粮化流转比重	
1	UBA	0.606*	RDP	0.697*	UPP	0.578*
2	CLA	0.524	CLA	0.668*	CLA	0.562*
3	RDP	0.522*	UBA	0.655*	TIP	0.549
4	UPP	0.478	UPP	0.607*	RDP	0.540*
5	TIP	0.381	TIP	0.565	UBA	0.530*
6	UHS	0.332	UHS	0.374*	UHS	0.399*
7	WCY	0.253	WCY	0.231	UEC	0.213
8	AEN	0.241	UEC	0.162	UWC	0.102
9	TER	0.232	UIG	0.065		
10	UIG	0.200	UWC	0.061		

续表

排名	农地流转比重		非农户流转比重		非粮化流转比重	
11	UCL	0.199				
12	FDP	0.147				
13	MCN	0.110				

注：* 在置信度（双测）为 0.05 时，q 值是显著的。

因子探测结果显示，农地流转空间差异依赖因子的决定力的特征如下：城镇化规模>城乡差异>自然条件，自然条件因子决定力普遍低于城镇化指标。城镇人口占比、人均地区生产总值、城市建设用地比重、第三产业增加值占 GDP 比重、城乡低保标准比及城乡每千人口卫生技术人员比稳居农地流转决定力排名前六，这 6 个指标同时也是农地流转的强相关因子（相关性排名前七），表明地理探测器探测结果与相关性分析结果具有较好的一致性。其中，城镇人口占比、人均地区生产总值、城市建设用地比重和第三产业增加值占 GDP 比重属于城镇化规模，城乡低保标准比和城乡每千人口卫生技术人员比属于城乡差异。但各项影响指标对农地流转的三个变量的决定力大小有差异。

在农地流转比重决定力中，城乡低保标准比的解释力最强（0.606），而人均水资源量（0.253）、平均海拔（0.241）、坡度小于 2°的面积占比（0.232）、耕地面积占比（0.147）、湿润状况（0.110）等自然条件指标的决定力明显低于城镇化，其中人均水资源量与海拔坡度的决定力相对较高，这与相关性分析中，自然因素与农地流转相关性程度弱结果差异不大。特别是城乡低保标准比、人均地区生产总值（0.524）、城市建设用地比重（0.522）对农地流转比重的解释力超过 50%。可见，城镇化因素比自然条件因素与农地流转比重有更高的关联度。

在非农户流转比重决定力中，人均地区生产总值的解释力最强（0.697）。超过 60%的因子有 4 项，分别是人均地区生产总值、城市建设用地比重、城乡低保标准比和城镇人口占比。相比农地流转比重和非粮化流转比重，影响指标对非农户流转比重的解释力更强。唯一的自然条件指标的 q 值仅为 0.061，对非农户流转比重的影响最小，可见，自然因素几乎对非农户流转比重几乎没有影响。

在非粮化流转比重决定力中，城镇人口占比的解释力最强（0.578）。解释力超过50%的因子有5项，分别是城镇人口占比、城市建设用地比重、第三产业增加值占GDP比重、人均地区生产总值和城乡低保标准比。城镇化规模因素占据前4位，城乡差异因素位于后4位，城乡差异中城乡低保标准比和城乡每千人口卫生技术人员对非粮化流转比重的决定力相对较高，而城乡恩格尔系数比和城乡用水普及率比较低。

7.6.4 风险区探测结果

风险区探测可以判断两个子区域间的属性值Y的均值是否有明显差别。根据风险区探测结果，图7.8a和图7.9的曲线发生突然转折的较少，这显示对农地流转空间差异产生影响的排名前6名的依赖指标与农地流转比重、非农户流转比重及非粮化流转比重的空间分布的一致性较高，且单个农地流转空间差异的依赖指标的各分区间差异明显，趋势线中分区3和分区4之间的斜率相比其他两个区更大，意味着分区3和分区4与其他分区差异更为显著。而自然条件指标中的人均水资源量、平均海拔基本上呈相关关系，坡度小于2°的面积占比、湿润状况、耕地面积占比、城乡居民收入比、城乡消费水平比五个指标在图7.8b的斜率不大，意味着这些指标对各分区的农地流转比重变化的影响差异不大。

这里对城乡低保标准这一指标的情况做进一步说明。虽然根据全国农地流转空间差异依赖因子探测结果，农地流转空间差异对城乡低保标准比的依赖较大，但是农地流转3个指标的属性值并不完全是随着城乡低保标准比值的增大而增大，特别是农地流转比重值和非农户流转比重值在城乡低保标准比的中高水平区域（分区3和分区4）。这是因为在中高水平城乡低保标准比区域的省份为海南和广东两省，但其农地流转比重和非农户流转比重较低，因此中高水平城乡低保标准比区域内的农地流转各指标的平均值低于其他水平区域。此外，第三产业增加值占GDP比重、人均地区生产总值等也有类似趋势。

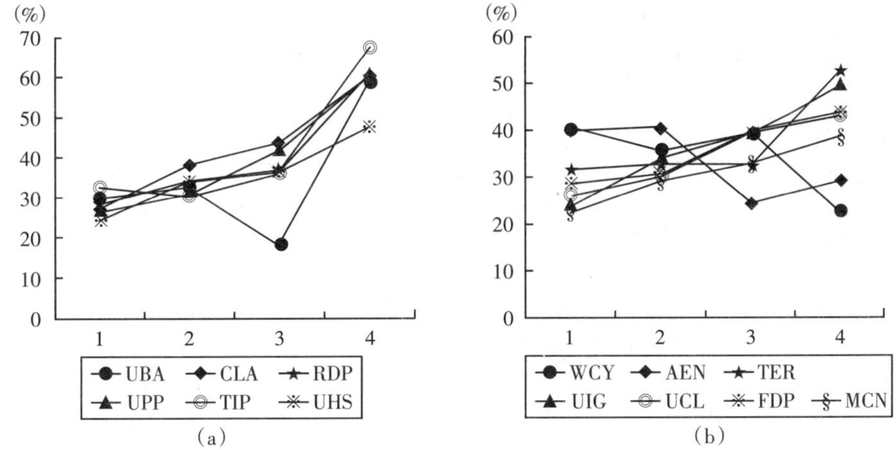

图 7.8　主要风险因子（a）和其他风险因子（b）各分区农地流转比重变化

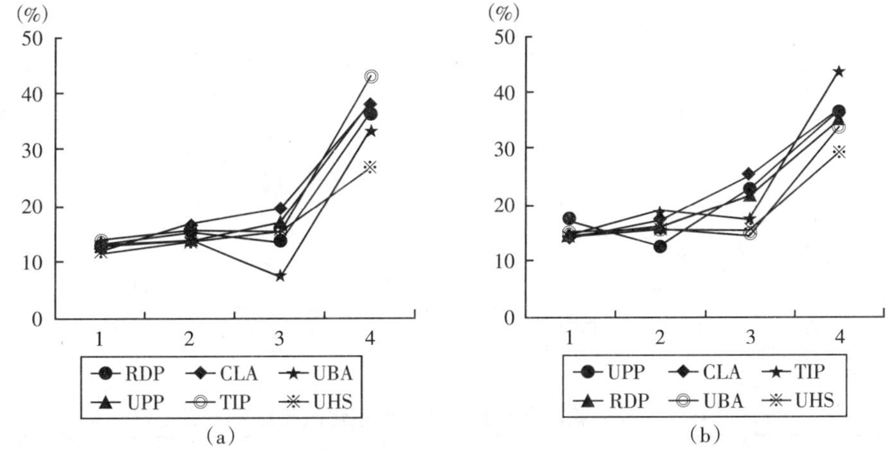

图 7.9　主要风险因子各分区非农户流转比重（a）和非粮化流转比重（b）变化

7.6.5　交互作用探测结果

对农地流转空间差异依赖因子分别使用交互作用探测器，整理出对农地流转空间差异影响较大（值的大小位于前八）的依赖因子的交互作用，如表 7.8~7.10 所示。其中，对角线上的值表示单个指标对农地流转分异的解释力度，即因子探测的 q 值；其他值表示两指标对农地流转分异的交互作用值。

表 7.8 主要依赖因子交互作用对农地流转比重的决定力

Interaction_detector	UPP	RDP	CLA	TIP	UHS	UBA	WCY	AEN
UPP	0.478							
RDP	0.561	0.522						
CLA	0.596	0.628	0.524					
TIP	0.588	0.615	0.632	0.381				
UHS	0.784	0.648	0.676	0.726	0.332			
UBA	0.724	0.678	0.737	0.714	0.678	0.606		
WCY	0.730	0.722	0.773	0.700	0.691	0.804	0.253	
AEN	0.635	0.660	0.643	0.669	0.656	0.732	0.560	0.241

表 7.9 主要依赖因子交互作用对非农户流转比重的决定力

Interaction_detector	UPP	RDP	CLA	TIP	UEC	UHS	UBA	WCY
UPP	0.607							
RDP	0.723	0.697						
CLA	0.696	0.766	0.668					
TIP	0.763	0.835	0.791	0.565				
UEC	0.755	0.862	0.860	0.743	0.162			
UHS	0.843	0.762	0.781	0.809	0.756	0.374		
UBA	0.745	0.762	0.778	0.822	0.825	0.715	0.655	
WCY	0.715	0.808	0.825	0.713	0.426	0.769	0.819	0.231

表 7.10 主要依赖因子交互作用对非粮化流转比重的决定力

Interaction_detector	UPP	RDP	CLA	TIP	UEC	UHS	UBA	UWC
UPP	0.578							
RDP	0.641	0.540						
CLA	0.695	0.622	0.562					
TIP	0.800	0.788	0.820	0.549				
UEC	0.783	0.780	0.785	0.657	0.213			
UHS	0.713	0.674	0.657	0.691	0.711	0.399		
UBA	0.669	0.621	0.649	0.726	0.747	0.644	0.530	
UWC	0.864	0.793	0.778	0.684	0.346	0.686	0.706	0.102

因子交互作用探测结果显示，单个指标对农地流转分异的解释并不是独立起作用的，两指标的交互作用值都大于单指标对农地流转的决定力，说明指标间交互作用会增强对农地流转分异的解释力度，且为双因子增强或非线性增强。大部分因子交互后的解释力在 0.6 以上，甚至部分达到 0.8 以上，其中，非农户流转比重的因子交互作用值基本上大于农地流转比重和非粮化流转比重。

在农地流转比重的因子交互作用中，城乡低保标准比与人均水资源量的交互作用值最高，为 0.812。虽然单个自然条件指标对农地流转比重的解释力较低，但其与其他指标交互作用后，均提高了解释力。在非农户流转比重的因子交互作用中，因子交互作用值全部在 0.7 及以上，其中，虽城乡恩格尔系数比对非农户流转比重的解释力为 0.162，但其与人均地区生产总值、城市建设用地比重的交互作用值分别为 0.862、0.860，是因子交互作用值的前两项。在非粮化流转比重的因子交互作用中，城乡用水普及率比与城镇人口占比的交互作用值为 0.864，城市建设用地比重与第三产业增加值占 GDP 比重的交互作用值为 0.820，为最高两项，其中，城乡用水普及率对非粮化流转比重的解释力度相对较低。特别，其他风险因子与主要因子交互后，两因子的共同作用也起到了双因子增强的效果。

7.7 农地流转空间差异的城镇化依赖解释

7.7.1 农地流转空间差异依赖指标的单独作用

农地流转比重空间差异最重要的是依赖于城乡低保标准比，其原因可能是低保制度改变了农民依靠自身解决最根本生存问题的观念，从而鼓励农民摆脱简单地依靠农地生存的习惯，而农村低保与城镇低保水平的拉近，刺激了农民的农地流转行为。因此，城乡低保标准比较高的地区，农地流转比重较高。城乡每千人口卫生技术人员比也是农地流转比重空间差异的重要依赖因素，其发挥作用的原因与城乡低保标准比类似，更多是让农村与城镇的外部条件接近，从而让农民有更好的条件去改善生计，而农地流转则是农民脱离耕作的重要途径之一。城市建设用地比重、人均地区生产总值、城镇人口占比、第三产业增加值占 GDP 比重属于城镇化规模指标，结果显示这些指标也是农地流转比重空间差异的重要依赖。城市建设用地比重的提高意味着城市建设用地的扩张，越来越多的农村与城市在空间上开始交织在一起，农民有更多的机会流转出农地去城镇寻找就业机会。城镇人口占比的提高意味着农村人口的下降，这也将伴随着农业劳动力的减少，从而缺乏劳动力的农地被更多地流转出去。人均地区生产总值、第三产业增加值占 GDP 比重可以影响区域的非农就业机会，两个指标的值的增大，意味着农民可以获得更多的就业机会。那么这些地区的农民倾向于流转出农地而向非农领域转移。

非农户流转比重空间差异最重要依赖的是人均地区生产总值，这意味着经济较发达地区，非农户作为转入方发生的较多，经济发展水平为农地流转提供了更加广泛的非农地流转选择的可能。城市建设用地比重、城镇人口比重、第三产业增加值占 GDP 比重对非农户流转比重空间差异有着较大的影响。城镇人口比重增加的作用主要是农户的减少，从而导致农民寻找到转入农户的可能性降低。城市建设用地比重与第三产业增加值占 GDP 比重的增加，意味非农产业的发展，这导致农民可以到城镇寻找到更多的非农就业机会，从而也降低了流转出农地的农民找到转入农户的可能性，非农户流转比重增加。城乡每千人口卫生技术人员比和城乡低保标准比的作用揭示了区域非农户流转比重依赖于城乡城镇化条件的接近，即外部条件越接近的城乡之间，农地流转从主要的农户间流转转向发生更多的专业合作社、企业流转。

非粮化流转比重空间差异最重要依赖是区域的城镇人口占比，相比农村人口，城镇人口的增加会消费更多的除谷类、豆类、薯类，从而发生流转的农地，更容易进行非粮化种植。城市建设用地比重和第三产业增加值占 GDP 比重与区域的非农产业发展相关，非农经济发展水平与人的消费水平有着重要关联，城市建设用地比重和第三产业增加值占 GDP 比重的增加，伴随着第二、第三产业经济的发展以及由此导致的就业者的收入增加。一般而言，就业者的收入增加会更多地消费非粮食的农产品。人均地区生产总值的增加所伴随着的非粮化流转比重增加，与已有研究中发现的经济增长是非粮化种植的原因是一致的。城乡每千人口卫生技术人员比与城乡低保标准比两个指标对非粮化流转比重空间差异的作用，意味着城乡条件的接近，以及实现了较好的基本生存保障的农村，进行流转的农地，更多的用以种植具有更多经济效益的非粮作物。

7.7.2　农地流转空间差异依赖指标的相互作用

农地流转空间差异依赖指标的相互作用典型的特征是尽管单一自然条件指标影响农地流转空间差异的作用较小，但都对城镇化指标有着同向作用，作用于农地流转空间差异。这意味着农地流转空间差异对城镇化的依赖与当地的天然的自然条件有着相互间的作用，这种现象存在的原因是，农地流转仍然是农地资源配置的一种方式，而农地资源利用是农地资源配置的最终归宿，农地资源利用显然受到自然条件的严格约束。

在农地流转比重的因子交互作用中，城乡低保标准比与人均水资源量的交互作用值最高。水资源对农地利用有着重要影响，在人均水资源较丰富的地区，农地利用程度比较高，同时也可以带来较高的产量。那么人均水资源量较高的地区，已经具备了较好的农地利用条件，更容易在城乡低保标准比改善后，进一步增加农地流转比重。平均海拔与地形关系紧密，一般而言，低海拔平原地区农地流转发生的可能性更大。因此，也与城镇化指标相互作用，影响农地流转比重。

在非农户流转比重的因子交互作用中，城乡恩格尔系数的相互作用比较突出，城乡恩格尔系数比与人均地区生产总值、城市建设用地比重的作用较强。其原因主要是城乡恩格尔系数比增大后，农户的收入会被更多地用于消费食品，生活质量相比城镇下降更加明显。这意味着在经济落地的地区，一旦经济，特别是非农产业开始发展，那么当农民的生活水平开始下降，则更容易将农地流转给专业合作社、企业及其他非农户的主体，或许这与经济落后地区自发的农户流转较少，非农户流转的选择农户进行农地流转是较好选择有关。并且可以在专业合作社、企业中获得额外的劳动收入。人均水资源量这一自然条件是唯一与城镇化指标进行交互作用，从而影响非农户流转比重。水资源的丰富程度与农地流转后的后续利用紧密相关。

在非粮化流转比重的因子交互作用中，城乡用水普及率比与城镇人口占比的交互作用值，城市建设用地比重与第三产业增加值占 GDP 比重的交互作用值为最高两项。城乡用水普及率比与城镇人口占比的交互作用揭示了城镇人口规模的增加以及城乡之间生活质量的追求将对非粮化流转比重产生比较强的交互作用。城市建设用地比重与第三产业增加值占 GDP 比重的交互作用值则是当前典型的以建设用地扩展驱动下城镇第二、第三产业发展模式，这种模式下，经济发展基本上已经摆脱了依赖种植粮食来满足生存需要，而是通过种植非粮化的农产品，满足人口的消费趋势，提高流转后农地的经济产出。

7.8 本章结论与讨论

本章分析了我国农地流转比重、非农户流转比重和非粮化流转比重的空间分布特征，构建了基于城镇化指标的农地流转空间差异依赖指标体系，并运用相关性分析进行指标筛选；运用地理探测器探测农地流转空间差异依赖因子。研究结论如下：

（1）运用变异系数法和空间自相关分析我国农地流转比重、非农户流转比重和非粮化流转比重的空间分布特征。研究结果显示，在空间上，农地流转变量较大值的空间集聚特征明显。农地流转比重和非农户流转比重的空间分布基本上呈现东高西低的格局，而非粮化流转比重呈现东部和西部高、中部低的类似“U”形的分布特征。东部地区的内部分异程度最强，而中部地区和西部地区的内部分异程度相差不大。农地流转比重、非农户流转比重和非粮化流转比重的空间分布并不一致，农地流转比重的空间自相关性最强，非农户流转比重次之，非粮化流转比重最弱。

（2）在城镇化背景下，从城镇化规模和城乡差异两个角度选择指标，并结合自然因素，运用相关性分析进行指标筛选，运用自然断点法对指标进行分类。研究结果显示，城镇化指标与农地流转的相关性强度普遍高于自然因素，特别是城镇化规模指标。在城乡差异指标中，城乡每千人口卫生技术人员比和城乡低保标准比与农地流转 3 个变量的相关性强。

（3）运用地理探测器探测农地流转比重、非农户流转比重和非粮化流转比重的城镇化依赖。研究结果显示，根据因子探测结果，农地流转空间差异依赖因子的决定力中，自然条件因子决定力普遍低于城镇化指标，但各项影响指标对农地流转的 3 个变量的决定力大小有差异。根据风险区探测结果，对农地流转空间差异产生影响的排名较前的依赖指标与农地流转比重、非农户流转比重及非粮化流转比重的空间分布的一致性较高，且单个农地流转空间差异的依赖指标的各分区间差异明显。根据因子交互作用探测结果，单个指标对农地流转分异的解释并不是独立起作用的，两指标的交互作用值都大于单指标对农地流转的决定力，说明指标间交互作用会增强对农地流转分异的解释力度。

未来的后续研究，有两点应该注意：

（1）全国各省的农地流转数据具有宏观性，但是在各省内部，各市县的农地流转由于城镇化和经济发展不均衡也有很大不同，自然条件也不尽相同，因此，在省域层面上选取城镇化因素和自然因素（如耕地占比、海拔坡度等）进行试验，其结果可能与从市县层面选取指标进行探测不一致，尤其是自然因素的决定力可能会有变化。

（2）地理探测器方法主要用于探测地理要素的空间分异性及形成地理要素空间分异性的主要影响因素和作用强度，但不能表示各影响因素对农地流转的作用强度是正向促进还是负向抑制，因此，需要结合两变量相关性进行综合分析。

8 研究结论与展望

8.1 研究的主要结论

研究的主要结论如下：

（1）中国发生在20世纪70年代末的农村土地制度改革中，农户存在着与理论模型中公有制土地产权下的农户行为逻辑相一致的农地制度激励的诉求。农户主要表达出增加收益激励与增加处分激励的诉求。通过诱致性的制度变迁，中国建立起了家庭联产承包经营责任制，并导致了农地流转存在的可能性。

在现有农地制度下，农户的行为逻辑表现为：外出务工报酬高于种田收益的农户，对农地的收益激励变化并不敏感，在意愿上倾向于交易更多农地；外出务工报酬低于种田收益的农户随着收益激励提高，在意愿上会减少交易农地。同时，所有的农户在要求更高的农地制度处分激励的同时，在行为上会选择增加农地出租但减少农地出售的意愿。这个结论与理论模型的命题是一致的。

农户对制度激励的诉求折射出了未来农地制度变迁的可能方向。现今农户尽管对农地制度的收益激励诉求表现出差别化的态度，但在农地制度改革中关注基于农地产权的农地经营补贴仍然可以较好地满足较多农户的利益。同时未来应该赋予农民更大的处分激励。这意味着农地制度回归彻底公有是与农户的行为逻辑相悖的，但这个处分激励的终点在现阶段也不应该是土地私有化。

（2）现实中，农地流转对农户福利的效应集中在农户收入的增加，而对农户成员健康以及保障的改善却没有带来应有的正面效应，对农户的社会联系影响则同时存在着正负效应。研究中显示农地流转与农户福利的关系具体如下：

流转面积的增加将提高农户收入，流转报酬的增加则降低农户收入。农地流转开放性的提高将降低农户收入。流转面积的增加和农地流转开放性提高将影响非农就业稳定性变化，从而导致农户收入增加。流转面积的增加和农地流转开放性提高将影响非农就业空间变化，从而导致农户健康水平降低。流转面积的增加将降低农户保障水平。农地流转开放性的提高将降低农户保障水平。流转面积的增加和农地流转开放性提高将影响非农就业空间变化，从而导致农户的社会联系增强。流转面积的增加和农地流转开放性提高将影响非农就业稳定性变化，从而导致农户的社会联系减弱。

因此，对于农户来说，在获得收入提高的同时，失去了部分与收入同等重要的可行能力，而这将最终影响到农地流转状态改变后或家庭现状变迁后的农户生存。或许农民无法也没有动力去展望未来的生存，但在农地流转的制度完善中，这一点却不容忽视。

（3）在城镇化进程中，放弃农地使用权同时又寻找到非农就业机会的农地转出户，相比其他农户更有动力与条件完成个体的城镇化，因此一个较合理的城镇化路径理应利于农地转出户获得良好的非农就业状态。只是当前与农地流转目标相匹配的城镇化路径仍然是模糊的。对开阳县、萧山区与牡丹区 3 地研究显示：开阳县、萧山区与牡丹区 3 地扩大城镇化规模都无法进一步改善农地转出户非农就业状态；开阳县与萧山区改善城镇化城乡统筹质量都将减少农地转出户就业地时间距离、减少工作更换次数、增加非农业收入，牡丹区的农地转出户也可提高非农就业收入，减少就业地时间距离；开阳县、萧山区、牡丹区 3 地改善城镇化公共服务质量对农地转出户非农就业的影响表现出显著的差别。因此，当前城镇化路径选择不应急于扩大城镇化规模，而应重点改善城镇化城乡统筹质量，并结合城镇化区域的社会经济禀赋特提高城镇化公共服务质量。

（4）现阶段农地流转不直接导致农村劳动力转移，离地失业或者滞留在农地是农民流转农地后可能的劳动力走向。在寻找农地流转中实现农村劳动力转移所依赖的中间变量时发现：

农地流转能否依赖工业化水平提高实现劳动力转移受农户户均耕地经营面积影响。在农户户均经营耕地面积大于 10.0 亩的地区，假设 2 成立；在农户户均经营耕地面积小于 10.0 亩的地区，提高工业化水平无法有效解决假设 1 的困境。

农地流转可以依赖于农村工业化以实现农村劳动力转移，但这取决于农户户均经营耕地规模的大小，在小于 14.1 亩时这种依赖与互补作用是存在的。农村工业化同时可以不通过与农地流转之间的作用，直接正向影响农村劳动力转移，并且这种作用存在空间上的溢出与扩散作用。

农地流转依赖于农地占有禀赋降低促进农村劳动力转移，但在农地流转避免“农地非农化”约束下，农地流转不存在依赖于农地占有禀赋改变而促进农村劳动力转移的可能。同时降低农地占有禀赋可以不通过农地流转而影响农村劳动力转移，这种作用同样存在空间溢出与扩散效应。

农地流转在农户户均经营耕地规模大于 9.7 亩的地区可以依赖增加农业机械投入促使农村劳动力转移，但在小于 9.7 亩的地区则会阻滞农村劳动力转移。

农地流转无法依赖弱化农地社会保障功能促使农村劳动力转移，但弱化农地社会保障功能可以直接促进农村劳动力转移，因此弱化农地社会保障功能可以辅助农地流转中农村劳动力转移，但这个作用与是否进行农地流转无关。

（5）农地流转的特征，显然依赖于区域的外部条件的特征。城镇化是城乡互动中的一种典型方式，本书选择城镇化为切入点，耦合区域的自然条件因素，解释农地流转空间差异的外部依赖性。研究发现：

在空间上，农地流转变量较大值的空间集聚特征明显。农地流转比重和非农户流转比重的空间分布基本上呈现东高西低的格局，而非粮化流转比重呈现东部和西部高、中部低的类似“U”形的分布特征。东部地区的内部分异程度最强，而中部地区和西部地区的内部分异程度相差不大。农地流转比重、非农户流转比重和非粮化流转比重的空间分布并不一致，农地流转比重的空间自相关性最强，非农户流转比重次之，非粮化流转比重最弱。农地流转空间差异依赖因子的决定力中，自然条件因子决定力普遍低于城镇化指标。对农地流转空间差异产生影响的排名较前的依赖指标与农地流转比重、非农户流转比重及非粮化流转比重的空间分布的一致性较高，且单个农地流转空间差异的依赖指标的各分区间差异明显。指标间交互作用会增强对农地流转分异的解释力度。

8.2 研究的可能创新与不足

8.2.1 可能的创新之处

（1）提出了一个基于制度激励的农户行为逻辑解释框架。农地流转行为的存在有着各种解释。研究中选择了制度激励的视角去分析有限理性的农户行为，从而在看似简单重复的农户行为背后，发现其制度的原因。整个研究囊括了理论模型的构建与命题的提出，以及经验检验和实证检验。较完整的研究工作在本书中进行了尝试。这个工作不仅发现了为何农地流转会出现以及未来农地流转推进的必要性，也发现了农户这种行为逻辑背后中国农地制度改革过去的合理性以及未来可能路径。

（2）全面系统地理解农地流转对农户的影响。本书关注农地流转实现后农户福利效应，一个包括收入、健康、保障与社会联系四个方面构成的福利被用于理解农地流转后农户的福利效应，相比已有的研究，这种尝试更加全面地理解了农地流转对农户的影响。研究中得到的结论也提示了这种研究的必要性。而要完成这样一个研究，需要进行筛选吻合农地流转实现中农户福利体验的测度指标体系，建立起农地流转实现的福利效应测度模型等工作，笔者认为这些工作在关于农地流转的研究中都是新的尝试。

（3）计量寻找农地流转后劳动力转移的依赖要素及其复杂的相互作用。劳动力转移与农户及社会经济禀赋之间的关系研究应该包括宏观角度的解释，而农地流转的现有计量研究更多是从农户调查出发，两者存在矛盾。这导致已有文献关于农地流转与劳动力转移缺乏更加宏观的理解，从微观得出的结论无法满足宏观层面关于农地流转后劳动力转移问题的解决。本书则试图解决这个问题，文中包括农地流转中农村劳动力转移的要素依赖的假设提出、假设检验等的探索是已有文献中不存在的。

（4）农地流转特征空间差异的宏观解释。仅从微观农户尺度去解释农地流转、非农户流转、非粮化流转等特征是不够的，也无法为宏观政策的决策提供足够的依据。本书通过城镇化的视域来解释了农地流转特征空间差异，这是一次有现实意义的探索。

8.2.2 进一步研究方向

作为一个比较复杂的研究，受笔者的知识水平、研究时间以及其他客观条件制约，难免存在遗憾，未来进一步研究的方向，笔者认为应该关注以下几点：

（1）获取调查农户精确数据的困难与计量分析需要精确数据的矛盾。在实地调研中，发现农户去判断一个问题的精确性是有限的，这可能受调查对象基本素质的限制。因此，为了考虑能够得到一个较合理的数据，不得不在福利等分析中大量采用了获得顺序变量的问题。但这不仅增加了数据前期整理与转变的工作量，又降低了问题解释的精确度。在此存在的两难在未来的研究中需要进一步探索。

（2）农地出售意愿的解决。要理解农地制度的变迁，特别是在思考未来农地制度的设计时，不可回避的是，是否可以赋予农民出售农地的权益。在现有农地制度下，农地流转是合法存在的唯一可能性，其本质上为农地出租。因此出售农地只是一个存在于意愿的问题，尽管现实中这种意愿是客观存在的，但若将其显化，就有可能存在偏差。而研究的需要意味着要把农地出售纳入考虑范畴，因此，如何更好地增加有关农地出售意愿的原始数据的可信度，是否可以得到更理想的原始数据，是否存在着更加适合数据特征的理论模型与计量分析工具，在进一步研究中都有待思考。

（3）具体的农地制度设计的构思。通过本书提出了未来在农地制度、农地流转辅助措施等方面需要注意的一些地方，并指出了一些方向。但基于研究目的，并没有实际展示。在以后研究中可以考虑给出制度设计的初步框架，细化涉及农地制度与农地流转的治理措施。这部分研究不仅仅是为了提出一些对策建议，实际上该工作又可以反过来思考本书中的一些结论是否符合中国农村的实际，是否忽略了部分关键的变量从而导致方向的误差。笔者认为这个工作是很有现实意义与理论意义的，谭荣（2010）对土地产权及其流转制度改革的路径选择思考是一个比较有特色的工作。

附录　调查问卷

您好!

首先感谢您能抽出时间参与本次问卷调查。本调查的主要目的是了解中国农村农地流转的有关现状，是调查人博士论文的重要组成部分。本调查所得数据为科学研究之用，本次调查问卷不记名，不会泄露您的个人信息。

感谢您的支持和帮助!

以下是调查问卷的内容，请您在认为最合适的一个选项上做上标志（写上代码）或填上相应的数据

Ⅰ　您所在的村村名（　）。

Ⅱ　您家现在拥有的农地（　）亩，以前被征的农地面积为（　）亩，现在将农地流转给别人使用的面积为（　）亩。

Ⅲ　如果可以让您买卖自家的农地，但只能卖给别人种田，不可以盖房等，价格估计与现在征地的几万元补偿差不多，您愿意卖掉自己所承包的土地中的（　）亩地，其中愿意将现在流转出去的农地卖掉的是（　）亩。

Q1. 您家种粮收益（如果现在不种粮，过去种粮的时候）是否稳定（　）。

①每年都受到天气和粮价变动影响

②2~3 年一次会受到天气和粮价变动的影响

③偶尔会受到天气或者粮价变动的影响

④不会受到影响

Q2. 您觉得现在种田与理想的差距在哪里（　）。

①种田养不活一家人

②种田无法过上体面的日子，但是现在只能够养活自己

③国家补贴增加后基本与外出赚钱差不多

④种田赚的钱与外出赚的钱产不多，但累

Q3. 国家每年给您的土地的种粮补贴等补贴了（　）亩；总共（　）元。

Q4. 对你们家来说，种田赚得多，还是外出务工赚得多。

①外出务工赚得多　　②种田赚的多

Q5. 您的农地被村里与别人的土地（　）。

①调整过 5 次　　②调整过 4 次

③调整过 3 次　　④调整过 2 次

⑤调整过 1 次　　⑥没有调整过

⑦其他，为（　）次，填写数字

Q6. 如果外出工作影响土地的耕种，村集体采取的措施有（　）。

①收回全部土地　　②强制转让土地

③要求继续耕种　　④不采取措施

Q7. 村集体对获得城镇户口的人或家庭的土地处理规定为（　）。

①强制收回全部土地　　②收回土地，并给予补偿

③同意送给别人耕种　　④没有规定

Q8. 总体上，您觉得您的农地最终是谁的（　）。

①国家和村里的　　②我自己家的

Q9. 您家户主的年龄是（　）岁；您家户主受教育的年数是（　）年。

Q10. 您家有（　）口人；劳动人口为（　）个；在读书的孩子有（　）个（此处劳动力人数是指年龄在 16~60 岁的人口，但不包括在校学生）。

Q11. 您所在的村庄总体上是（　）。

①很富裕　　②比较富裕

③一般　　④比较贫困

⑤非常贫困

Q12. 您要找一个人来接受你流转出的土地的难易程度是（　）。

①非常容易　　②容易

③一般　　　　　　　　　　④困难

⑤非常困难

Q13. 您家的土地被分割成不连接的（　）块（填写 1，2，3 等）。其中处在平地的有（　）亩，处在坡上的有（　）亩。

Q14. 您家农地流转对象是（　）。

①亲戚　　　　　　　　　　②邻居

③村集体　　　　　　　　　④来本村的外地务工人员

⑤外来企业

Q15. 您家农地流转给别人的时间是（　）。

①时间不固定，没时间就让别人给我种

②种植一季

③1 年

④2~5 年

⑤5 年以上

Q16. 您家农地流转给别人后别人给您的报酬是（　）元/亩/年（金钱）或者（　）（实物）（什么东西）量为（　）/亩/年。可补充填写＿＿＿＿＿＿

Q17. 您把农地流转给别人，两人之间由什么形式约定（　）。

①口头约定　　　　　　　　②两人间私下签订协议

③由村集体出面约定

Q18. 您的家是否有人农地流转后从事非农业的工作（　）。

①有　　　　　　　　　　　②没有

<u>如果有的话，麻烦您回答以下几个问题</u>

Q18-1. 您的家中从事非农就业的成员的工作地点为（　）。

①本镇　　　　　　　　　　②本县

③本市　　　　　　　　　　④本省

⑤省外

Q18-2. 您家中从事非农就业的成员的工作地点回到老家通常需要的时间为（ ）。

①1 小时以内　②6 小时以内
③12 小时以内　④24 小时以内
⑤24 小时以上

Q18-3. 您家中从事非农就业成员工作地点换过几次（ ）。

①没换过　②1~2 次
③3~4 次　④5~6 次
⑤7 次及以上

Q18-4. 您家中从事非农就业成员工作的单位换过几次（ ）。

①没换过　②1~2 次
③3~4 次　④5~6 次
⑤7 次及以上

Q19. 您家庭上一年的农业收入为（ ）元，您家庭上一年的非农业收入为（ ）元。

Q20. 您家的主要劳动力（主要赚钱者）农地流转后每月每年看病的费用负担是（ ）。

①从来不用看，没负担　②偶尔看看小病，负担可以忽略
③看病贵，负担仍然有一点　④身体没以前好，负担有压力
⑤身体比较差，负担很重

Q21. 您家的主要劳动力农地流转后的健康状态的变化是（ ）。

①变得很好　②变得好一点
③保持不变　④变得差一点
⑤变得很差

Q22. 您家的主要劳动力农地流转后的平时情绪状态是（ ）。

①非常好　②良好
③一般　④较差
⑤非常差

Q23. 您家的主要劳动力农地流转后平均一个月休息天数为（　）。

①大于 8 天　　②7~8 天

③5~6 天　　④3~4 天

⑤1~2 天

Q24. 您认为您家现有条件下未来的养老保障是（　）。

①政府退休金　　②商业保险金

③子女的赡养和照顾　　④家人或个人储蓄

⑤别人救济

Q25. 您家的医疗保障主要来自（　）。

①城镇职工基本医疗保险和商业医疗保险

②农村合作医疗

③子女义务

④自己的储蓄

⑤村集体成员救助

Q26. 您家的主要劳动力（主要赚钱者）失业后，您将通过什么方式维持生活（　）。

①靠国家的失业保险金　　②靠单位发的失业补偿

③靠亲戚朋友救助　　④靠以前积蓄

⑤重新种田

Q27. 您家农地流转以后与在一个地方的老乡朋友的联系状态是（　）。

①主要依靠朋友，真正可以托付大事

②互相信任，可以提供工作上的帮助

③互相交流，排遣时间

④偶尔电话联系，普通朋友

⑤没怎么联系

Q28. 您家农地流转以后与主要亲戚（在老家，不是一起外出工作）的联系（　）。

①非常紧密　　②紧密

③保持原样　　④变疏远了

⑤没有联系

Q29. 农地流转后您家成员接受的社会化培训或工作技能学习（　）。

①培训或学习过 3 次以上　　②培训或学习过 3 次

③培训或学习过 2 次　　④培训或学习过 1 次

⑤没有接受培训或学习

再次感谢您的帮助，谢谢！

说明：此附录中仅列出本研究中需要使用的有关数据而涉及的问题，在实地调查中，调查问卷涉及更多的问题，限于考虑，附录的问卷没有列出。

参考文献

[1] Ali, D. A., Dercon, S., Gautam, M. Property rights in a very poor country: Tenure insecurity and investment in ethiopia [R]. The Word Bank Africa Region, Sustainable Development Department and Development Research Group, Sustainable Rural and Urban Development team, Policy Research Working Paper 4346, 2005.

[2] Amanor, K. S. Family values, land sales and agricultural commodification in south-eastern Ghana [J]. Africa: The Journal of the International African Institute, 2010, 80 (1): 104-125.

[3] Anand, P., Hunter, G., Smith, R. Capabilities and well-being: evidence based on the Sen-Nussbaum approach to welfare [J]. Social Indicators Reasearch, 2005, 74 (1): 9-55.

[4] Anselin, L. Spatial econometrics: Methods and models [M]. Dordrecht: Kluwer Academic Publishers, 1988.

[5] Anselin, L. Spatial econometrics [M]. Bruton Center School of Social Sciences University of Texas at Dallas Richardson, 1999.

[6] Anselin, L., Bera, A. Spatial dependence in linear regression models with an introduction to spatial econometrics [J]. Handbook of Applied Economic Statistics, 1998 (1): 237-289.

[7] Arrow, K. J. Social choice and individual values [M]. New York: John Wiley. London: Chapman & Hall, 1951.

[8] Basu, A., K. Oligopsonistic landlords, segmented labour markets, and

the persistence of tier-labour contracts [J]. American Agricultural Economics Association, 2002 (2): 438-453.

[9] Benjamin, D., Brandt L. Property rights, labour markets, and efficiency in a transition economy: The case of rural China [J]. Canadian Journal of Economics, 2002, 35 (4): 689-716.

[10] Besley, T. Property rights and investment incentives theory and evidence from Ghana [J]. The Journal of Political Economy, 1995, 103 (5): 903-937.

[11] Besley, T., Burgess, R. Land reform, poverty reduction, and growth: Evidence from India[J]. The Quarterly Journal of Economics, 2000: 389-430.

[12] Borras, JR. S. M. The Philippine land reform in comparative rerspective: Some conceptual and methodological lmplications [J]. Journal of Agrarian Change, 2006, 6 (1): 69-101.

[13] Boyce. Inequality as a cause of environmental degradation [J]. Ecological Economics, 1994, 11 (3): 169-178.

[14] Brandt, L., Huang, J. Li, G., et al. Land rights in China: facts, fictions, and issues [J]. China Journal, 2002, 47 (1): 67-97.

[15] Brandt, L., Rozelle, S., Turner M. A. Local government behavior and property right formation in rural China [R]. Department of Agricultural and Resource Economics University of California Davis, Working Paper No. 02-004, 2002.

[16] Cai, F., Wang, D. Migration as marketization: What can we learn from China's 2000 census data? [J]. The China Review, 2003, 3 (2): 73-93.

[17] Carter, M. R., Mesbah, D. Can land market reform mitigate the exclusionary aspects of rapid agro-export growth? [J]. World Development, 1993, 21 (7): 1085-1100.

[18] Carter, M. R., Yao, Y. Market versus administrative land reallocation of agricultural land in a period of rapid industrialization [R]. World Bank Policy Research Working Paper, 1998b.

[19] Carter, M. R., Yao, Y. Specialization without regret: Transfer rights, agricultural productivity and investment in an industrializing economy [R]. World Bank Policy Research Working Paper, 1998a.

[20] Cliff, N. Some cautions concerning the application of causal modeling methods [J]. Multivariate Behavioral Research, 1983 (18): 115–126.

[21] Coase, R. H. Notes on the problem of social cost [J]. Journal of Law and Economics, 1960, 3 (1): 1–44.

[22] Crémer, J. On the efficiency of a chinese–type work–point system [J]. Journal of Comparative Economics, 1982, 6 (4): 343–352.

[23] De Janvry, A., Gordillo, G., Platteau, J.–P., et al. Access to land, rural poverty, and public action [M]. Oxford: Oxford University Press, 2001.

[24] De Janvry, A., Sadoulet, E., Wolford, W. From State–led to Grass–roots–led Land Reform in Latin America [R]. Paper Prepared for the WIDER–FAO workshop on "Access to Land," Santiago, Chile, 1998.

[25] Deininger K., Jin S., Nagarajan H. K. Efficiency and equity impacts of rural land rental restrictions: Evidence from India [J]. European Economic Review, 2008, 52 (5): 892–918.

[26] Deininger, K. W. Land policies for growth and poverty reduction [M]. Washington DC, The World Bank Publication, 2003.

[27] Deininger, K., Jin, S. Land sales and rental markets in transition: Evidence from rural Vietnam [R]. World Bank Policy Research Working Paper 3013, April 2003.

[28] Deinlnger, K., Binswanger, H. The evolution of the World Bank's land policy: Principles, experience, and future challenges [J]. World Bank Research Observer, 1999, 14 (2): 247–276.

[29] Dorner, P. Latin American land reforms in theory and practice: A retrospective analysis [M]. Wisconsin: The University of Wisconsin Press, 1992.

[30] Feder, G. The relation between farm size and farm productivity: The

role of family labor, supervision and credit constraints [J]. Journal of Development Economics, 1985, 18 (2-3): 297-313.

[31] Feng, S., Heerink, N., Ruben, R., et al. Land rental market, off-farm employment and agricultural production in Southeast China: A plot-level case study [J]. China Economic Review, 2010.

[32] Gaynor, M., Putterman, L. Productivity consequences of alternative land division methods in China's decollectivization: An econometric analysis [J]. Journal of Development Economics, 1993, 42 (2): 357-386.

[33] Geertz, C. Agricultural involution: The Process of ecological change in Indonesia [M]. Berkeley, CA: University of California Press, 1963.

[34] Giles, J. Off farm labor markets, insecurity, and risk aversion in China [R]. Department of Economics Working Paper, University of California, Berkeley, 1998.

[35] Goldstein, A., Goldstein, S., Gu S. Rural industrialization and migration in the People's Republic of China [J]. Social Science History, 1991, 15 (3): 289-314.

[36] Hagan, R., Jones, A. M., Rice, N. Health and retirement in Europe [J]. International Journal of Environmental Research and Public Health, 2009, 6 (10): 2676-2695.

[37] Hair, J. F. Jr., Anderson, R. E., Tatham, R. L., Black, W. C. Multivariate data analysis (5th edition) [M]. Upper Saddle River, NJ: Prentice Hall, 1998.

[38] Hana G. Jacoby, Guo Li, Scott Rozelle. Hazards of expropriation: Tenure insecurity and investment in rural China [J]. American Economic Review, 2002, 92 (5): 1420-1447.

[39] Heerink, N. Qu F., Kuiper, M., et al . Policy reforms, rice production and sustainable land use in China: A macro-micro analysis [J]. Agricultural Systems, 2007, 94 (3): 784-800.

[40] Hicks, J. R. The rehabilitation of consumers' surplus [J]. The Review of Economic Studies, 1941, 8 (2): 108-116.

[41] Ho, P. Who owns China's land? policies, property rights and deliberate institutional ambiguity [J]. China Quarterly, 2001 (16): 394 - 421.

[42] Hoken H. Development of land rental market and its effect on household farming in rural China: An empirical study in Zhejiang Province [J]. Ide Discussion Papers, 2012.

[43] Howard D., Beale, M. Neural Network Toolbox for Use with MATLAB, User's Guide, version 4 [M]. Natick: The Math Works, Inc., 2000.

[44] Hoyle, R. H., Panter, A. T. Writing about structural equation models [A]// Hoyle, R. H., Structural equation modeling: Concepts, issues, and applications. Thousand Oaks, CA: Sage, 1995.

[45] Hu, L. T., Bentler, P. M. Fit indexes in covariance structural equation modeling [Z]. Unpublished manuscript.

[46] Jacoby, H. G., Mansuri, G. Land tenancy and non-contractible investment in rural Pakistan [J]. Review of Economic Studies, 2008, 75 (3): 763-788.

[47] Jin S., Jayne T. S. Land rental markets in Kenya: Implications for effi ciency, equity, household income, and poverty [J]. Land Economics, 2013, 89 (2): 246-271.

[48] Jin, S., Deininger, K. Land rental markets in the process of rural structural transformation: Productivity and equity impacts from China [J]. Journal of Comparative Economics, 2009, 37 (4): 629-646.

[49] Kaldor, N. Welfare propositions of economics and interpersonal comparisons of utility [J]. The Economic Journal, 1939, 49 (195): 549-552.

[50] Kimura, S., Otsuka, K., Rozelle, S. Efficiency of land allocation through tenancy markets [EB/OL]. http: //iis-db.stanford.edu/pubs/21646/land_allocation_rental_market_otsuka.pdf, 2007.

[51] Klasen，S. Measuring poverty and deprivation in South Africa [J]. Review of Income and Wealth，2000，46（1）：33–58.

[52] Knight，J.，Li，S. Cumulative causation and inequality among villages in China [J]. Oxford Development Studies，1997，25（2）：149–172.

[53] Krishnakumar，J.，Ballon，P. Estimating basic capabilities：A structural equation model applied to bolivia [J]. World Development，2008，36（6）：992–1010.

[54] Kung，J. K. Common property rights and land reallocations in rural China：Evidence from a village survey [J]. World Development，2000，28（4）：701–719.

[55] Kung，J. K. Off–farm labor markets and the emergence of land rental markets in rural China [J]. Journal of Comparative Economics，2002（30）：395–414.

[56] Laderchi，C. R. Do concepts matter? An empirical investigation of the differences between a capability and a monetary assessment of poverty [A]// F. Comim，M. Qizilbash，S. Alkire. The capability approach. Oxford：University of Oxford，2008.

[57] Lerman，Z. A decade of land reform and farm restructuring：What Russia can learn from the world experience [R]. The Hebrew University of Jerusalem，The Department of Agricultural Economics and Management，Discussion Paper No.701，2001.

[58] Lewis，W.Arthur. Economic development with unlimited supplies of labor [J]. Manchester School of Economic and Social Studies，1954，22（2）：139–191.

[59] Li，G.，Rozelleb，S. Brandt L. Tenure，land rights，and farmer investment incentives in China [J]. Agricultural Economics，1998（1–2）：63–71.

[60] Lin，J. Y. An economic theory of institutional change：Induced and imposed change [J]. Cato Journal，1989，9（1）：1–35.

[61] Lin, J. Y. Rural reforms and agricultural growth in China [J]. American Economic Review, 1992, 82 (1): 34–51.

[62] Lin, J. Y. The household responsibility system reform in China: A peasant's institutional choice [J]. American Journal of Agricultural Economics, 1987, 69 (2): 410–415.

[63] Little, I. M. D. A critique of welfare economics [M]. Oxford: Oxford University Press, 1957.

[64] Madsen, R. The cambridge history of China [M]// The People's Republic, Part 2: Revolutions within the Chinese Revolution 1966–1982. Cambridge: Cambridge University Press, 1987.

[65] Martinetti, E. C. A multidimensional assessment of well–being based on Sen's functioning approach [J]. Rivista Internazional di Scienze Sociali, 2000, 108 (2): 207–231.

[66] Miceli, S. R. Industrialization and immigration: Labor at the river's bend. Toledo: The University of Toledo, 2009.

[67] Muffels, R., Headey, B. Testing Sen's capability approach to explain objective and subjective well–being using German and Australian Panel Data? [EB/OL]. Paper for the HILDA Survey Research Conference 2009, 16–17 July, Melbourne. http: //melbourneinstitute.com/downloads/hilda/Bibliography/2009_papers/Muffels, %20Ruud_paper.pdf.

[68] Nguyen T., Cheng E., Findlay C. Land fragmentation and farm productivity in China in the 1990s [J]. China Economic Review, 1996, 7 (2): 169–180.

[69] Ord, J.K. Estimation methods for models of spatial interaction [J]. Journal of the American Statistical Association, 1975, 70 (349): 120–126.

[70] Qiao, J., Kong, Y., Li, X. Analysis of types and changes of village–level economy in rural Gongyi city, Henan Province since 1990 [J]. Chinese Geographical Science, 2008, 18 (2): 101–108.

[71] Prosterman, R., Hanstad, T. Legal impediments to effective rural land relations in Eastern Europe and Central Asia: A comparative perspective [R]. World Bank, Washington, DC, Technical Paper No. 436, 1999.

[72] Rahman, S. Determinants of agricultural land rental market transactions in Bangladesh [J]. Land Use Policy, 2010, 27 (3): 957-964.

[73] Rahman, S. Whether crop diversification is a desired strategy for agricultural growth in Bangladesh? [J]. Food Policy, 2009, 34 (4): 340-349.

[74] Rahman, S., Rahman, M. Impact of land fragmentation and resource ownership on productivity and efficiency: The case of rice producers in Bangladesh [J]. Land Use Policy, 2009, 26 (1): 95-103.

[75] Roberts, J., Rice, N., Jones, A. M. Early retirement and inequality in Britain and Germany: How important is health? [EB/OL]. http: //www.york.ac.uk/res/herc/documents/wp/08_27.pdf.

[76] Robeyns, I. Sen's capability approach and gender inequality: Selecting relevant capabilities [J]. Feminist Economics, 2003, 9 (2-3): 61-92.

[77] Roth, M., Haase, D. Land tenure security and agricultural performance in Southern Africa [EB/OL]. http: //pdf.dec.org/pdf_docs/Pnacl422.pdf, 1998.

[78] Sawada, M. Global spatial autocorrelation indices-moran's I, geary's C and the general cross-product statistic [EB/OL]. http: //www.lpc.uottawa.ca/publications/moransi/moran.htm.

[79] Scitovszky, T. de. A note on welfare propositions in economics [J]. The Review of Economic Studies, 1941, 9 (1): 77-88.

[80] Scott, J. C. The moral economy of the peasant new haven [M]. Yale University Press, 1976.

[81] Sen, A. K. Choice, welfare, and measurement [M]. Oxford: Blackwell, 1982.

[82] Sen, A. K. The standard of living [M]. Cambridge: Cambridge University Press.

[83] Shi, T., Hu, Z., Shi, Z., et al. Geo-detection of factors controlling spatial patterns of heavy metals in urban topsoil using multi-source data [J]. Science of the Total Environment, 2018 (643): 451-459.

[84] Skoufias, E. Land tenancy and rural factor market imperfection revisited [J]. Journal of Economic Development, 1991, 16 (1): 37-55.

[85] Susana Lastarria-Cornhiel, Jolyne Melmed-Sanjak. Land tenancy in Asia, Africa, and Latin America: A look at the past and a view to the future [EB/OL]. http://ageconsearch.umn.edu/bitstream/12783/1/ltcwp27.pdf, 1999.

[86] Tan, S., Heerink, N., Qu, F. Land fragmentation and its driving forces in China [J]. Land Use Policy, 2006, 23 (3): 272-285.

[87] Thurston, R. C., Kubzansky, L. D., Kawachi, I., Berkman, L. F. Is the association between socioeconomic position and coronary heart disease stronger in Women than in Men? [J]. American Journal of Epidemiology, 2005, 62 (1): 57-65.

[88] Tommaso, M. L. Di. Measuring the well being of children using a capability approach: An application to Indian data [EB/OL]. http://www3.qeh.ox.ac.uk/RePEc/qeh/qehwps/qehwps58.pdf.

[89] Turner, M. A., Brandt, L., Rozelle, S. Property rights formation and the organization of exchange and production in rural China. International Symposium on Land Tenure and Land Productivity in Rural China, Beijing, May 1998.

[90] van Dijk, T. Scenarios of central European land fragmentation [J]. Land Use Policy, 2003, 20 (2): 149-158.

[91] Wan G. H., Cheng E. J. Effects of land fragmentation and returns to scale in the Chinese farming sector [J]. Applied Economics, 2001 (33): 183-194.

[92] Wen, G. J. The land tenure system and its saving and investment mechanism: The case of modern China [J]. Asian Economic Journal, 1995, 9

(3): 233–259.

[93] Whittle, P. On Stationary processes in the plane [J]. Biometrika, 1954, 41 (3/4): 434–449.

[94] Yang, D. T. China's land arrangements and rural labor mobility [J]. China Economic Review, 1997, 8 (2): 101–115.

[95] Yao, Y. Rural industry and labor market integration in Eastern China [J]. Journal of Development Economics, 1999, 59 (2): 463–496.

[96] Yao, Y. The development of the land lease market in rural China [J]. Land Economics, 2000, 76 (2): 252–266.

[97] Zang, K. H., Song, S. Rural–urban migration and urbanization in China: Evidence from time–series and cross–section analyses [J]. China Economic Review, 2006, 14 (4): 386–400.

[98] 阿马蒂亚·森. 以自由看待发展 [M]. 任赜，于真译. 北京：中国人民大学出版社，2002.

[99] 阿马蒂亚·森. 伦理学与经济学 [M]. 王宇，王文玉译. 北京：商务印书馆，2000.

[100] 埃莉诺·奥斯特罗姆，拉里·施罗德，苏珊·温. 制度激励与可持续发展 [M]. 上海：上海三联书店，2000.

[101] 艾春荣，汪伟. 非农就业与持久收入假说：理论和实证 [J]. 管理世界，2010 (1)：8–22.

[102] 柏振忠，王红玲. "双重有限约束"下的我国农地承包经营权流转的影响因素实证分析 [J]. 农业技术经济，2010 (3)：121–128.

[103] 包宗顺，伊藤顺一，倪镜. 土地股份合作制能否降低农地流转交易成本？——来自江苏 300 个村的样本调查 [J]. 中国农村观察，2015 (1)：59–70.

[104] 保罗·萨缪尔森，威廉·诺德豪斯. 经济学 [M]. 萧琛译. 北京：人民邮电出版社，2008.

[105] 鲍海君，吴次芳. 论失地农民社会保障体系建设 [J]. 管理世界，

2002（10）：37–42.

［106］北京天则经济研究所. 土地流转与农业现代化［J］. 管理世界，2010（7）：177–196.

［107］庇古. 福利经济学［M］. 朱泱，张胜纪，吴良健译. 北京：商务印书馆，2006.

［108］边沁. 道德与立法原理导论［M］. 时殷弘译. 北京：商务印书馆，2000.

［109］卞琦娟，周曙东，葛继红. 发达地区农地流转影响因素分析——基于浙江省农户样本数据［J］. 农业技术经济，2010（6）：28–36.

［110］蔡继明.论中国农地制度改革［J］. 山东农业大学学报（社会科学版），2005，26（3）：1–8.

［111］蔡为民，吴云青，刘瑶等. 农地流转与城镇化的互动关系和耦合协调性研究——基于中国 2000~2014 年的时间序列数据［J］. 干旱区资源与环境，2017，31（5）：33–38.

［112］曹建华，王红英，黄小梅. 农村土地流转的供求意愿及其流转效率的评价研究［J］. 中国土地科学，2007，21（5）：54–60.

［113］陈卫平. 中国农业生产率增长、技术进步与效率变化：1990~2003 年［J］. 中国农村观察，2006（1）：18–23.

［114］陈锡文，韩俊. 关于农业规模经营问题［J］. 农村工作通讯，2002（7）：9–10.

［115］陈锡文. 我国农业和农村经济的改革和发展［J］. 经济社会体制比较，2001（1）：1–3.

［116］陈锡文. 新形势下推进农村改革发展的重大意义［J］. 学习月刊，2008（23）：9–12.

［117］陈昭玖，朱红根. 人力资本、社会资本与农民工返乡创业政府支持的可获性研究［J］. 农业经济问题，2011（5）：54–59.

［118］当前农民工工作和生活状况调查研究课题组. 边缘化生存：农民工的工作和生活状况［J］. 宏观经济研究，2011（1）：3–11.

[119] 道格拉斯·C.诺斯. 制度、制度变迁与经济绩效 [M]. 刘守英译. 上海：三联书店上海分店，1994.

[120] 邓大才. 农地流转市场何以形成 [J]. 中国农村观察，2009（3）：26-35.

[121] 丁关良. 农村土地承包经营权性质的探讨 [J]. 中国农村经济，1999（7）：23-30.

[122] 丁敬磊，刘光远，赵美平. 农地流转、劳动力转移及城镇化耦合协调度研究——基于城乡统筹发展的视角 [J]. 中国农业资源与区划，2016，37（2）：37-44.

[123] 杜文星，黄贤金. 区域农户农地流转意愿差异及其驱动力研究 [J]. 资源科学，2005，27（6）：90-94.

[124] 恩格斯. 法德农民问题 [M]// 马克思恩格斯选集（第 4 卷）. 北京：人民出版社，1995.

[125] 费孝通. 江村经济—中国农民的生活 [M]. 上海：商务印书馆，2002.

[126] 费孝通. 乡土中国 [M]. 上海：上海人民出版社，2006.

[127] 冯振东，慧宁. 农户家庭收入的着力点与方式选择 [J]. 改革，2010（8）：76-82.

[128] 高宏伟，靳共元. 农村土地使用制度：现状、问题与方向 [J]. 河北经贸大学学报，2013，34（5）：76-78.

[129] 高进云，乔荣锋，张安录. 农地城市流转前后农户福利变化的模糊评价 [J]. 管理世界，2007（6）：45-55.

[130] 高梦滔，姚洋. 健康风险冲击对农户收入的影响 [J]. 经济研究，2005（12）：15-25.

[131] 高伟，李学迎. 公平观念、控制权收益与土地调整 [J]. 中央财经大学学报，2009（7）：61-64.

[132] 龚剑. 当前中国农地流转的地租分配探析 [J]. 中南财经政法大学研究生学报，2008（4）：33-37.

[133] 辜胜阻. 统筹解决农民工问题需要改进低价工业化和半城镇化模式 [J]. 中国人口科学，2007（5）：2-4.

[134] 管兵. 管庄的土地转包 [J]. 社会学研究，2004（1）：99-106.

[135] 管清友，王亚峰. 制度、利益与谈判能力：农村土地“流转”的政治经济学 [J]. 上海经济研究，2003（1）：28-33.

[136] 管清友. 制度悖论、无组织状态和政治危机——再论农村土地“流转”的政治经济学 [J]. 上海经济研究，2005（2）：26-36.

[137] 光梅红. 集体化时期农民生活水平研究 [J]. 中国农业大学学报（社会科学版），2011，28（2）：108-116.

[138] 郭登明，刘国华. 化解回流：农村土地流转的新课题 [J]. 江苏农业经济，2005（11）：40-41.

[139] 郭珍. 农地流转、集体行动与村庄小型农田水利设施供给——基于湖南省团结村的个案研究 [J]. 农业经济问题，2015（8）：21-27，110.

[140] 韩保江. 乡镇企业吸纳劳动力边际递减与剩余劳动力反梯度转移 [J]. 经济研究，1995（7）：38-43.

[141] 韩俊. 中国农村土地制度建设三题 [J]. 管理世界，1999（3）：184-195.

[142] 韩学平. 我国土地适度规模经营政策的历史演变与反思 [J]. 科学社会主义，2010（2）：121-123.

[143] 何国俊，徐冲. 城郊农户土地流转意愿分析 [J]. 经济科学，2007（5）：111-124.

[144] 何京蓉，李炯光. 农村土地流转状况调查与分析——基于三峡库区 7 个乡镇 23 个村的调查 [J]. 经济问题探索，2010（3）：163-167.

[145] 何凌云，黄季焜. 土地使用权的稳定性与肥料使用——广东省的实证研究 [J]. 中国农村观察，2005（1）：42-48.

[146] 贺雪峰. 农民工返乡的逻辑 [J]. 东岳论坛，2009，30（7）：38-41.

[147] 贺雪峰. 土地流转意愿与后果分析 [J]. 中国乡村建设，2009（2）：31-37.

［148］贺振华. 农户兼业及其对农村土地流转的影响—— 一个分析框架［J］. 上海财经大学学报，2006，8（2）：72-78.

［149］贺振华. 农户外出、土地流转与土地配置效率［J］. 复旦大学学报（社会科学版），2006（4）：95-103.

［150］侯杰泰，温忠麟，成子娟. 结构方程模型及应用［M］. 北京：教育科学出版社，2004.

［151］胡初枝，黄贤金，张力军. 农户农地流转的福利经济效果分析——基于农户调查的分析［J］. 经济问题探索，2008（1）：184-186.

［152］胡新艳. 促进我国农地流转的整体性政策框架研究——基于市场形成的逻辑［J］. 调研世界，2006（9）：15-18.

［153］黄芳铭. 结构方程模式：理论与应用［M］. 北京：中国税务出版社，2005.

［154］黄平. 寻求生存的冲动：从微观角度看中国农民非农化活动的根源［J］. 二十一世纪，1996（12）：108-116.

［155］黄有光. 经济与改革——澳大利亚经济学家黄有光文集［M］. 北京：改革出版社，1994.

［156］黄有光. 福祉经济学：一个趋于更全面分析的视角［M］. 张清津译. 大连：东北财经大学出版社，2005.

［157］黄有光. 福利经济学［M］. 周建明译. 北京：中国友谊出版公司，1991.

［158］黄宗智. 华北的小农经济与社会变迁［M］. 北京：中华书局，2000.

［159］黄宗智. 长江三角洲小农家庭与乡村发展［M］. 北京：中华书局，1992.

［160］黄宗智. 中国农村的过密化与现代化：规范认识危机及出路［M］. 上海：上海社会科学出版社，1992.

［161］黄祖辉. 转型、发展与制度变革——中国“三农问题研究”［M］. 上海：上海人民出版社，2008.

［162］贾琦，运迎霞. 京津冀都市圈城镇化质量测度及区域差异分析

[J]. 干旱区资源与环境，2015 (3)：8-12.

[163] 解垩. 健康对劳动力退出的影响 [J]. 世界经济文汇，2011 (1)：109-120.

[164] 金松青，Klaus Deininger. 中国农村土地租赁市场的发展及其在土地使用公平性和效率性上的含义 [J]. 经济学 (季刊)，2004 (3)：1003-1028.

[165] 靳相木. 土地所有制的历史方位 [J]. 农业经济问题，2007 (1)：10-15.

[166] 课题组. 农民工培训实态及其“十二五”时期的政策建议 [J]. 改革，2010 (9)：74-85.

[167] 昆曼. 经济学原理第 5 版 (微观经济学分册) [M]. 梁小民，梁砾译. 北京：北京大学出版社，2009.

[168] 黎霆，赵阳，辛贤. 当前农地流转的基本特征及影响因素分析 [J]. 中国农村经济，2009 (10)：4-11.

[169] 李昌平. 土地流转的过去、现在和未来 [J]. 农村财政与财务，2010 (4)：36-37.

[170] 李成贵. 中国农村工业化理论研究评述 [J]. 中国农村观察，2002 (6)：34-45.

[171] 李放，赵光. 现阶段农村养老保险制度能有效提高农民土地流转意愿吗？——来自江苏沭阳县 30 镇 49 村的初步证据[J]. 南京农业大学学报 (社会科学版)，2012，12 (4)：44-50.

[172] 李红波，刘亚丽，刘晓霞. 云南省土地流转问题研究及对策建议 [J]. 昆明理工大学学报 (社会科学版)，2011，11 (4)：55-59.

[173] 李洁. 长三角地区农田化肥投入快速增长的经济学诱因分析 [J]. 生态与农村环境学报，2008 (2)：52-56.

[174] 李孔岳. 农地专用性资产与交易的不确定性对农地流转交易费用的影响 [J]. 管理世界，2009 (3)：92-98.

[175] 李立志. 土地改革与农民社会心理变迁 [J]. 中共党史研究，2002 (4)：31-36.

[176] 李明艳，陈利根，石晓平. 非农就业与农户土地利用行为实证分析：配置效应、兼业效应与投资效应 [J]. 中国土地科学，2010（3）：41-51.

[177] 厉以宁，吴易风，朱懿. 西方福利经济学评述 [M]. 北京：商务印书馆，1984.

[178] 廖洪乐. 农村承包地调整 [J]. 中国农村观察，2003（1）：46-54.

[179] 刘凤芹. 农业土地规模经营的条件与效果研究 [J]. 管理世界，2006（9）：70-79.

[180] 刘克春，苏为华. 农户资源禀赋、交易费用与农户农地使用权流转行为——基于江西省农户调查 [J]. 统计研究，2006（5）：73-77.

[181] 刘克春. 农户农地流转决策行为研究 [D]. 浙江大学博士学位论文，2006.

[182] 刘磊. 城乡关系视野下中国农村土地制度改革的道路选择 [J]. 南京农业大学学报（社会科学版），2015，15（6）：97-106，139.

[183] 刘守英. 按照依法、自愿、有偿的原则进行土地承包经营权流转 [J]. 求是，2003（5）：36.

[184] 刘守英. 土地流转的四种形式 [J]. 时事报告，2010（1）：35-43.

[185] 刘守英. 中国农地制度的合约结构与产权缺失 [J]. 中国农村经济，1993（3）：31-36.

[186] 刘勇，林家彬. “十一五”时期中国城镇化战略思考 [J]. 城镇化和城市发展，2006（2）：85-89.

[187] 楼建波. 农户承包经营的农地流转的三权分置—— 一个功能主义的分析路径 [J]. 南开学报（哲学社会科学版），2016（4）：53-69.

[188] 陆大道，姚士谋，李国平等. 基于我国国情的城镇化过程综合分析 [J]. 经济地理，2007，27（6）：883-887.

[189] 陆红生. 土地管理学总论 [M]. 北京：中国农业出版社，2002.

[190] 陆文强. 中国农村改革主要问题研究综述 [J]. 中共党史研究，1994（3）：90-95.

[191] 骆友生，张红宇. 家庭承包责任制后的农地制度创新 [J]. 经济研

究，1995（1）：69–80.

［192］马克思. 资本论（第 3 卷）［M］. 北京：人民出版社，1975.

［193］马小勇，白永秀. 中国农户的收入风险应对机制与消费波动［J］. 经济学（季刊），2009，8（4）：1221–1238.

［194］马晓河，崔红志. 建立土地流转制度促进区域农业生产规模化经营［J］. 管理世界，2002（11）：63–77.

［195］冒佩华，徐骥，贺小丹等. 农地经营权流转与农民劳动生产率提高：理论与实证［J］. 经济研究，2015（11）：161–176.

［196］农业部课题组. 21 世纪初期我国农村就业及剩余劳动力利用问题研究［J］. 中国农村经济，2000（5）：4–16.

［197］农业部农村改革试验区办公室. 从小规模均田制走向适度规模经营——全国农村改革试验区土地适度规模经营阶段性试验研究报告［J］. 中国农村经济，1994（12）：3–10.

［198］恰亚诺夫. 农民经济组织［M］. 萧正洪译，于东林校. 北京：中央编译出版社，1996.

［199］钱龙，洪名勇. 非农就业、土地流转与农业生产效率变化——基于 CFPS 的实证分析［J］. 中国农村经济，2016（12）：2–16.

［200］钱文荣，张忠明. 农民土地意愿经营规模影响因素实证研究［J］. 农业经济问题，2007（5）：28–34.

［201］钱文荣. 农地市场化流转中的政府功能探析——基于浙江省海宁、奉化两市农户行为的实证研究［J］. 浙江大学学报（人文社会科学版），2003，33(5)：154–160.

［202］钱忠好，王兴稳. 农地流转何以促进农户收入增加——基于苏、桂、鄂、黑四省（区）农户调查数据的实证分析［J］. 中国农村经济，2016（10）：39–50.

［203］钱忠好. 非农就业是否必然导致农地流转——基于家庭内部分工的理论分析及其对中国农户兼业化的解释［J］. 中国农村经济，2008（10）：13–21.

[204] 钱忠好. 农村土地承包经营权产权残缺与市场流转困境 [J]. 管理世界，2002 (6)：35-45.

[205] 钱忠好. 中国农村土地承包经营权的产权残缺与重建研究 [J]. 江苏社会科学，2002 (2)：40-47.

[206] 邵景安，魏朝富，谢德体. 家庭承包制下土地流转的农户解释：对重庆不同经济类型区七个村的调查分析 [J]. 地理研究，2007，26 (2)：275-286.

[207] 申茂向，祝华军，田志宏等. 中国农村工业化及其环境与趋势分析 [J]. 中国软科学，2005 (10)：33-41.

[208] 宋文，陈英，白志远等. 村民关联对农地流转及规模经营意愿的影响研究——以甘肃省河西走廊为例 [J]. 干旱区资源与环境，2015，29 (4)：71-77.

[209] 谭荣，曲福田. 中国农地发展权之路：治理结构改革代替产权结构改革 [J]. 管理世界，2010 (6)：56-64.

[210] 谭丹，黄贤金. 区域农村劳动力市场发育对农地流转的影响 [J]. 中国土地科学，2007，21 (6)：64-68.

[211] 谭荣. 土地产权及其流转制度改革的路径选择 [J]. 中国土地科学，2010，24 (5)：64-69.

[212] 谭荣. 制度环境与自然资源的可持续利用 [J]. 自然资源学报，2010，25 (7)：1218-1227.

[213] 唐万梅. BP 神经网络结构优化问题的研究 [J]. 系统工程理论与实践，2005，10 (10)：95-100.

[214] 唐文金. 农户土地流转意愿与行为研究 [M]. 北京：中国经济出版社，2008.

[215] 田传浩. 农地使用权市场：模式、影响因素及其对农地配置效率的影响——理论与来自苏浙鲁地区的经验 [D]. 浙江大学博士学位论文，2003.

[216] 田传浩. 农地制度、农地租赁市场与农地配置效率 [M]. 北京：经济科学出版社，2005.

［217］万广华，程恩江. 规模经济、土地细碎化与我国的粮食生产［J］. 中国农村观察，1996（3）：31-36.

［218］汪海波. 我国现阶段城镇化的主要任务及其重大意义［J］. 经济学动态，2012（9）：49-56.

［219］汪险生，郭忠兴. 虚置还是稳固：农村土地集体所有制的嬗变——基于权利分置的视角［J］. 经济学家，2017（5）：58-67.

［220］王发曾. 中原经济区的新型城镇化之路［J］. 经济地理，2010，30（12）：1972-1977.

［221］王欢. 土地、政策与农民心态［J］. 北京邮电大学学报（社会科学版），2000，2（2）：5-9.

［222］王建英，陈志钢，黄祖辉等. 转型时期土地生产率与农户经营规模关系再考察［J］. 管理世界，2015（9）：65-81.

［223］王劲峰，徐成东. 地理探测器：原理与展望［J］. 地理学报，2017，72（1）：116-134.

［224］王景新，刘福海. 农村土地制度改革不能损害农民利益［J］. 中国农村发现，2007（1）：124-129.

［225］王景新. 中国农村土地制度的世纪变革［M］. 北京：中国经济出版社，2001.

［226］王铁. 建立农村土地银行的战略构想［J］. 管理世界，2008（11）：176-177.

［227］王伟，吴志强. 基于制度分析的我国人口城镇化演变与城乡关系转型［J］. 城市规划学刊，2007（4）：39-46.

［228］温涛，张梓榆，王定祥. 城乡工资水平差距与农地流转［J］. 农业技术经济，2017（2）：4-14.

［229］温铁军. 农民社会保障与土地制度改革［J］. 学习月刊，2006（10）：20-22.

［230］我国农户承包地使用权流转的实践与政策建议课题组. 农户承包地使用权流转的约束条件及对策建议［J］. 宏观经济研究，2004（4）：35-44.

[231] 吴次芳，谭荣，靳相木. 中国土地产权制度的性质和改革路径分析［J］. 浙江大学学报（人文社会科学版），2010，40（6）：25-32.

[232] 吴次芳，靳相木. 中国土地制度改革三十年［M］. 北京：科学出版社，2009.

[233] 吴明隆. 结构方程模式——AMOS 的操作与应用［M］. 重庆：重庆大学版社，2010.

[234] 西奥多·W.舒尔茨. 改造传统农业［M］. 梁小名译. 上海：商务印书馆，1987.

[235] 肖卫东，梁春梅. 农村土地"三权分置"的内涵、基本要义及权利关系［J］. 中国农村经济，2016（11）：17-29.

[236] 肖文韬. 交易封闭性、资产专用性与农村土地流转关系［J］. 学术月刊，2004（4）：37-42.

[237] 谢玲红，吕开宇. 我国农村耕地流转基本特点、区域差异及政策优化——基于 8 省农户调查的数据［J］. 农村经济，2016（7）：34-41.

[238] 徐黎明，李虎成. 土地流转中地方政府的道德责任［J］. 理论前沿，2009（16）：21-23.

[239] 徐旭，蒋文华，应风其. 我国农村土地流转的动因分析［J］. 管理世界，2002（9）：144-145.

[240] 许恒周，郭忠兴，郭玉燕. 农民职业分化、养老保障与农村土地流转［J］. 农业技术经济，2011（1）：80-85.

[241] 许恒周，金晶. 农地流转市场发育对农民养老保障模式选择的影响分析——基于有序 Probit 模型的估计［J］. 资源科学，2011，33（8）：1578-1583.

[242] 许庆，田士超，徐志刚等. 农地制度、土地细碎化与农民收入不平等［J］. 经济研究，2008（2）：83-92.

[243] 许庆，尹荣梁，章辉. 规模经济、规模报酬与农业适度规模经营［J］. 经济研究，2011（3）：59-71.

[244] 杨国新. 日本农地流转的就业缓冲和增收致富功能分析［J］. 南开

经济研究，2008（4）：130–141.

［245］杨璐璐，吴群，周应恒，邹伟，黄征学. 农村土地“三权分置”催生的农民获得感［J］. 改革，2017（1）：32–48.

［246］杨伟民. 论个人福利与国家和社会的责任［J］. 社会学研究，2008（1）：120–142.

［247］杨小凯. 土地私有制与宪政共和的关系［EB/OL］. http：//www.unicornblog.cn/user1/unicornblog/20043.html.

［248］杨学成，赵瑞莹. 转型时期农民兼业问题的实证研究［J］. 中国农村观察，1998（3）：37–42.

［249］杨一介. 农民地权与资源开发冲突的法理分析［J］. 中国农村观察，2009（5）：23–28，38.

［250］杨振. 农户收入差异对生活用能及生态环境的影响［J］. 生态学报，2011，31（1）：239–246.

［251］姚洋. 农地制度与农村社会保障［J］. 中国社会科学季刊（香港），2000（秋季号）：19–26.

［252］姚洋. 农地制度与农业绩效的实证研究［J］. 中国农村观察，1998（6）：1–10.

［253］姚洋. 中国农地制度：一个分析框架［J］. 中国社会科学，2000（2）：54–65.

［254］姚洋. 非农就业结构与土地租赁市场的发育［J］. 中国农村观察，1999（4）：16–21.

［255］姚洋. 小农与效率——评曹幸穗《旧中国苏南农家经济研究》［J］. 中国经济史研究，1998（4）：140–144.

［256］叶剑平，蒋妍，丰雷. 中国农村土地流转市场的调查研究［J］. 中国农村观察，2006（4）：48–55.

［257］叶剑平，徐青. 中国农村土地流转市场的调查研究［J］. 华中师范大学学报（人文社会科学版），2007，46（6）：48–53.

［258］叶静怡，周晔馨. 社会资本转换与农民工收入［J］. 管理世界，

2010（10）：34–46.

[259] 游和远，吴次芳，鲍海君. 农地流转、非农就业与农地转出户福利——来自黔浙鲁农户的证据［J］. 农业经济问题，2013（3）：16–25.

[260] 游和远，吴次芳. 农地流转、禀赋依赖与农村劳动力转移［J］. 管理世界，2010（3）：65–75.

[261] 于立，姜春海. 中国乡镇企业吸纳劳动就业的实证分析［J］. 管理世界，2003（3）：76–82

[262] 俞海，黄季焜，Scott Rozelle 等. 地权稳定性、土地流转与农地资源持续利用［J］. 经济研究，2003a（9）：82–95.

[263] 俞海，黄季焜，Scott Rozelle 等. 土壤肥力变化的社会经济影响因素分析［J］. 资源科学，2003b，25（2）：63–72.

[264] 苑会娜. 进城农民工的健康与收入［J］. 管理世界，2009（5）：56–66.

[265] 翟学伟. 人情、面子与权力的再生产——情理社会中的社会交换方式［J］. 社会学研究，2004（5）：48–57.

[266] 张春梅，张小林，吴启焰等. 城镇化质量与城镇化规模的协调性研究［J］. 地理科学，2013，33（1）：16–22.

[267] 张帆. 环境与自然资源经济学［M］. 上海：上海人民出版社，1998.

[268] 张光新. "小农"概念的界定及其量化研究［J］. 中国农业大学学报（社会科学版），2011，28（2）：157–168.

[269] 张红宇，刘玫，王晖. 农村土地使用制度变迁：阶段性、多样性与政策调整（二）［J］. 农业经济问题，2002（3）：17–23.

[270] 张红宇. 吕梁、延安地区拍卖"四荒"使用权［J］. 农村工作通讯，1994（10）：21.

[271] 张红宇. 农地制度创新与选择［J］. 中国农村经济，1994（11）：8–13.

[272] 张红宇. 中国农村土地产权政策：持续创新——对农地使用制度变革的重新评判［J］. 管理世界，1998（6）：196–177.

[273] 张红宇. 中国农地调整与使用权流转：几点评论 [J]. 管理世界，2002 (5)：76-87.

[274] 张建，诸培新，王敏. 政府干预农地流转：农户收入及资源配置效率 [J]. 中国人口·资源与环境，2016，26 (6)：75-83.

[275] 张江华. 工分制下的劳动激励与集体行动的效率 [J]. 社会学研究，2007 (5)：1-20.

[276] 张曙光. 农地规模流转的启示 [J]. 英才，2011 (6)：100.

[277] 张爽，陆铭，章元. 社会资本的作用随市场化进程减弱还是加强 [J]. 经济学（季刊），2007，6 (2)：539-560.

[278] 张五常. 佃农理论：引证于中国的农业及台湾的土地改革 [M]. 上海：商务印书馆，2000.

[279] 张永丽，柳建平. 工业化视角下我国"三农"问题的演变及其启示 [J]. 兰州大学学报（社会科学版），2007 (6)：138-143.

[280] 章奇，米建伟，黄季琨. 收入流动性和收入分配 [J]. 经济研究，2007 (11)：123-138.

[281] 赵剑治，陆铭. 关系对农村关系差距的贡献及其地区差异 [J]. 经济学（季刊），2009，9 (1)：363-390.

[282] 赵阳. 对农地再分配制度的重新认识 [J]. 中国农村观察，2004 (4)：22-30.

[283] 郑江淮，王成思，Shunfeng Song. 工业化升级中的农村要素流动和收入保障 [J]. 中国农村观察，2007 (6)：2-13.

[284] 钟甫宁，纪月清. 土地产权、非农就业机会与农户农业生产投资 [J]. 经济研究，2009 (12)：43-51.

[285] 钟甫宁，王兴稳. 现阶段农地流转市场能减轻土地细碎化程度吗？——来自江苏兴化和黑龙江宾县的初步证据 [J]. 农业经济问题，2010 (1)：23-32.

[286] 钟文晶，罗必良. 禀赋效应、产权强度与农地流转抑制——基于广东省的实证分析 [J]. 农业经济问题，2013 (3)：6-16.

[287] 钟涨宝，汪萍. 农地流转过程中的农户行为分析——湖北、浙江等地的农户问卷调查 [J]. 中国农村观察，2003（6）：55-64.

[288] 周飞舟. 生财有道：土地开发和转让中的政府和农民 [J]. 社会学研究，2007（1）：49-82.

[289] 周其仁. 湄潭—— 一个传统农区的土地制度变迁 [M]// 文贯中. 中国当代土地制度论文集. 长沙：湖南科学技术出版社，1994.

[290] 周其仁. 收入是一连串事件 [M]. 北京：中国发展出版社，2004.

[291] 周其仁. 中国农村改革：国家和所有权变化的关系（下）[J]. 管理世界，1995（4）：147-155.

[292] 朱冬. 土地调整：农村社会保障与农村社会控制 [J]. 中国农村观察，2002（6）：14-21，28.

[293] 朱冬亮. 土地调整：农村社会保障与农村社会控制 [J]. 中国农村观察，2002（3）：14-24.

[294] 邹薇，张芬. 农村地区收入差异与人力资本积累 [J]. 中国社会科学，2006（2）：67-79.

后　记

20世纪80年代家庭联产承包经营责任制的确立给中国带来了巨大的改变，但同时也存在着农地细碎化、市场组织化程度低等弊端困扰着进一步改善农业生产条件和提高农民收入。农地流转作为农地承包制下的一种制度完善被中国政府和农民所选择。中国共产党十九大报告中强调：深化农村土地制度改革，完善承包地"三权"分置制度。其背后的一个逻辑依旧是鼓励农地规模化流转，实现农地适度规模经营。我涉及农地流转的研究开始于攻读博士学位那段时间，涉足的原因主要是想探究除了传统研究中涉及较多的农地流转影响因素外，农地流转的发生是否蕴含着农民对农地制度选择可能；农民按照其逻辑选择了农地流转后对其生计（福利）的影响怎样；在中国转型期农地流转与诸如城镇化、工业化等外部条件的相互作用如何。沿着这个研究思路，经过多年的研究，本书作为一个阶段性成果对前面一个阶段的积累进行了总结与呈现。

本书的研究中先后得到了国家自然科学基金面上项目（71874151）、国家自然科学基金青年科学基金项目（71403235）、教育部人文社会科学研究规划基金项目（18YJA630134）、浙江省自然科学基金一般项目（LY18G030031）、浙江省哲学社会科学规划"之江青年课题"（16ZJQN026YB）等基金项目的支持。在农户调查中，得到了山东省菏泽市国土资源局、贵州省贵阳市国土资源局等部门的帮助。本书第七章"农地流转空间差异的城镇化依赖"中地理探测器的分析由我指导的硕士研究生别晨萌完成。在此一一致谢！

在本书即将付梓面世之际，特别要感谢浙江大学土地与国家发展研究院院长吴次芳教授在百忙之中为本书作序。吴次芳教授也是我的博士生导师，在多年求学中他的指导受益非浅。书中很多思想的灵感来自与吴次芳老师的交流，这种思想的启迪为这本书的研究奠定了基础。

感谢经济管理出版社相关人员为本书出版付出的艰辛劳动和所做的工作。本书在撰写中参考了大量的文献资料和科研成果，虽然已经尽最大可能注明，但难免遗漏，敬请原谅和指正。受时间和精力的限制，书中难免有不足之处，希望批评指正，以指导我们今后更好地开展研究。

游和远

2018 年 10 月 1 日